2016年度中国公路网运行
蓝 皮 书

交通运输部公路局
交通运输部路网监测与应急处置中心 编著

人民交通出版社股份有限公司
China Communications Press Co.,Ltd.

内 容 提 要

本书共十章，分别为：概述、全国干线公路网基础设施运行状况、全国干线公路网交通运行状况、全国干线公路网运行状况综合评价、全国干线公路网运行管理工作情况、全国干线公路网运行监测设施建设情况、全国干线公路网服务工作开展及业务体系建设情况、全国干线公路网应急保障工作情况及业务体系建设情况、免费通行情况、全国收费公路网联网收费与服务情况。

本书可供路网运行管理与业务人员、相关科研工作者及社会公众阅读参考。

图书在版编目(CIP)数据

2016年度中国公路网运行蓝皮书 / 交通运输部公路局，交通运输部路网监测与应急处置中心编著. — 北京 : 人民交通出版社股份有限公司，2017.12

ISBN 978-7-114-14470-7

Ⅰ. ①2… Ⅱ. ①交… ②交… Ⅲ. ①公路网—交通运输管理—研究报告—中国—2016 Ⅳ. ①U491

中国版本图书馆CIP数据核字(2017)第322086号

书　　名：**2016年度中国公路网运行蓝皮书**
著 作 者：交通运输部公路局　交通运输部路网监测与应急处置中心
责任编辑：黎小东
出版发行：人民交通出版社股份有限公司
地　　址：(100011)北京市朝阳区安定门外外馆斜街3号
网　　址：http://www.ccpress.com.cn
销售电话：(010)59757973
总 经 销：人民交通出版社股份有限公司发行部
经　　销：各地新华书店
印　　刷：北京市密东印刷有限公司
开　　本：787×1092　1/16
印　　张：13
字　　数：252千
版　　次：2017年12月　第1版
印　　次：2017年12月　第1次印刷
书　　号：ISBN 978-7-114-14470-7
定　　价：60.00元
(有印刷、装订质量问题的图书，由本公司负责调换)

《2016年度中国公路网运行蓝皮书》

编写领导小组

主　　任： 吴德金　李作敏

副 主 任： 孙永红　俞卫江

成　　员： 陶汉祥　王松波　李　斌　徐志远

编写组名单

路　芳　周可夫　于　柯　王　鑫　文　娟　王　琰
赵　璐　尹曦辉　王　楹　郑宗杰　李宏海　顾明臣
龚　民　朱明慧　谢明喆　杨　亮　花　蕾　王燕弓
刘凇男　张　海　乔　正　蔚晓丹　杨　峰　虞丽云
李　剑　陈智宏　郝　盛　陈　洁　方　申　董雷宏
张纪升　王英平　李　琳　车春江　林　亨　李国瑞
闫明月　高　薪　黄　芸　邓　雯　张恒通　李　燕
倪　艳　王　剑　云　楠　赵　亮　夏陆然　王　华
郝泽鹏　周　正　毛志君

目录

第一章 概 述

2016年,面对复杂严峻的国内外环境和艰巨繁重的改革发展稳定任务,全国交通运输行业全面贯彻落实党的十八大和十八届三中、四中、五中、六中全会精神,深入贯彻落实习近平总书记系列重要讲话精神和治国理政新理念新思想新战略,坚持稳中求进工作总基调,以推进供给侧结构性改革为主线,团结奋斗、改革创新、开拓进取,圆满完成各项目标任务,实现了"十三五"良好开局。一年来,面对繁重的任务,交通人顽强拼搏、攻坚克难,取得了令人瞩目的成绩,书写了新时期交通运输改革发展的新篇章。

在党中央、国务院正确领导下,各级交通运输主管部门和公路管理机构积极践行"创新、协调、绿色、开放、共享"发展理念,采取有效技术手段和管理措施,全力加强交通行业建设。交通运输供给侧结构性改革实现新突破。交通基础设施短板得到加强。高速公路和普通干线公路待贯通路段建设改造持续加快,农村交通基础设施水平不断提升。落实"绿色通道"和重大节假日免费通行等政策措施,累计减免通行费约500亿元。圆满完成"两会"、春运、G20峰会等特殊时段交通运输安全服务保障工作。

1.公路基础设施继续平稳增长。因公路网规划调整,导致国道里程大幅增加,较2015年增加169 530公里。全国公路通车总里程达到4 696 293公里,新增国道169 530公里。高速公路达到130 973公里,位居世界第一,其中新增高速公路7 450公里;二级及以上公路总里程达到601 227公里,占总里程比例12.80%;公路密度达到48.92公里/百平方公里。

2.全国干线公路网运行总体平稳有序。2016年,全国干线公路网综合运行指数为58,同比2015年明显提升。全国普通国道技术状况为良等水平,路面综合使用性能指数PQI为87.47,其中,国家高速公路优良路率为82.45%。2016年全国干线公路年平均日交通量为16 465pcu/日,同比增长4.6%。国家高速公路日平均交通量为24 468辆,同比增长5.9%。全国干线公路网拥挤度为16%,同比下降1%。其中,高速公路处于"严重拥堵"状态的里程比例为2.3%,"严重拥堵"状态的里程比例为8.9%,与上年基本持平。全国31个省(区、市)累计报送各类阻断事件共计44 148起,较2015年同比增长26.78%,累计公路阻断里程约101.07万公里,同比增长18.65%,累计公路阻断持续时间约437.84万小时,同比减少15.51%。

3. 公路养护管理工作进一步取得新成绩。全国公路养护里程达到459.00万公里,同比养护里程增加了1.27万公里,高速公路、普通国省干线公路、农村公路优良路率分别达到99.71%、79.15%和61.76%,总体上,公路技术状况水平显著提升,进一步提升了公路的通行能力和服务水平。继续加强公路安全生命防护等三项工程建设,全年改造危桥3 070座/139万延米,改造公路安全隐患路段7.36万公里,改造灾害易发路段114处。继续开展国家干线公路网路况监测工作,对2015年度国家干线路网监测中发现的23条路线、164个路段和6座存在安全隐患的长大桥梁、5座存在安全隐患的长大隧道提出整改措施并分级挂牌督办;组织完成1.60万公里普通国道、1.07万公里高速公路的路况检测评定,40座长大桥梁、10座长大隧道抽检和巡查工作。

4. 各省严格按照国家体制改革要求,科学划分国道、省道、农村公路事权责任。按照"政事分开、事企分开"的原则,研究推动出台省级地方公路管理体制改革的指导意见,整合归并原有分散设置的公路管理机构,不断强化省级公路管理机构对国省道的统筹管理力度。部分省份根据高速公路运营体制改革部署要求,成功剥离高速公路运营行业监管和路政执法职责,实现了高速公路运营养护单位由事业性质向企业性质转变的平稳过渡。

5. 全国干线公路网运行监测设施建设稳步提高。2016年,我国高速公路交通量参数监测设施总规模达2万套,同比增加0.5万套,平均布设密度达10~15公里/套;视频监测设施(路段沿线)规模达4.8万套,同比增加0.5万套,平均布设密度达5公里/套;气象监测设施总规模接近2 500套,同比增加500套。高速公路收费广场、特大桥梁、长大隧道内基本覆盖交通量和视频监测设施。

6. 公众出行服务业务持续扩展。2016年,各级公路交通部门重视出行信息服务工作,加快实施出行信息发布平台建设,促进公路交通信息服务的共享和应用,多方面开展合作,信息发布渠道建设不断加强和完善,微博、微信、手机APP等新媒体成为信息发布主力,信息发布内容得到显著提升,与出行者互动性不断增强,社会化信息服务合作不断加强。

7. 公路应急体系建设快速发展。2016年,公路应急管理机制建设迈上了稳步发展的快车道,国、省、市、县四级公路交通应急预案体系日趋完善,新版《公路交通突发事件应急预案》修订完善工作已经进入尾声。基层公路应急能力不断提升,国省干线和高速公路应急救援队伍在突发事件应急过程中得到了锻炼和提升，公路应急抢通力量逐渐专业化和正规化，国家区域性公路交通应急物资储备中心建设有序推进。

8. 小客车免费通行常态化、规范化运行。2016 年，在部、省交通运输主管部门的统一部署协调下，全国各地交通运输主管部门认真总结工作经验、加强组织领导、周密安排部署、强化层级责任落实，采取多项措施确保重大节假日小客车免费通行期间全国干线公路网的安全畅通与平稳有序运行。2016 年春节、清明节、劳动节和国庆节四个重大节假日小型客车免费通行期间，全国收费公路交通流量达 75 060.43 万辆，收费公路日均交通流量 3 753.02 万辆。其中，高速公路交通流量达 68 346.05 万辆，日均 3 417.3 万辆。

9. 全国 ETC 联网行业蓬勃发展。2016 年是全国 ETC 联网之后的第一年，也是全国 ETC 联网运营蓬勃发展的一年。各参与方抓住全国 ETC 联网的战略机遇，加快推进各项工作的开展。截至 2016 年底，全国 ETC 用户总量达到 4 520.62 万户，同比增长 55.21%；ETC 车道总量达 1.64 万条，同比增长 4.54%；建成各类服务网点 3.7 万个，同比增长 47.56%；全网交易快速增长，2016 年 12 月全网非现金交易总量达到 2.45 亿笔比去年同期增长 38.17%。

第二章 全国干线公路网基础设施运行状况

一、全国公路（网）基础设施基本情况

截至 2016 年底，全国公路总里程达 4 696 263 公里，新增 118 967 公里；公路密度达到 48. 92 公里/百平方公里，上升 1. 24 个基点。近 6 年的全国公路通车里程及密度情况如图 2-1 所示。

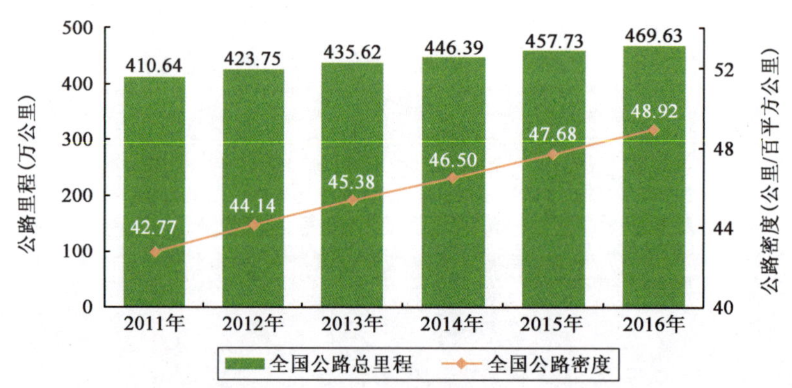

图 2-1　2011 ~ 2016 年全国公路总里程及公路密度

我国公路里程按照技术等级划分，高速公路 130 973 公里，一级公路 99 152 公里，二级公路 371 102 公里，二级及以上公路占总里程的比例为 12. 80%；按照行政等级划分，国道 354 849 公里，省道 313 324 公里，县道562 103公里，乡道 1 147 192 公里，村道 2 250 469公里，专用公路 68 325 公里；按照路面铺装类别划分，沥青路面 1 306 585 公里，水泥混凝土路面 2 257 782 公里，全国公路路面铺装率为 75. 90%，比去年提升了 3. 76个百分点，其中，国省干线铺装率为 94. 26%，受公路网规划调整的影响，比去年降低了 2. 81 个百分点。具体分别如图 2-2 ~ 图 2-4 所示。

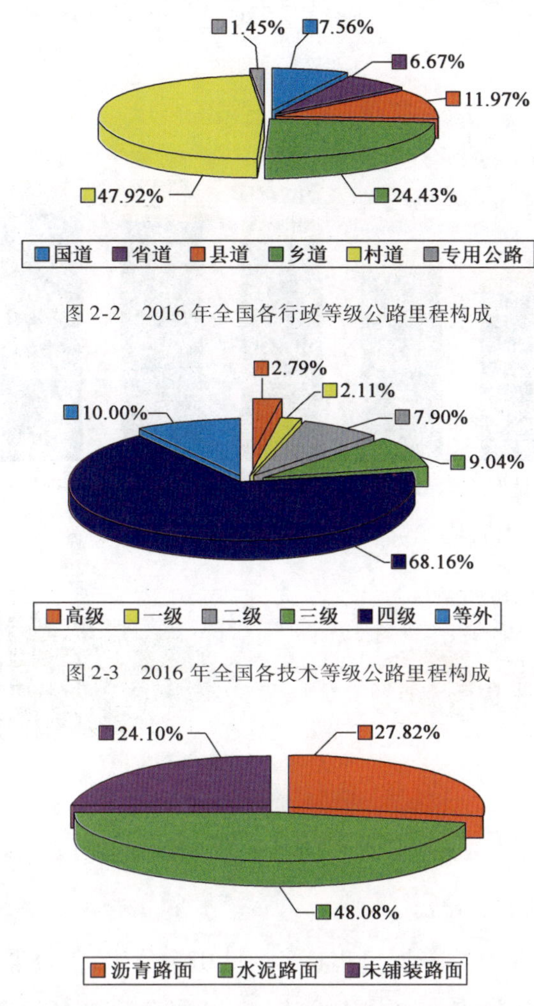

图 2-2 2016 年全国各行政等级公路里程构成

图 2-3 2016 年全国各技术等级公路里程构成

图 2-4 2016 年全国公路路面铺装情况分布构成

截至 2016 年底，全国高速公路里程达 130 973 公里，比上年末增加 7 450 公里。全国已有 12 个省份的高速公路里程在 5 000 公里以上，其中：超过 7 000 公里的 1 个，广东(7 683 公里)；超过 6 000 公里的 5 个，四川(6 523 公里)、河北(6 502 公里)、河南(6 448公里)、湖北(6 204 公里)、湖南(6 080 公里)；超过 5 000 公里的 6 个，江西(5 894 公里)、山东(5 710 公里)、贵州(5 434 公里)、山西(5 265 公里)、陕西(5 181 公里)、内蒙古(5 153 公里)。近 6 年全国高速公路通车里程如图 2-5 所示。

截至 2016 年底，全国公路桥梁达 805 291 座、长 49 169 681 米，比上年末增加 26 132 座、3 241 934 米；其中，特大桥梁 4 527 座、7 535 423 米，大桥 86 178 座、22 515 045 米。全国公路隧道为 15 181 座、长 14 039 734 米，比上年末增加 1 175 座、1 355 850 米；其

中，特长隧道815座、3 622 700米，长隧道3 520座、6 045 458米。具体座数占比分别如图2-6、图2-7所示。

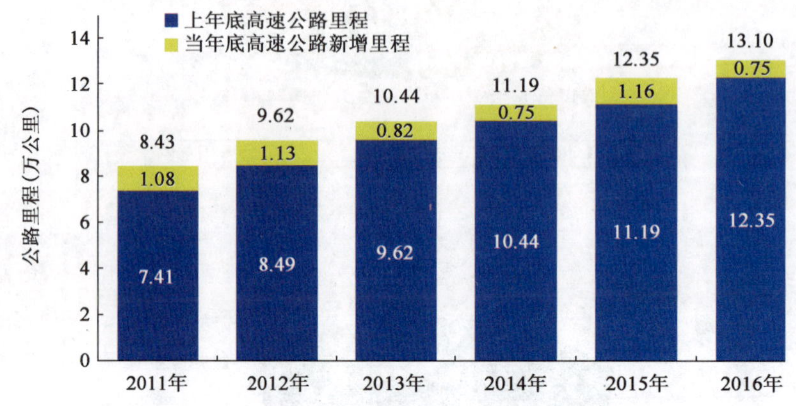

图2-5　2011～2016年全国高速公路通车里程

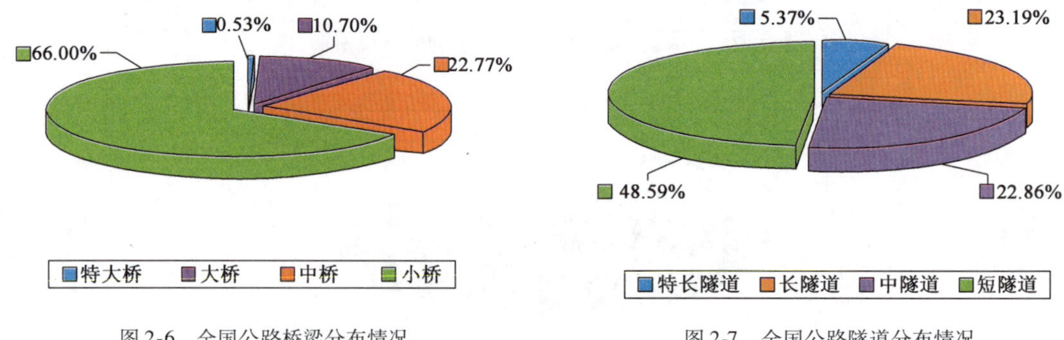

图2-6　全国公路桥梁分布情况

图2-7　全国公路隧道分布情况

截至2016年底，全国公路养护里程达4 590 036公里，占公路总里程的97.74%，比上年末提升了0.18个百分点。全国公路绿化里程2 594 467公里，占公路总里程的63.46%，比上年末提高0.01个百分点。

二、2016年全国干线公路网技术状况监测分析

为准确掌握国家干线公路网的路况水平，切实加强公路和桥梁的安全监管，交通运输部自2011年起组织开展年度国家干线公路网技术状况监测工作。2016年，路况检测里程为26 500公里，途经检测里程为5 300公里，经数据处理与分析评定，基本掌握了全国干线公路的技术状况，具体情况如下。

（一）2016年度全国干线公路网技术状况检测结果

根据2016年度国省干线公路网监测项目实施结果，全国共计抽检的1.6万公里普

通国道和1.05万公里高速公路，按照《公路技术状况评定标准》(JTG H20—2007，以下简称《标准》)进行评定，普通干线公路评定等级为良等水平，高速公路评定等级为优等水平。具体技术状态参数指标如下。

1. 普通国道

普通国道路面综合使用性能指数PQI❶为87.47，其中，优良路率❷为82.45%，次差路率❸为7.43%；路面破损率DR❹为2.95%；路面平整度IRI❺为2.61m/km(每公里颠簸累计值)；路面损坏状况指数PCI❻为86.24，其中优良路率为76.95%，次差路率为12.21%；路面行驶质量指数RQI❼为89.31，其中优良路率为90.56%，次差路率为4.24%。具体情况详见表2-1。

2016年全国普通国道路面使用性能指数及分项指标统计 表2-1

区域	省份	PQI	分项指标		优良路率(%)	次差路率(%)	评定里程(km)
			PCI	RQI			
全国均值		87.47	86.24	89.31	82.45	7.43	16 000
东部	北京	93.22	92.9	93.7	99	0	100
	天津	91.18	90.02	92.91	99.22	0.78	100
	河北	83.1	80.83	86.5	70.13	14.12	700
	辽宁	93.82	93.43	94.4	100	0	550
	上海	95.04	96.74	92.47	100	0	50
	江苏	95.77	96.68	94.41	99.73	0.08	400
	浙江	89.62	90.45	88.38	89.5	0.71	250
	福建	89.2	90.41	87.39	93.29	0.39	350
	山东	92.59	92.75	92.34	95.89	1.27	650
	广东	90.88	91.52	89.92	97.31	0.49	600
	海南	92.27	92	92.68	91.63	1.07	150

---

❶ 路面综合使用性能指数(PQI)：表征路面性能的综合评价指标。

❷ 优良路率：《标准》将各种路面使用性能指标评定分为优、良、中、次、差5个等级，优良路率指评定为优或良的路段长度占总评定长度的比例(%)。

❸ 次差路率：《标准》将各种路面使用性能指标评定分为优、良、中、次、差5个等级，次差路率指评定为次或差的路段长度占总评定长度的比例(%)。

❹ 路面破损率(DR)：表征路面损坏程度的一种路面使用性能指标，为路面各种损坏的折合算坏面积之和与路面调查面积的百分比(%)。

❺ 路面平整度(IRI)：国际平整度指数，表征路面凹凸不平现象的路面使用性能指标，指标准车身悬架颠簸总位移(m)与行驶距离(km)之比。

❻ 路面损坏状况指数(PCI)：由路面破损率DR按《标准》中规定公式计算得出。

❼ 路面行驶质量指数(RQI)：由国际平整度IRI按《标准》中规定公式计算得出。

续上表

区域	省份	PQI	分项指标		优良路率（%）	次差路率（%）	评定里程（km）
			PCI	RQI			
中部	山西	83.39	79.6	89.08	72.69	8.32	500
	吉林	78.45	72.76	86.99	56.19	27.01	400
	黑龙江	81.01	79.03	83.96	68.42	16.38	650
	安徽	94.87	96.19	92.89	99.81	0.06	350
	江西	87.51	87.78	87.1	80.96	2.5	450
	河南	89.35	90.11	88.21	90.91	1.39	550
	湖北	87.63	88.31	86.59	84.61	11.43	550
	湖南	91.65	94.07	88.01	91.89	1.03	600
西部	内蒙古	76.34	67.78	89.18	45.47	25.47	1 000
	广西	87.29	87.66	86.73	88.14	6.35	650
	重庆	91.98	92.46	91.26	97.84	0	200
	四川	89.39	90.34	87.96	81.31	7.5	850
	贵州	90.18	91.96	87.53	92.98	3.2	400
	云南	90.69	91.32	89.74	89.66	3.45	900
	西藏	77.53	73	84.32	53.31	24.52	850
	陕西	92.38	93.37	90.91	93.78	1.04	600
	甘肃	88.23	85.62	92.14	87.31	3.89	700
	青海	87.32	84.57	91.44	88.05	1.67	600
	宁夏	90.4	89.69	91.47	95.36	0.45	150
	新疆	87.76	84.4	92.81	83.02	6.26	1 150

2. 高速公路

高速公路路面综合使用性能指数PQI为92.79，其中，优等路率为84.09%，次差路率为0.15%；路面破损率DR为0.61%；路面平整度IRI为1.40m/km（每公里颠簸累计值）；路面损坏状况指数PCI为92.59，其中优良路率为75.45%，次差路率为1.95%；路面行驶质量指数RQI为93.53，其中优良路率为93.07%，次差路率为0.17%；路面车辙深度指数RDI[1]为91.62，其中优良路率为98.88%，次差路率为0.23%。具体情况详见表2-2。

[1] 路面车辙深度指数（RDI）：由路面车辙深度按《标准》中规定公式计算得出。

2016 年全国高速公路路面使用性能指数及分项指标统计 表 2-2

区域	省份	PQI	分项指标			优等路率（%）	次差路率（%）	评定里程（km）
			PCI	RQI	RDI			
全国均值		92.79	92.59	93.53	91.62	84.09	0.15	10 500
东部	北京	93.53	94.65	93.52	91.23	92.90	0	100
	天津	92.26	91.63	93.38	90.75	85.91	0	100
	河北	96.51	98.33	95.37	95.31	99.78	0	450
	辽宁	95.30	96.60	95.01	93.10	98.64	0	500
	上海	95.84	97.67	94.59	94.92	100	0	50
	江苏	95.07	96.55	95.07	91.58	100	0	500
	浙江	94.02	95.54	93.03	93.20	99.04	0.17	400
	福建	93.35	94.65	93.15	90.94	94.82	0.09	400
	山东	94.60	96.75	94.37	90.20	96.81	0.02	500
	广东	92.70	93.23	92.39	92.72	91.92	0.13	450
	海南	90.60	94.19	91.76	79.12	63.00	0	100
中部	山西	91.55	91.59	91.59	92.44	76.56	0	300
	吉林	92.87	92.21	93.54	93.91	89.88	0	250
	黑龙江	87.03	82.93	90.69	91.63	36.63	1.94	400
	安徽	92.94	92.33	94.39	90.75	89.29	0.06	400
	江西	93.72	94.28	94.78	89.59	99.29	0	450
	河南	92.01	89.66	94.29	91.48	78.85	0	450
	湖北	91.05	90.8	91.75	89.78	64.88	0	450
	湖南	94.60	95.97	94.29	92.20	99.40	0	450
西部	内蒙古	86.54	76.31	93.73	91.48	24.56	0.08	450
	广西	93.20	95.04	92.62	89.73	95.68	0	400
	重庆	93.63	95.49	93.1	90.67	93.30	0	250
	四川	92.98	93.74	92.88	91.84	91.42	0.85	500
	贵州	95.00	98.43	93.44	91.21	99.60	0	250
	云南	94.72	97.04	93.01	94.00	97.46	0	400
	陕西	92.21	90.57	94.32	90.49	82.82	0.24	550
	甘肃	91.04	87.61	93.49	92.75	55.63	0	400
	青海	89.37	86.5	91.83	90.59	60.68	0	100
	宁夏	93.57	93.49	93.59	93.88	80.96	0	150
	新疆	90.54	87.17	93.38	90.93	68.70	0	350

（二）2016 年度全国普通国道网技术状况特征分析

根据 2016 年度普通干线技术状况检测情况看，其结果呈现以下几方面特征。

1. 东、中、西部地区路况分布

（1）干线公路总体东、中、西部路况分布

东、中、西部地区路况水平依次降低，东部明显优于中、西部。从全国范围来看，东、中、西部路面综合使用性能指数 PQI 均值分别为 92.39、88.98 和 88.93，仅东部路况评定为优等，中、西部则评定为良等，东部地区路况水平依然保持最好，中、西部路况水平相对接近。其中，分项指标路面破损状况指数 PCI 也呈现相同趋势，路面行驶质量指数 RQI 西部好于中部。东、中、西部路况水平如图 2-8 所示。

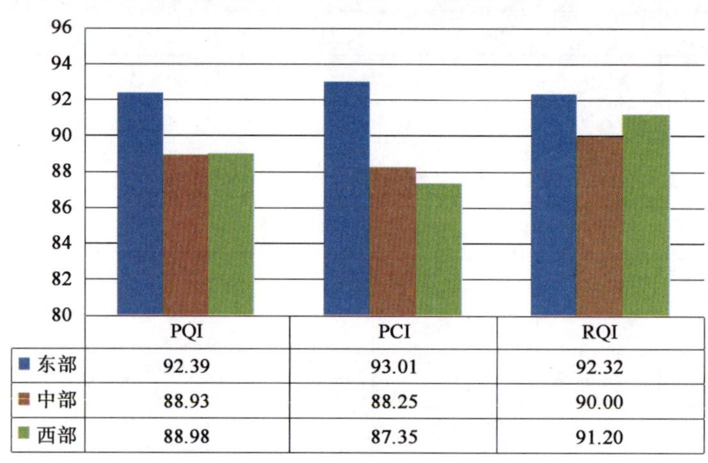

	PQI	PCI	RQI
东部	92.39	93.01	92.32
中部	88.93	88.25	90.00
西部	88.98	87.35	91.20

图 2-8　2016 年度东、中、西部路况水平对比

（2）普通国道东、中、西部路况分布

东部地区普通国道路况水平显著优于中、西部。东部普通国道路况水平评价为优等，路面综合使用性能指数 PQI 均值为 90.61，中、西部普通国道路况水平均评价为良等，PQI 均值分别为 86.60 和 87.41，东、中、西部路况分别达到交通运输部《“十三五”公路养护管理发展纲要》中“东、中、西部普通国省道 PQI 分别达到 82、80、78 以上”的要求。

东部各分项指标水平同样优于中、西部，其中，东部路面破损 PCI 和平整度 RQI 均评定为优等，中部 PCI 和 RQI 均评定为良等、西部 PCI 评定为良等、RQI 评定为优等。各区域路况结果见图 2-9。

2. 不同技术等级路况分布

2016 年干线公路的各技术等级道路中，高速公路共计 10 500 公里，占比最大，占总检评里程的 40.9%。四级公路因里程较少，检评时与三级公路一并进行路况数据统计。

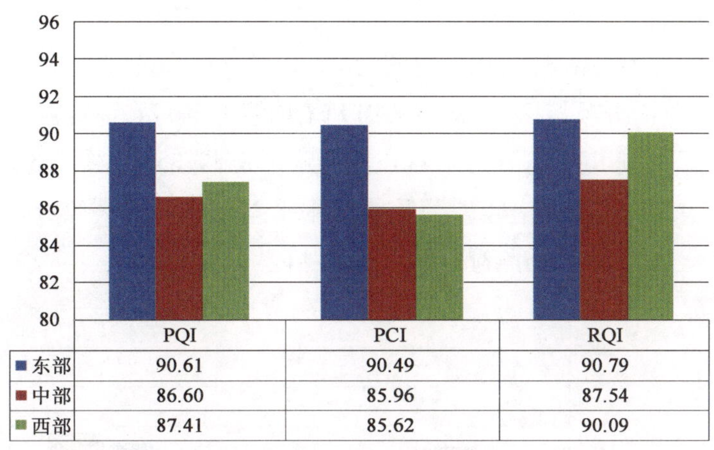

	PQI	PCI	RQI
东部	90.61	90.49	90.79
中部	86.60	85.96	87.54
西部	87.41	85.62	90.09

图 2-9 2016 年度普通国道东、中、西部路况水平对比

总体来看，随着技术等级的下降，干线公路路况水平逐渐降低。其中高速公路路况水平最优，一、二级公路次之，三、四级公路路况次于一级公路和二级公路。高速公路路面性能指数 PQI 均值为 92.79，一级公路 PQI 均值为 89.10，二级公路 PQI 均值为 87.74，三、四级公路 PQI 均值为 86.98。

由分项指标来看，高速公路路面破损 PCI 均评价为优等，其余各技术等级公路 PCI 均评价为良等，高速公路和一级公路明显好于二级公路和三级公路；平整度 RQI 除高速公路和二级公路评价为优等外，其余均评价为良等。各技术等级公路评定结果见图 2-10。

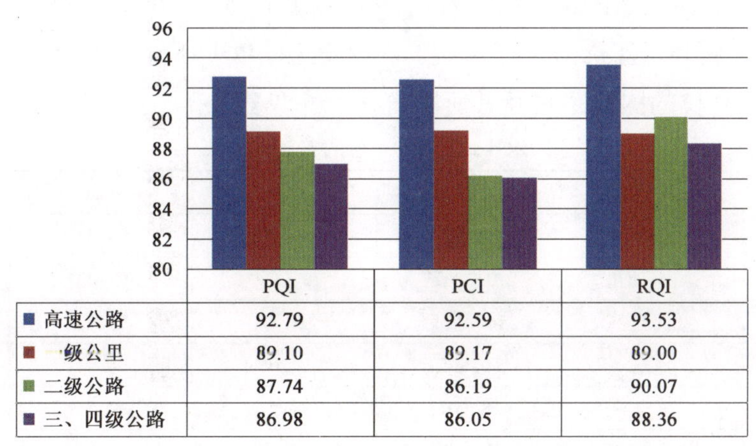

	PQI	PCI	RQI
高速公路	92.79	92.59	93.53
一级公里	89.10	89.17	89.00
二级公路	87.74	86.19	90.07
三、四级公路	86.98	86.05	88.36

图 2-10 干线公路各技术等级评价结果对比

3. 普通国道收费公路路况分布

本次检测除福建、贵州、海南、湖南、江西、辽宁、上海、天津、重庆 9 省（市）无收费公路参加评定外，其余各省份均有收费公路参评，里程共计 3 039.884 公里，占评定总里程

的 20.1%。

全国收费公路路面性能指数 PQI 均值为 84.10，达到良等水平，优良路率为 71.63%，次差路率为 12.79%。分项指标中，路面破损 PCI 均值为 80.74，优良路率为 62.20%，次差路率为 22.99%；平整度 RQI 均值为 89.14，优良路率为 89.85%，次差路率为 5.34%。

从全国范围来看，普通国道收费公路路况水平差于非收费公路，路面破损 PCI 指标尤为显著。收费与非收费公路路况结果见图 2-11。

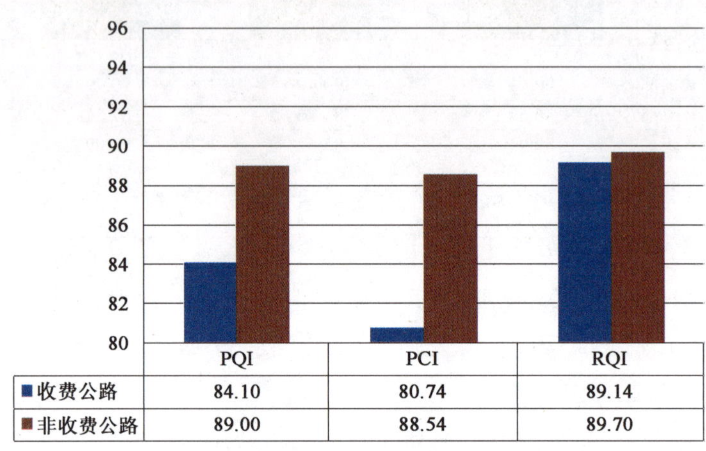

图 2-11　全国普通国道收费与非收费公路指标对比

4. 普通国道路况分布

2016 年，在全国范围内累计抽检普通国道共计 40 条，其中 22 条国道的 PQI 评价为优等，16 条国道的 PQI 评价为良等，剩余 2 条国道的 PQI 评价为中等。从全国来看，路况水平排在前 10 位的国道路线及其所在省份分布见表 2-3。

PQI 均值前 10 名的路线统计　　表 2-3

路线编码	所在省份	评定长度(km)	PQI	PCI	RQI
G327	江苏	15.881	98.06	99.56	95.81
G319	湖南、四川	104.837	96.27	97.43	94.52
G328	江苏	162.171	94.87	95.63	93.72
G305	辽宁	99.955	94.65	94.43	94.96
G303	辽宁	78.307	94.51	94.55	94.43
G312	甘肃、宁夏	128.834	93.68	93.07	94.60
G304	辽宁	371.738	93.46	92.93	94.24
G212	重庆	87.564	93.26	93.98	92.18
G108	陕西	455.6	93.03	94.59	90.68
G105	山东	348.187	92.55	92.63	92.43

(三)2016 年度全国高速公路网技术状况特征分析

东、中、西部地区路况等级均为优等,东部地区比中、西部地区的路况优势较为明显,较中、西部地区的 PQI 均值分别高出 2.35 和 2.37。中、西部地区路况水平则相对比较接近,中部与西部地区的 PQI 均值差异仅为 0.02。各地区路况结果见图 2-12。

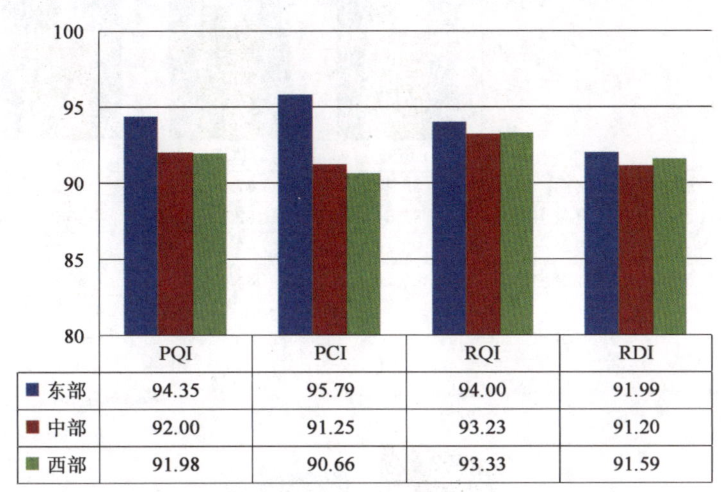

	PQI	PCI	RQI	RDI
东部	94.35	95.79	94.00	91.99
中部	92.00	91.25	93.23	91.20
西部	91.98	90.66	93.33	91.59

图 2-12 2016 年度高速公路东、中、西部路况水平对比

(四)2016 年度全国干线公路网不同路面类型特征分析

1. 干线公路不同路面类型路况分布

全国干线公路沥青路面路况水平全面优于水泥混凝土路面。沥青路面路面性能指数 PQI 为 90.87,水泥混凝土路面 PQI 均值为 82.78,二者 PQI 差异为 8.09。由分项指标来看,沥青路面的路面破损和平整度状况均要优于水泥混凝土路面,其中,沥青路面的路面破损 PCI 均值较水泥混凝土路面高 6.66,平整度 RQI 均值较水泥混凝土路面高 10.42。不同路面类型检测里程统计见图 2-13,各路面类型路况评价结果见图 2-14。

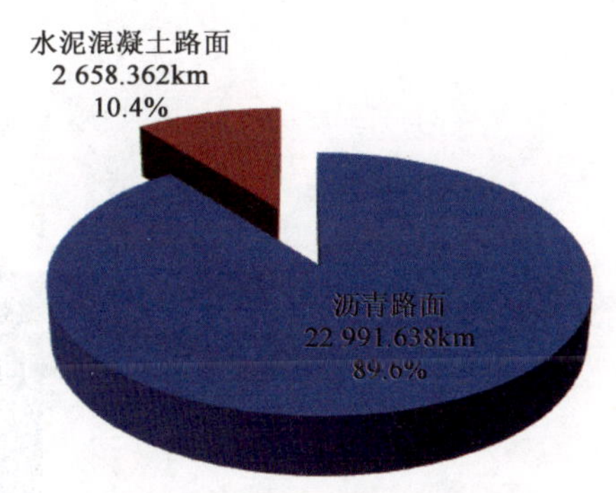

图 2-13 干线公路不同路面类型检测里程分布图

2. 普通国道不同路面类型路况分布

全国普通国道沥青路面路况水平全面优于水泥混凝土路面。沥青路面路面性能指数 PQI 为 89.27,水泥混凝土路面 PQI 均值为 82.04,二者 PQI 差异为 7.23。由分项指

标来看，沥青路面的路面破损和平整度状况均要优于水泥混凝土路面，其中，沥青路面路面破损 PCI 均值较水泥混凝土路面高 5.23，平整度 RQI 均值较水泥混凝土路面高 10.24。不同路面类型检测里程统计见图 2-15，各路面类型路况评价结果见图 2-16。

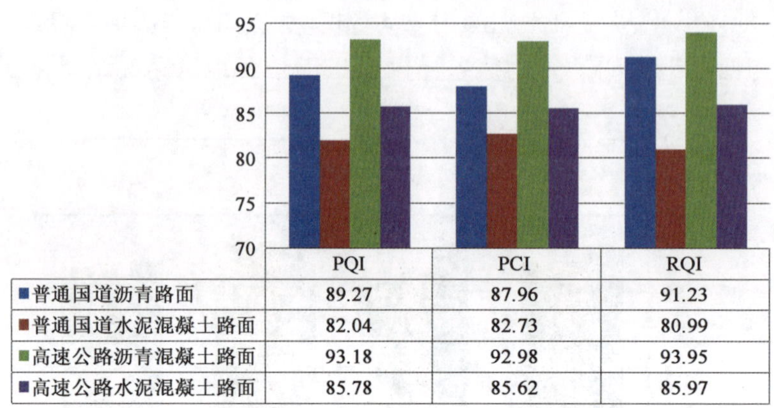

	PQI	PCI	RQI
普通国道沥青路面	89.27	87.96	91.23
普通国道水泥混凝土路面	82.04	82.73	80.99
高速公路沥青混凝土路面	93.18	92.98	93.95
高速公路水泥混凝土路面	85.78	85.62	85.97

图 2-14　干线公路沥青路面与水泥混凝土路面指标评定结果对比

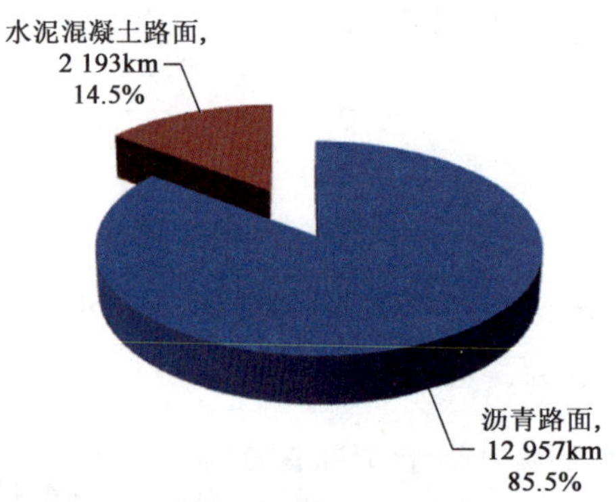

图 2-15　普通国道不同路面类型检测里程分布图

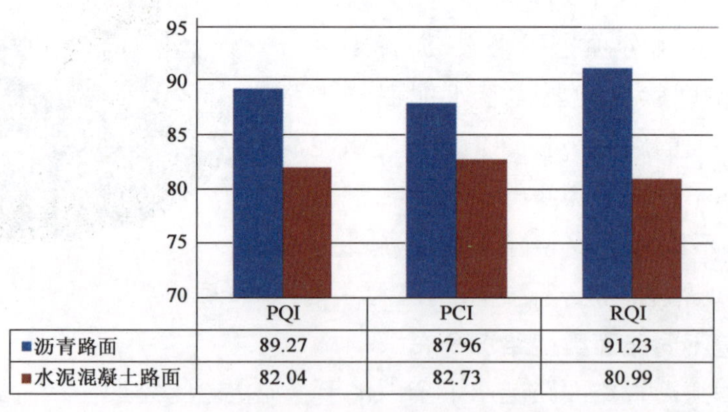

	PQI	PCI	RQI
沥青路面	89.27	87.96	91.23
水泥混凝土路面	82.04	82.73	80.99

图 2-16　普通国道沥青路面与水泥混凝土路面指标评定结果对比

3. 高速公路不同路面类型路况分布

高速公路沥青路面路况水平全面优于水泥混凝土路面。本次抽检的全国高速公路路段中,水泥混凝土路面路段约占检评长度的4.6%,共计481.52km。沥青路面PQI均值为93.18,水泥混凝土路面PQI均值为85.78,二者PQI均值差异为7.4;其中,沥青路面损坏情况优于水泥混凝土路面,PCI均值较水泥混凝土路面高7.36;沥青路面平整度情况明显优于水泥混凝土路面,RQI均值较水泥混凝土路面高7.98。不同路面类型公路检测里程统计见图2-17,各路面类型路况评价结果见图2-18。

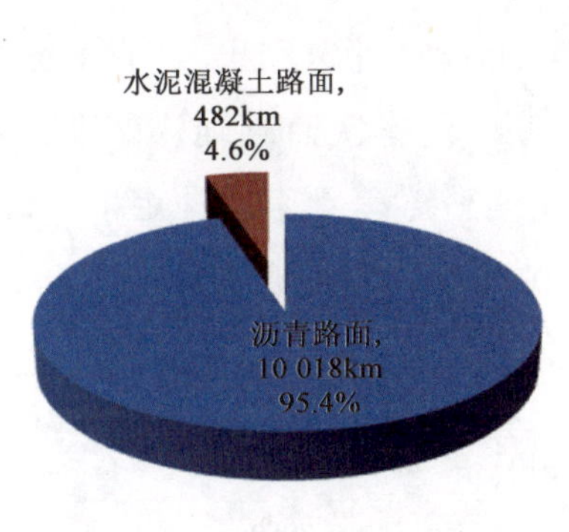

图2-17 高速公路不同路面类型检测里程分布图

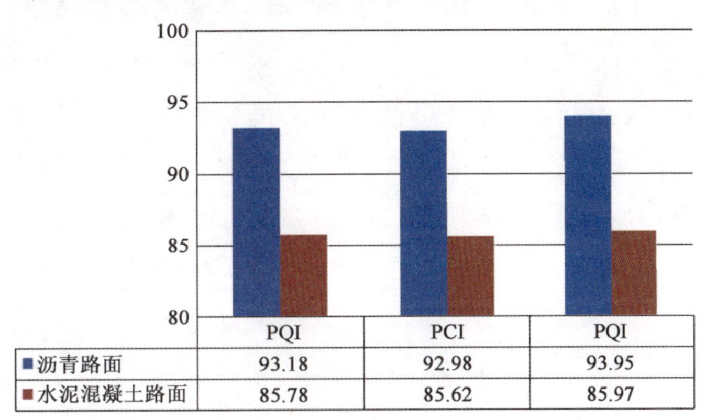

	PQI	PCI	PQI
沥青路面	93.18	92.98	93.95
水泥混凝土路面	85.78	85.62	85.97

图2-18 高速公路沥青路面与水泥混凝土路面指标评定结果对比

通过不同路面类型道路的评价等级里程分布(图2-19)可以看出,沥青路面性能指数优等率明显高于水泥混凝土路面,二者差值为53.87%;水泥混凝土路面良等率、中等率分别高于沥青路面36.9%和13.75%;水泥混凝土路面次等率、差等率略高于沥青路面。

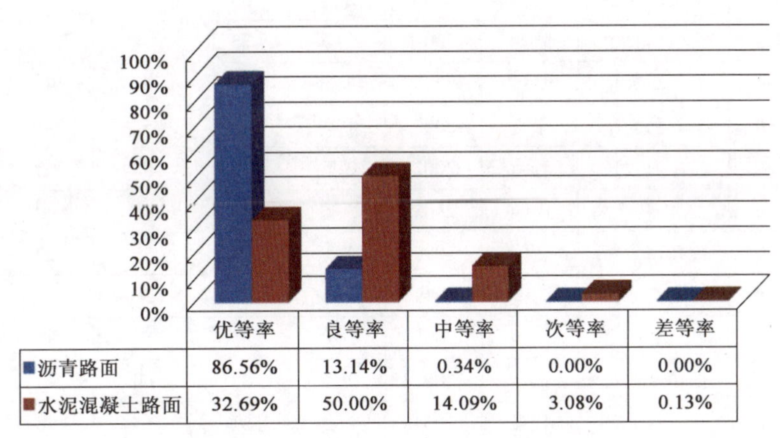

	优等率	良等率	中等率	次等率	差等率
沥青路面	86.56%	13.14%	0.34%	0.00%	0.00%
水泥混凝土路面	32.69%	50.00%	14.09%	3.08%	0.13%

图2-19 不同路面类型评价等级里程比例对比

三、2016 年重点桥梁监测结果及特征分析

2016 年，交通运输部在"十三五"重点桥梁监测库抽取 40 座桥梁进行了技术与安全状况抽检和巡查。40 座桥梁覆盖全国 31 个省(区、市)，按结构类型分，悬索桥 3 座、斜拉桥 3 座、斜拉悬吊协作体系桥 1 座、梁桥 21 座、拱桥 12 座；按桥梁建设年代分，桥龄 15 年及以上的 21 座，桥龄 10 ~ 14 年的 18 座、桥龄 5 ~ 9 年的 1 座。

(一)2016 年重点监测桥梁技术状况监测结果

根据 2016 年度重点监测 40 座桥梁养管单位的末次定期检查评定结果，共有 1 类桥 5 座，2 类桥 24 座，3 类桥 7 座，4 类桥 3 座，无评定桥梁 1 座。经本次监测确认评级结果为：1 类桥 2 座，2 类桥 26 座，3 类桥 8 座，4 类桥 3 座；有 4 座桥梁差于末次评定结果，占 10.26%；详细结果见表 2-4。总体上看，桥梁养护管理规范化水平稳步提升。

2016 年度重点监测桥梁技术状况评价表 表 2-4

序号	桥型	路线名称	桥梁名称	所在省份	建成年份	末次评级	规范化评分			2016 年监测结果
							省级部门	养管单位	小计	
全国	—	—	—	—	—	—	33.6	56.3	89.9	—
1	悬索体系桥	G2	江阴大桥	江苏	1999	2 类	34	61	95	同末次评级
2		G9411	虎门大桥	广东	1997	3 类	33	60	93	同末次评级
3		G4011	润扬大桥	江苏	2005	1 类	34	58	92	同末次评级
4		G35	零点互通立交	山东	1999	1 类	34	56	90	同末次评级
5		G4	军山长江大桥	湖北	2001	2 类	32	57	89	评价为 3 类
6	梁桥	G4501	双龙桥	北京	2001	2 类	35	60	95	同末次评级
7		G36	淮河特大桥	安徽	2005	2 类	35	58	93	同末次评级
8		G65	淤泥河特大桥	陕西	2006	2 类	35	58	93	同末次评级
9		G6	总干渠大桥	内蒙古	2003	2 类	32	61	93	同末次评级
10		G20	马饮河大桥	宁夏	2005	1 类	34	57	91	评价为 2 类
11		G6	王家口大桥	青海	2002	2 类	35	58	93	同末次评级
12		G5	仁义沟特大桥	山西	2003	3 类	35	55	90	同末次评级
13		G30	白杨河大桥	新疆	1998	2 类	34	56	90	同末次评级
14		G98	万泉河大桥	海南	1999	3 类	32	56	88	同末次评级
15		G70	赣江西支大桥	江西	2005	2 类	34	55	89	同末次评级
16		G15	旧镇特大桥	福建	2002	2 类	33	60	93	同末次评级
17		G75	芦家沟大桥	甘肃	2004	2 类	31	55	86	同末次评级
18		G6001	顺海大桥	贵州	1999	2 类	30	56	86	同末次评级

续上表

序号	桥型	路线名称	桥梁名称	所在省份	建成年份	末次评级	规范化评分			2016 年监测结果
							省级部门	养管单位	小计	
19	拱桥	G0401	黑石铺湘江大桥	湖南	2002	2 类	35	60	95	同末次评级
20		G15W	杭申线大桥	浙江	2002	2 类	35	58	93	同末次评级
21		G76	沱江三桥	四川	1998	2 类	35	54	89	同末次评级
22		G319	斜阳溪大桥	重庆	2000	2 类	35	51	86	同末次评级
23		G1011	牡丹江大桥	黑龙江	1997	3 类	32	53	85	同末次评级
24	悬索体系桥	G303	修正大桥	吉林	2006	2 类	32	60	92	同末次评级
25		G210	乌江特大桥	贵州	1997	2 类	32	51	83	同末次评级
26	梁桥	G305	张家堡大桥	辽宁	1970	4 类	32.5	58.5	91	同末次评级（已列入危桥改造计划）
27		G320	金山大桥	上海	1990	4 类	35	55	90	同末次评级（正在改造施工）
28		G312	堡子坪桥	甘肃	1993	2 类	32	59	91	同末次评级
29		G103	丰年村高架桥	天津	1998	2 类	33	55	88	同末次评级
30		G318	仁布大桥	西藏	2005	2 类	35	53	88	同末次评级
31		G308	卫运河大桥	河北	2000	1 类	35	53	88	评价为 2 类
32		G206	朝阳路淮河公路桥	安徽	2002	3 类	34	51	85	同末次评级
33		G202	牛头山大桥	黑龙江	2003	1 类	32	48	80	评价为 2 类
34	拱桥	G316	潘家河大桥	陕西	2003	3 类	35	57	92	同末次评级
35		G055	万州长江公路大桥	重庆	1997	2 类	35	57	92	同末次评级
36		G319	铁山河大桥	湖南	1993	2 类	35	57	92	同末次评级
37		G104	运河大桥	浙江	2007	2 类	35	55	90	同末次评级
38		G214	松园桥	云南	1996	3 类	32	57	89	同末次评级
39		G321	西江大桥	广西	2003	未评级	32	57	89	加固后总体状况良好
40		G107	浉河新桥	河南	1997	4 类	32	56	88	同末次评级（正在改造施工）

(二)2016 年度重点监测桥梁技术状况和管养特征分析

通过对 2016 年度 40 座重点监测桥梁的技术状况和养护管理情况分析，结果呈以下特征：

1. 桥梁技术状况总体良好，收费与非收费公路桥梁差异明显。2016 年度重点监测 40 座桥梁中，其技术状况为 1、2 类桥梁共 28 座（占 70%），3 类桥梁共 8 座（占 20%），四类桥梁共 3 座（占 7.5%），未评级桥梁 1 座（占 2.5%），无五类桥梁。由桥梁建设年代调查数据可知，桥龄 15 年及以上的 21 座，桥龄 10～14 年的 18 座，绝大多数桥龄均大于 10 年，考虑抽检样本桥龄偏大的因素，2016 年度抽检桥梁技术状况总体良好，如图 2-20 所示。

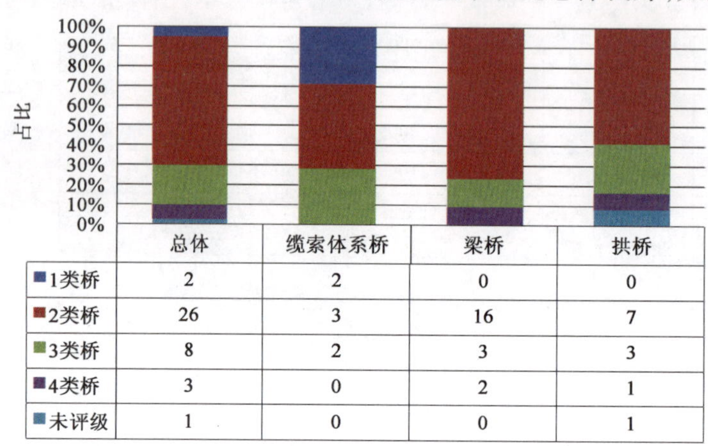

	总体	缆索体系桥	梁桥	拱桥
1类桥	2	2	0	0
2类桥	26	3	16	7
3类桥	8	2	3	3
4类桥	3	0	2	1
未评级	1	0	0	1

图 2-20　2016 年度 40 座长大桥梁技术状况统计

按收费属性划分，本次所抽检的 40 座桥梁中，收费桥梁共计 22 座，非收费桥梁共 18 座。对于桥龄小于 15 年的桥梁，收费桥梁 1 类桥、2 类桥占比 93%，高于非收费桥梁 57% 的比例。桥龄大于及等于 15 年的桥梁，收费桥梁 1 类、2 类桥占比 80%，同样高于非收费桥梁 50% 的比例。收费桥梁技术状况明显好于非收费桥梁，如图 2-21 所示。

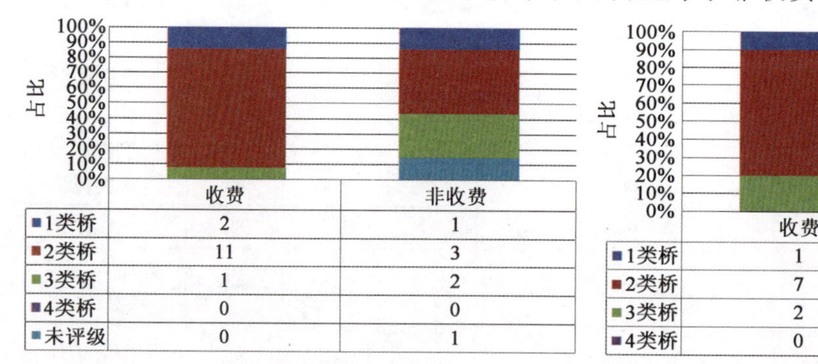

	收费	非收费
1类桥	2	1
2类桥	11	3
3类桥	1	2
4类桥	0	0
未评级	0	1

a）桥龄小于15年桥梁技术状况

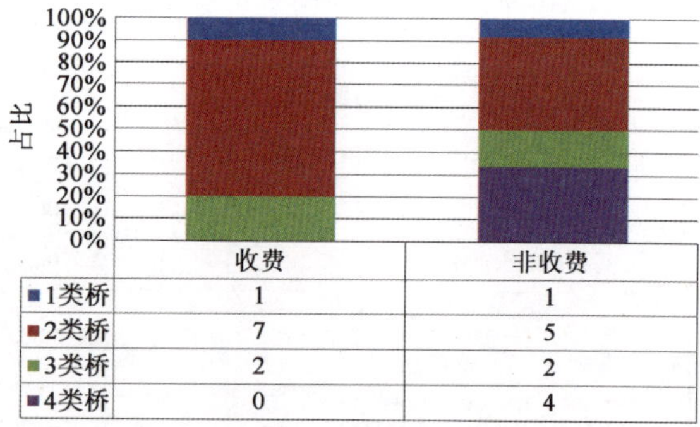

	收费	非收费
1类桥	1	1
2类桥	7	5
3类桥	2	2
4类桥	0	4

b）桥龄大于15年桥梁技术状况

图 2-21　2016 年度重点桥梁监测不同收费情况的桥梁技术状况比较

2. 桥梁规范化管理水平有所提升，不同区域存在一定差异。2016 年度监测时，根据养护制度建设、管理责任落实、专业化管理、技术资料管理、应急管理、信息技术的应用及四新技术开发等方面进行桥梁养护与运营管理规范化评分，40 座桥梁中，评分结果大于85分的共36座，占90%，同比“十二五”期间提升18%。评分结果大于90分的共18座，占45%，同比“十二五”期间提升20%。

不同区域养护规范化评分存在一定差异，东北地区及西南地区分数较低，处于87～88分区间；西北、华东、华南、华中评分相差不大位居中游，处于90～91分区间，华北地区分数最高为91.2分。具体如图2-22所示。

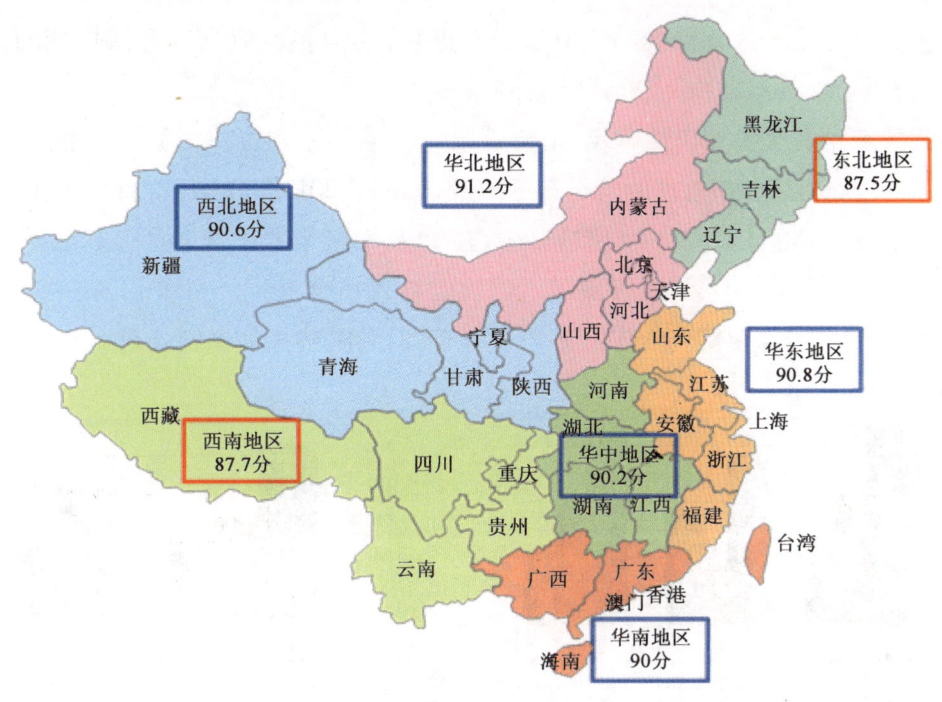

图2-22 各区域养护规范化评分情况

3. 养护制度建立、桥梁检查与维修执行情况良好，但存在桥梁检查准确性与专业性不足的问题。抽检的40座桥梁中，在养护管理制度方面，其中37座桥梁的管养单位依据所辖桥梁自身特点专门编制了桥梁养护手册（或实施细则），占比92.5%。40座桥梁均制定了适合自身情况的桥梁安全运营管理工作制度。40座梁桥的管养单位均编制了桥梁应急预案，全部设置了桥梁养护工程师，且养护工程师培训时长均满足要求。

按《公路桥涵养护规范》（JTG H11—2004）开展经常检查、定期检查、特殊检查的桥梁分别有40座、37座、29座，占比分别为100%、92.5%和72.5%，桥梁检查执行情况良好。但定期检查的规范性及专业性有待加强，主要体现在报告深度或内容不满足规范要求，部分桥梁的定期检查由管养单位自行组织，未委托专业检测机构进行。同时，评定等级准确性有待提高，定期检查评级与本次重点桥梁监测建议评级吻合度仅为87.5%。

4. 部分桥梁技术档案缺失，桥梁安全保护区管理仍需加强。抽检的40座桥梁中，养护检查和检测资料基本完整，尤其近年来的检查资料均比较完整，反映了管养单位对桥梁养护工作越来越重视和规范，但有5座设计图、施工图、竣工图等资料不全，6座未查阅到交竣工验收资料；多数桥梁无工程事故处理资料及施工监控资料。

40座受检梁桥全部设定了安全保护区，或制定了相关规定，或在桥梁上下游安装了安全保护区警示牌，保障了桥梁的安全运营。其中33座桥梁同时制定了针对安全保护区的相关法规措施。部分桥梁虽然设置安全保护区，但是在应设安全保护区的范围内存在违章建筑、堆放易燃物品、非法经营摊点等。

5. 桥梁养护资金投入仍然不足，资金保障制度落实不到位。根据《交通运输部关于进一步加强公路桥梁养护管理的若干意见》（交公路发〔2013〕321号）文件的要求，养护资金每延米不少于240元。所检40座桥梁中，有22座每延米养护资金总额满足要求，占抽检数55%，养护资金满足要求的桥梁所占的比例与2015年相同。总体上，东、西部资金保障好于中部，高速公路桥梁资金保障好于普通干线桥梁，缆索体系桥梁好于梁桥和拱桥，具体如图2-23所示。

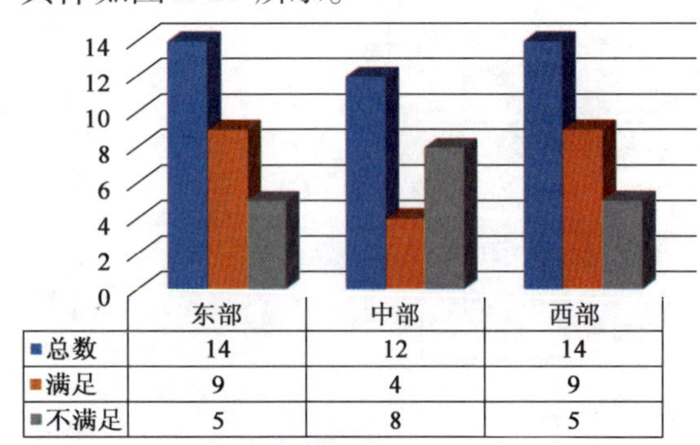

	东部	中部	西部
总数	14	12	14
满足	9	4	9
不满足	5	8	5

a) 不同片区桥梁养护资金总额状况

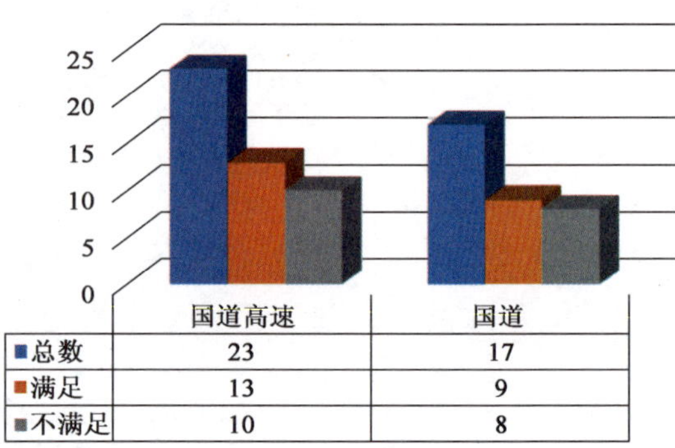

	国道高速	国道
总数	23	17
满足	13	9
不满足	10	8

b) 不同道路等级桥梁养护资金总额状况

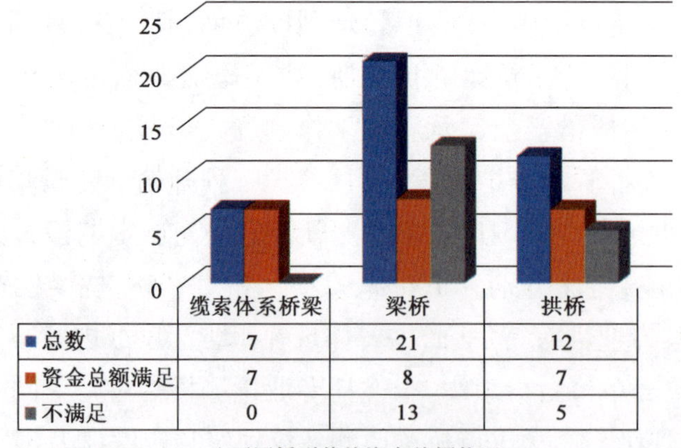

	缆索体系桥梁	梁桥	拱桥
总数	7	21	12
资金总额满足	7	8	7
不满足	0	13	5

c) 不同桥型养护资金总额状况

图2-23　桥梁养护资金分类对比

6. 桥梁检修通道设置不完善,部分构件无法进行有效检查。各桥型检修通道设置情况为:主梁内部的检修通道缺失较为严重,需进入主梁内部检查的桥梁共18座,其中7座主梁内部不可进入,包括6座梁桥、1座斜拉桥。不能进入的原因主要为未设置人孔或人孔设计不合理,内部不可进入,造成梁内病害情况未知,增加结构运营风险。具体如图2-24所示。

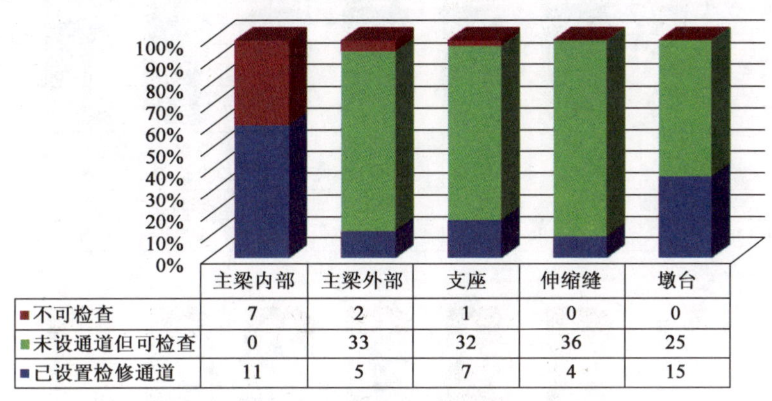

	主梁内部	主梁外部	支座	伸缩缝	墩台
不可检查	7	2	1	0	0
未设通道但可检查	0	33	32	36	25
已设置检修通道	11	5	7	4	15

图2-24 共有部位养护通道设置情况

各桥型特殊部位养护通道设置情况为:桥塔外部及索结构一般无检修通道,对此结构的检查大多采用人工目检方式进行,不能满足桥塔检查的要求与深度,且无法满足维修需要。12座拱桥的拱上结构均具备相应的通道,大部分为拱肋自身或依附拱肋而建的附属结构,但检修通道通达的范围不够,不能覆盖所有的拱上结构,箱形拱桥、肋拱桥可借助桥梁检测车到达拱桥拱顶截面上缘位置及其附近下缘位置,拱脚至主拱圈1/4处均难以抵近检查。具体如图2-25所示。

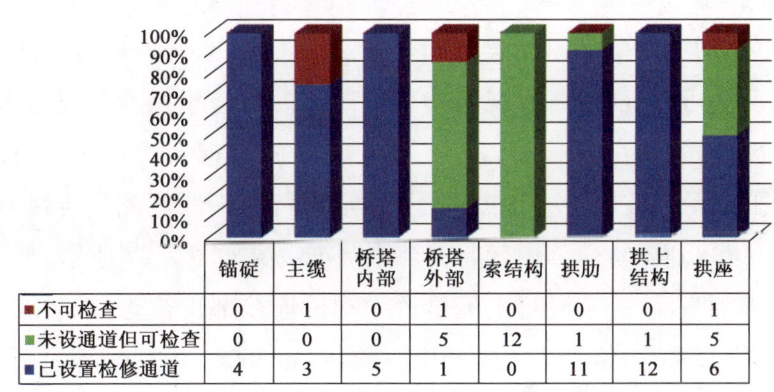

	锚碇	主缆	桥塔内部	桥塔外部	索结构	拱肋	拱上结构	拱座
不可检查	0	1	0	1	0	0	0	1
未设通道但可检查	0	0	0	5	12	1	1	5
已设置检修通道	4	3	5	1	0	11	12	6

图2-25 特殊部位养护通道设置情况

7. 部分桥梁养护工作存在盲区。2016年重点桥梁监测的各桥型中,悬索桥主要养护盲区:一是桥墩及桥台,未开展检查率超过90%,其主要原因是对下部结构重视不够,没有形成定期检查机制;二是索夹预紧力测量及补张、上下锚头养护,其主要原因是过去养护投入不足,养护技术积累尚未达到可开展此专项的程度。具体调查情况如图 2-26 所示。

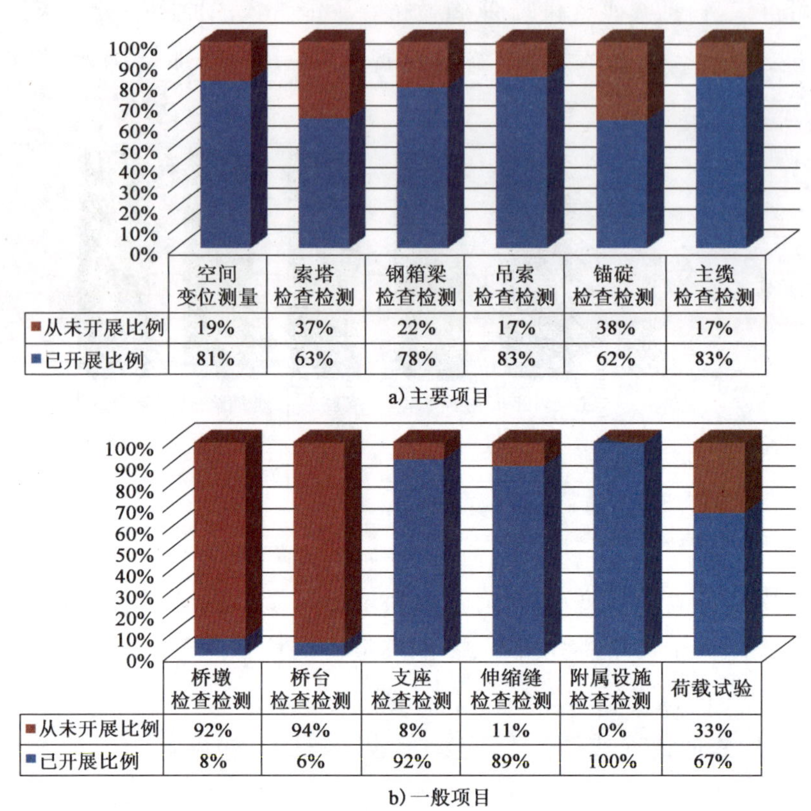

a)主要项目

b)一般项目

图 2-26　悬索桥主要养护盲区调查情况

斜拉桥主要养护盲区:一是桥梁空间变位测量不足,未开展率超过 90%;部分养护单位在运营阶段偏重外观检查,忽视结构变位监测。二是索塔及箱梁检查检测未开展率不足,未开展率分别为 82%、33%。三是支座专项检查养护开展不力,未开展率超 75%。开展率低显示出支座检查深度的不足,不进行滑板厚度测量难以对支座剩余寿命进行预判,难以达到预防性养护目的。具体调查情况如图 2-27 所示。

梁桥主要养护盲区:一是混凝土 T 梁桥为构件连接部位检查,未开展率接近 50%。二是混凝土箱梁内部检查检测工作未开展率较高,为 36%,其中 6 座桥梁因未设置进入箱梁内部通道,造成检查无法开展。三是支座及伸缩缝专项检查开展不足,未开展率接近 50%,难以达到预防性养护要求。具体调查情况如图 2-28 所示。

拱桥主要养护盲区:一是主拱圈的特殊检查不足,特别是钢拱肋的检查检测工作开展不力，管养单位未意识到钢结构焊缝及涂层检测的重要性。二是悬吊构件检查检测项目未开展率大于50%，明显高于悬索桥相同构件比例；PE损伤检测、吊杆(索)振动监

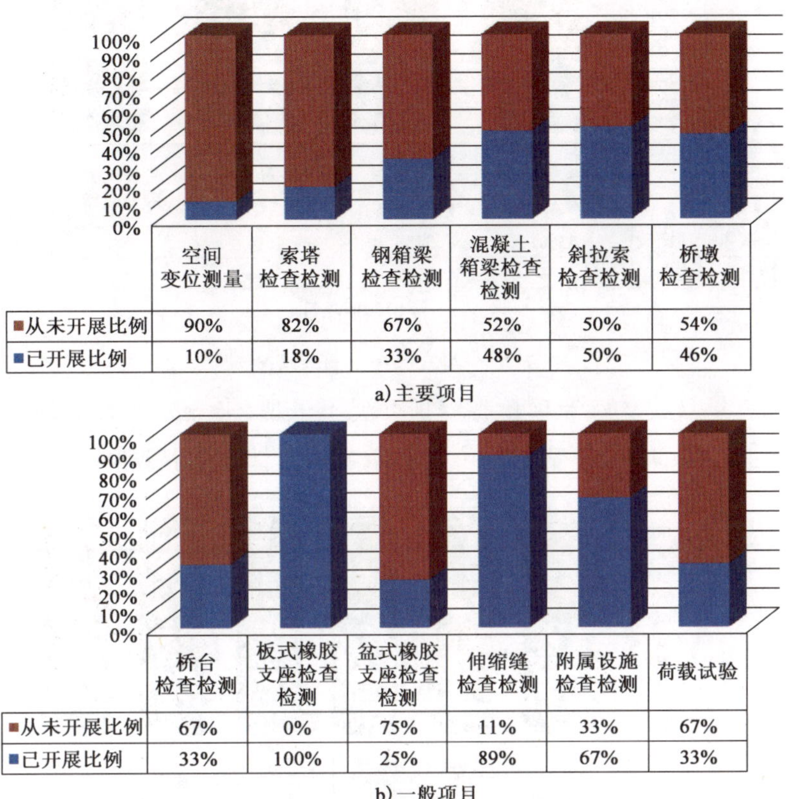

图2-27 斜拉桥主要养护盲区调查情况

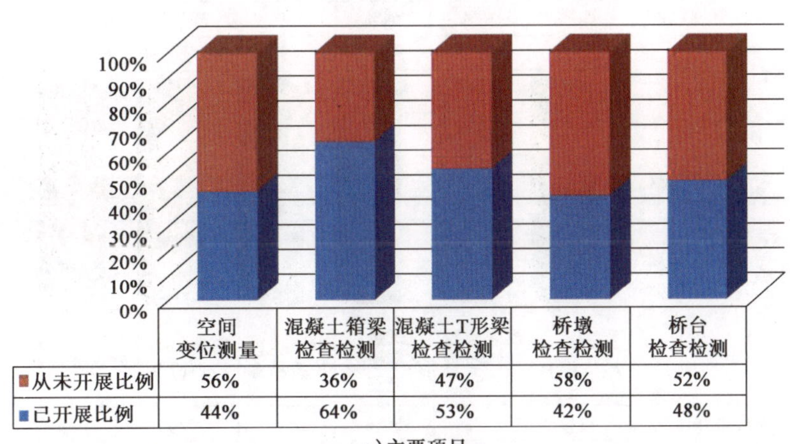

图 2-28

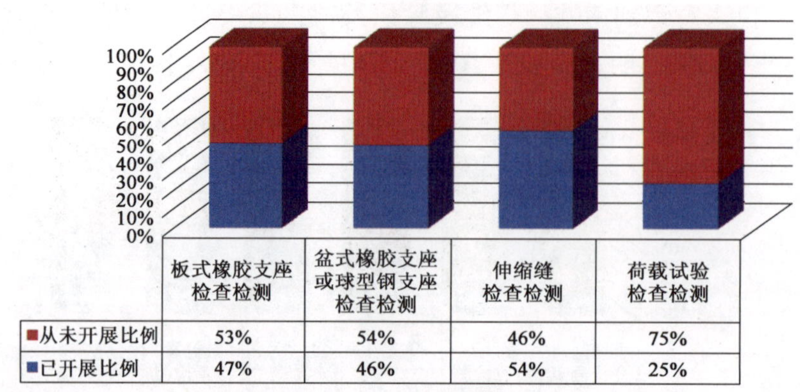

	板式橡胶支座检查检测	盆式橡胶支座或球型钢支座检查检测	伸缩缝检查检测	荷载试验检查检测
■从未开展比例	53%	54%	46%	75%
■已开展比例	47%	46%	54%	25%

b)一般项目

图 2-28　梁桥主要养护盲区调查情况

测均未开展。三是盆式支座专项检查养护开展不乐观，未开展率大于50%；盆式支座专项检查开展普遍不力，应引起管养单位足够重视。具体调查情况如图2-29所示。

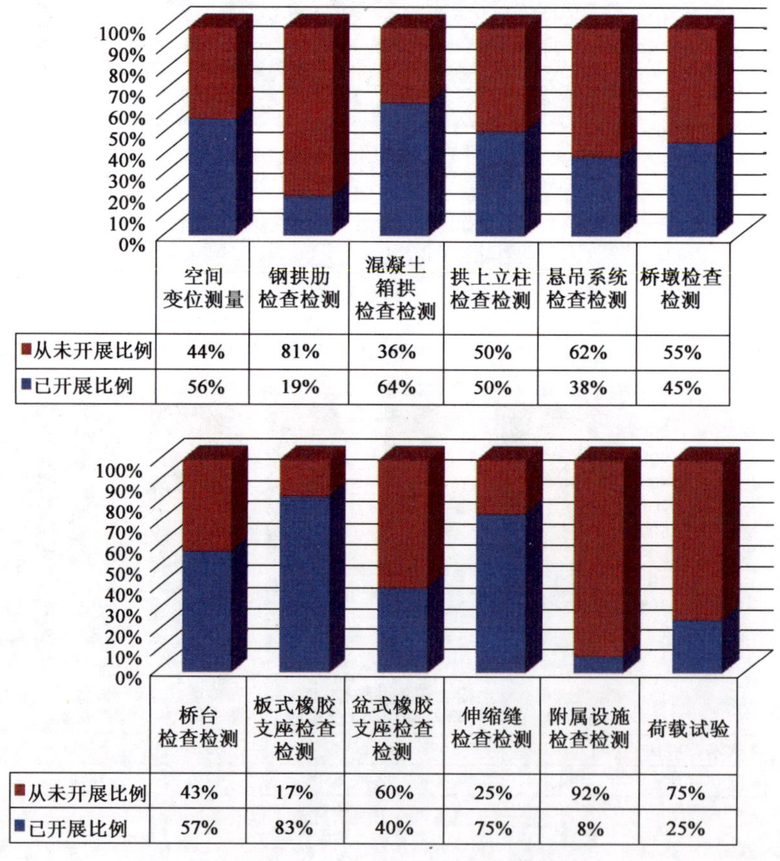

	空间变位测量	钢拱肋检查检测	混凝土箱拱检查检测	拱上立柱检查检测	悬吊系统检查检测	桥墩检查检测
■从未开展比例	44%	81%	36%	50%	62%	55%
■已开展比例	56%	19%	64%	50%	38%	45%

	桥台检查检测	板式橡胶支座检查检测	盆式橡胶支座检查检测	伸缩缝检查检测	附属设施检查检测	荷载试验
■从未开展比例	43%	17%	60%	25%	92%	75%
■已开展比例	57%	83%	40%	75%	8%	25%

图 2-29　拱桥主要养护盲区调查情况

8. 绿色养护维修、可维修设计的理念贯彻不足。在悬索桥结构的易损构件中，桥面铺装维修更换平均时间为4.6年，伸缩缝为7.3年、支座为8.3年。斜拉桥结构的易损构件中，桥面铺装维修更换平均时间为9年，伸缩缝为13年，支座为10年。梁桥和拱桥中，伸缩缝的平均使用寿命分别为12.9年和9.1年，支座分别为15.8年和10.2年，桥面铺装则为14.9年和12.2年。以上数据均小于《公路桥涵设计通用规范》(JTG D60—2015)中对中栏杆、伸缩装置、支座规定的15年设计使用年限。养管单位对易损构件的预防性养护工作不到位，是构件寿命下降的重要原因。构件频繁更换造成社会资源的浪费，绿色养护维修理念贯彻不到位。

可维修设计理念未得到有效贯彻。40座重点监测桥梁主梁内部的检修通道缺失较为严重，缺失率达39%；拱桥的检查通道检查的范围和深度存在问题，不能覆盖所有的拱上结构，且主拱圈的下部均难以抵近检查。在设计过程中未考虑后期养护施工，增加了检修困难，影响养护工作效率。

(三)2011～2016年重点监测桥梁技术状况和管养特征分析

根据2011～2016年度所抽检的240座重点监测桥梁的技术状况和养护管理情况分析，结果呈以下特征：

1. 东、中、西部地区桥梁技术状况呈依次递减趋势，东部最好，中部次之，西部明显偏低。2011～2016年度重点监测240座桥梁中，东部地区桥梁共96座，其中，1、2类桥梁72座(占75%)，分布在1～3类的共90座(占93.8%)，另有4类桥4座和未评定桥梁2座；中部地区桥梁共66座，其中，1、2类桥梁45(占68.2%)，分布在1～3类的共61座(占92.4%)，另有4类桥3座和未评定桥梁2座；西部地区桥梁共78座，其中，1、2类桥梁53座(占67.9%)，分布在1～3类的共71座(占91.0%)，另有四类桥7座。详细数据如表2-5所示。

2011～2016年度东、中、西部地区桥梁技术状况水平统计表　　表2-5

桥梁技术状况	东部		中部		西部	
	座	比例(%)	座	比例(%)	座	比例(%)
1类	14	14.6	6	9.1	6	7.7
2类	58	60.4	39	59.1	47	60.3
3类	18	18.8	16	24.2	18	23.1
4类	4	4.2	3	4.5	7	9.0
未评定	2	2.1	2	3.0	0	0.0
合计	96	100.0	66	100.0	78	100.0

2. 收费公路的桥梁技术状况水平明显好于非收费公路的桥梁。2011～2016年度重

点监测240座桥梁中，属于收费公路的桥梁共136座，其中，1、2类桥梁112座（占82.4%），分布在1～3类的共134座（占98.5%），另有未评定桥梁2座，无4类桥；属于非收费公路的桥梁104座，其中1、2类桥梁56座（占53.8%），分布在1～3类的共86座（占82.7%），另有4类桥16座和未评定桥梁2座。详细数据如表2-6所示。

2011～2016年度不同收费性质公路的桥梁技术状况水平统计表 表2-6

桥梁技术状况	收　费		非　收　费	
	座	比例（%）	座	比例（%）
1类	19	14.0	6	5.8
2类	93	68.4	50	48.1
3类	22	16.2	30	28.8
4类	0	0.0	16	15.4
未评定	2	1.5	2	1.9
合计	136	100.0	104	100.0

3.桥梁管养单位的管理规范化程度逐步提高。尤其是在《交通运输部关于进一步加强公路桥梁养护管理的若干意见》（交公路发〔2013〕321号文）的指导和要求下，各地桥梁管理规范化工作得到了重视，并得到了较好的落实。通过2011～2016年部分养护管理工作抽查情况汇总分析，桥梁管养单位在桥梁检查与评定、养护人员培训、桥梁管理信息化建设等方面规范化管理水平逐步提高，但桥梁基础资料缺失、养护管理系统有效利用率低、安全保护区疏于管理、养护工程师任务重等问题仍普遍存在。2011～2016年度部分桥梁养护管理工作落实情况对比如图2-30所示。

4.桥梁超负荷运行问题较为突出。近3年抽检的桥梁交通量总体呈增长态势，年均增长率为6.6%，超限超载治理工作压力增大。根据年度抽检桥梁的统计，2014～2016年平均超载率分别为8.17%、7.3%、6.96%，呈微弱下降趋势，违法超限超载车辆上路上桥形势依然严峻，如2014年抽检的北京稻香湖桥、贵州落脚河大桥超载率大于30%；2015年抽检桥梁中，江西墨山立交桥、湖北巴东长江大桥、福建江口特大桥超载率大于40%；2016年抽检桥梁中，军山长江大桥超载率大于30%。

四、2016年重点隧道监测结果及特征分析

2016年，交通运输部对10个省（区、市）的10座隧道进行了技术与安全状况抽检和巡查。其中，特长隧道2座，长隧道8座；按隧道建设年代分，隧龄15年以上的4座、隧龄10～15年的2座、隧龄5～10年的3座，隧龄小于5年的1座。

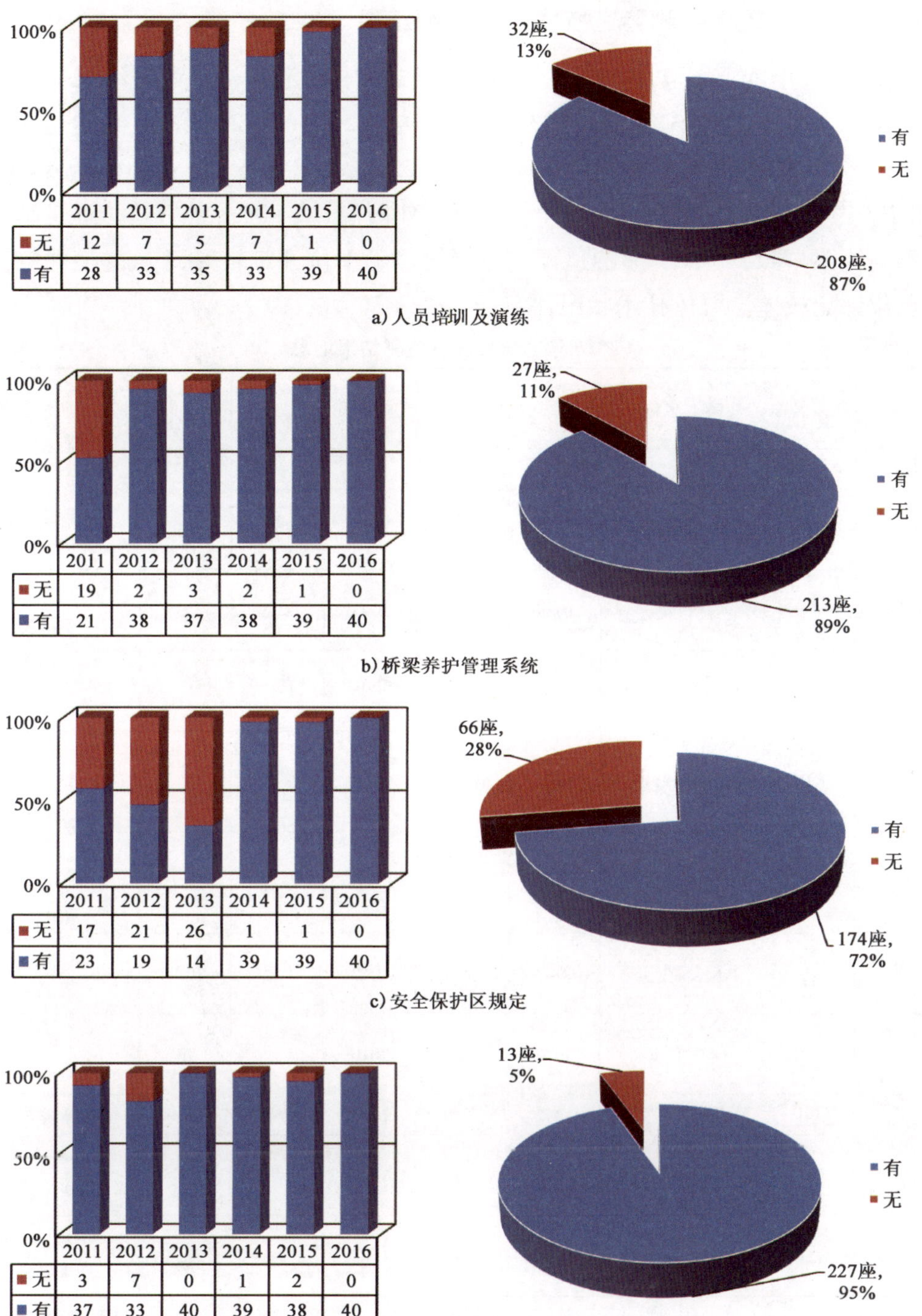

a)人员培训及演练

	2011	2012	2013	2014	2015	2016
无	12	7	5	7	1	0
有	28	33	35	33	39	40

b)桥梁养护管理系统

	2011	2012	2013	2014	2015	2016
无	19	2	3	2	1	0
有	21	38	37	38	39	40

c)安全保护区规定

	2011	2012	2013	2014	2015	2016
无	17	21	26	1	1	0
有	23	19	14	39	39	40

d)养护工程师培训考核制度

	2011	2012	2013	2014	2015	2016
无	3	7	0	1	2	0
有	37	33	40	39	38	40

图2-30　2011～2016年度部分桥梁养护管理工作落实情况对比

(一)2016 年重点监测隧道技术状况监测结果

根据 2016 年度重点监测 10 座隧道管养单位的末次定期检查评定结果,1 类隧道 4 座(占 40%),2 类隧道 3 座(占 30%),3 类隧道 2 座(占 20%),4 类隧道 1 座(占 10%)。经本次监测确认,2 类隧道 2 座(占 20%),3 类隧道 5 座(占 50%),4 类隧道 1 座(占 10%),5 类隧道 1 座(占 10%)。共计 8 座隧道(占 80%)养管单位评定结果与本次监测结论不一致,其中,1 座隧道评定等级比养管单位评定较好,7 座隧道评定等级比养管单位评定较差。总体技术状况评定详见表 2-7。

2016 年度长大隧道监测结果汇总 表 2-7

序号	区域	路线名称	隧道名称	隧道长度(m)	所在省份	建成年份	末次评级(土建)	规范化评分	2016 年度监测结果
全国	—	—	—	—	—	—	—	73.75	—
1	东部	G11	大峪隧道	1552	辽宁	1996	3 类	83	土建:2 类; 机电:1 类
2		G6	八达岭隧道	1085	北京	1998	2 类	76	土建:3 类; 机电:2 类
3		G25	老山 1 号隧道	1795	江苏	2006	1 类	71.7	土建:2 类; 机电:2 类
4		G10	天恒山隧道	1690	黑龙江	2009	2 类	70	土建:2 类(上行)/ 1 类(下行); 机电:4 类
5	中部	G35	秦老屋隧道	2640	安徽	2009	S 类	82.75	土建:2 类(上行)/ 1 类(下行); 机电:1 类
6		G45	赣鄂隧道	6949	江西	2012	1 类	75.1	土建:3 类; 机电:3 类
7		G78	木冲隧道	3670	广西	2010	1 类	73	土建:2 类; 机电:3 类
8	西部	G6	旱台子 2 号隧道	1242	青海	2003	B 类	77.9	土建:3 类
9		G312	六盘山隧道	2385	宁夏	1997	—	74.75	土建:5 类; 机电:4 类
10		G217	铁力买提隧道	1895	新疆	1983	—	54.3	土建:未评定; 机电:3 类

注:1. 2015 年 3 月 1 日之前用旧规范《公路隧道养护技术规范》(JTG H12—2003)仅对土建技术状况进行评定,评定结果用 S、B、A 表示(病害情况由轻到重)。

2. 本次监测采用新规范《公路隧道养护技术规范》(JTG H12—2015)对隧道土建结构、机电设施、其他工程设施及隧道总体技术状况进行评定,评定结果用 1 类、2 类、3 类、4 类、5 类表示(病害情况由轻到重)。

(二)2016 年重点监测隧道技术状况和管养特征分析

1. 隧道技术状况总体良好。2016 年度重点监测 10 座隧道中,其技术状况为 2 类隧道共 3 座(占 30%),3 类隧道共 4 座(占 40%),4 类隧道共 1 座(占 10%),5 类隧道共 1 座(占 10%),无法按规范进行技术状况评定的隧道 1 座(占 10%),较 2015 年度情况较差,且首次在部重点监测隧道中出现了 5 类隧道,具体如图 2-31 所示。

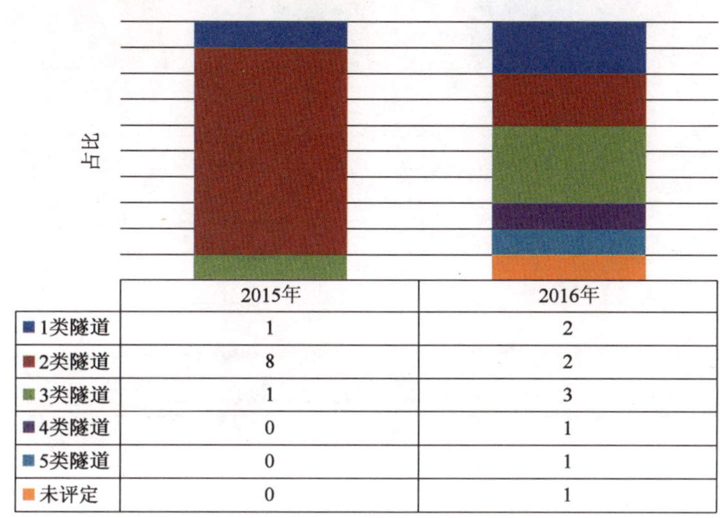

	2015年	2016年
1类隧道	1	2
2类隧道	8	2
3类隧道	1	3
4类隧道	0	1
5类隧道	0	1
未评定	0	1

图 2-31　受检隧道技术状况比例

其中,机电设施技术状况为 1 类的有 2 座,2 类的共有 3 座;3 类的共有 3 座,4 类的 1 座。

2. 不同区域隧道技术状况存在一定差异,中部最好,东部次之,西部最差。按区域分,本次所抽检的 10 座隧道中,共认定 2 类隧道 2 座,分别位于中部地区和东部地区;在中部地区抽检的 2 座隧道中,2 类隧道和 3 类隧道的占比均为 50%;在东部地区抽检的 4 座隧道中,2 类隧道占 25%,3 类隧道占 50%,4 类隧道占 25%;而在西部地区抽检的 4 座隧道中,3 类隧道占 50%,5 类隧道占 25%,无法按规范进行技术状况评定的隧道占 25%,具体如图 2-32 所示。

3. 收费公路的隧道技术状况水平明显好于非收费公路的隧道。2016 年度重点监测 10 座隧道中,属于收费公路的隧道共 8 座,其中 2 类隧道 2 座(占 25%),3 类隧道 5 座(占 62.5%),4 类隧道 1 座(占 12.5%);属于非收费公路的隧道共 2 座,其中 5 类隧道 1 座(占 50%),无法按规范进行技术状况评定的隧道 1 座(占 50%)。详细数据如表 2-8所示。

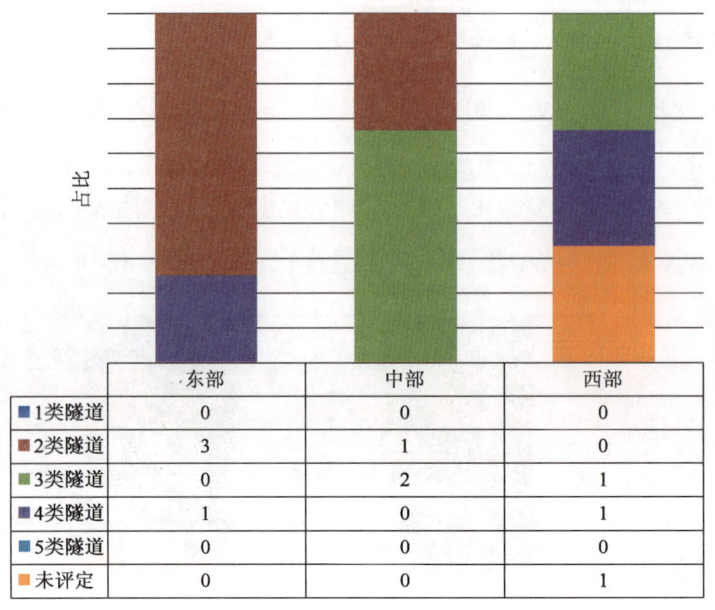

	东部	中部	西部
1类隧道	0	0	0
2类隧道	3	1	0
3类隧道	0	2	1
4类隧道	1	0	1
5类隧道	0	0	0
未评定	0	0	1

图 2-32　2016 年度东、中、西部地区隧道技术状况统计

2016 年度属不同收费性质公路的隧道技术状况水平统计　　表 2-8

隧道技术状况	收　费		非收费	
	数量(座)	比例(%)	数量(座)	比例(%)
1 类	0	0	0	0
2 类	2	25	0	0
3 类	5	62.5	0	0
4 类	1	12.5	0	0
5 类	0	0	1	50
未评定	0	0	1	50

4. 隧道养管单位规范化管理水平较 2015 年度检查结果有所提升，且非收费管理模式隧道的规范化管理较 2015 年度检查结果显著较好。2016 年监测时，根据管理责任落实、制度建设与落实、专业化管理、运营条件、技术资料管理、隧道检查与评定、功能维持与加固改造、隧道安全与应急管理、基础管理与养护技术、部交办工作完成情况等方面，对隧道养护与运营安全管理规范化进行评分。10 座隧道中，评分结果大于 70 分的为 8 座，占 80%，较 2015 年度提升 7.3%，如图 2-33 所示。其中，8 座经营性隧道评分大于 70 分的为 7 座，占 87.5%，与 2015 年度持平；2 座非经营性隧道评分大于 70 分的为 1 座，占 50%，较 2015 年度提升 17%。

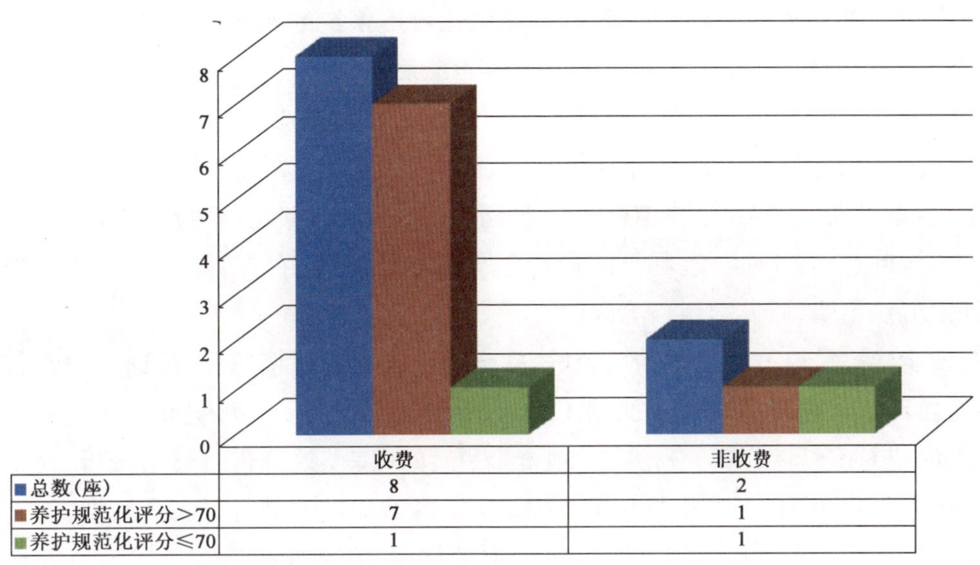

	收费	非收费
总数(座)	8	2
养护规范化评分＞70	7	1
养护规范化评分≤70	1	1

图 2-33　2016 年度隧道养护管理规范化评分情况

5. 隧道检查与评定执行情况较差，存在隧道检查规范性差、深度不足、检查内容不全、检查方法不合理、评定结论错误等问题。抽检的 10 座隧道中，按《公路隧道养护技术规范》(JTG H12—2015)要求开展日常巡查、经常检查、定期检查、专项检查、应急检查的隧道分别为 6 座、7 座、5 座、10 座、9 座，占比分别为 60%、70%、50%、100%、90%，如图 2-34 所示。其中，隧道定期检查的规范化程度最差，10 座隧道的定期检查报告均存在或内容不满足规范要求，或深度不满足规范要求，或评定结论错误的问题，不能准确详细地掌握隧道关键技术状况。

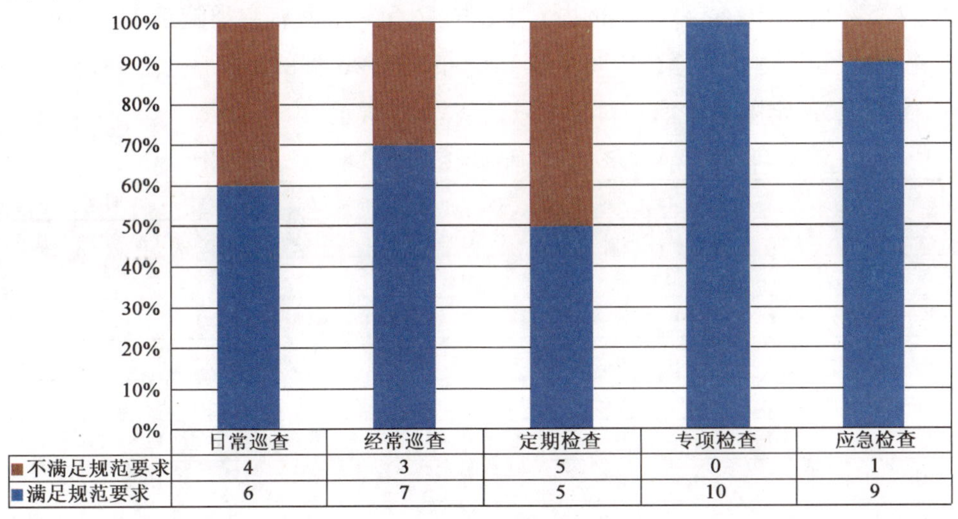

	日常巡查	经常巡查	定期检查	专项检查	应急检查
不满足规范要求	4	3	5	0	1
满足规范要求	6	7	5	10	9

图 2-34　隧道检查情况汇总

6. 应急处置方面总体情况良好，隧道信息化管理系统的及时性、实用性有待进一步提高，隧道预防性养护、养护科学决策整体较为滞后。抽检的10座隧道中，均进行了应急预案编制且组织了人员培训和演练，较2015年有明显进步；有9座隧道建立并应用了养护管理系统，但存在系统数据更新不及时、实用性差、缺乏对养护数据的分析、应用、规范性差等问题；有8座隧道制订了预防性养护措施，存在针对性差、可实施性差、系统性差等问题；有9座隧道制订并进行了养护科学决策，存在针对性差、数据采集及分析评定方法不明确、方案粗略等问题。

7. 安全隐患排查方面总体情况较好，安全培训方面总体情况良好，通行安全管理措施、安全监测和预警有待进一步加强。抽检的10座隧道中，均高度重视安全隐患排查工作，及时进行安全隐患排查、落实专项资金、持续跟踪整改并进行总结分析，特别是有2座隧道在5年前即已开始进行相关工作；10座隧道均组织进行了安全培训，但有4座隧道存在培训内容不全面、不具体、针对性差的问题；有9座隧道建立了通行安全管理措施，但存在措施不全面、不具体、针对性差、实施效果差等问题。

（三）2015～2016年重点监测隧道技术状况和管养特征分析

根据2015～2016年度所抽检的21座重点监测隧道的技术状况和养护管理情况分析，结果呈以下特征：

1. 中、东、西部地区隧道技术状况呈依次递减趋势，中部最好，东部次之，西部明显偏低。2015～2016年度重点监测21座隧道中，中部地区隧道共4座，其中，2类隧道2座（占50%），分布在1～3类的共4座（占100%）；东部地区隧道共8座，其中2类隧道3座（占37.5%），分布在1～3类的共7座（占87.5%），另有4类隧道1座；西部地区隧道共9座，其中2类隧道3座（占33.3%），分布在1～3类的共7座（占77.8%），另有5类隧道1座和未评定隧道1座。详细数据如表2-9所示。

2015～2016年度中、东、西部地区隧道技术状况水平统计 表2-9

隧道技术状况	中部		东部		西部	
	数量（座）	比例（%）	数量（座）	比例（%）	数量（座）	比例（%）
1类	0	0	0	0	0	0
2类	2	50	3	37.5	3	33.3
3类	2	50	4	50	4	44.5
4类	0	0	1	12.5	0	0
5类	0	0	0	0	1	11.1
未评定	0	0	0	0	1	11.1
合计	4	100	8	100	9	100

2. 收费公路的隧道技术状况呈明显好于非收费公路的隧道。2015～2016年度重点监测21座隧道中，属于收费公路的隧道共16座，其中，分布在1～3类的共15座（占93.75%），另有4类隧道1座；属于非收费公路的隧道共5座，其中，分布在1～3类的共3座（占60%），另有5类隧道1座和未评定隧道1座。详细数据如表2-10所示。

2015～2016年度属不同收费性质公路的隧道技术状况水平统计 表2-10

隧道技术状况	收费		非收费	
	数量（座）	比例（%）	数量（座）	比例（%）
1类	0	0	0	0
2类	6	37.5	2	40
3类	9	56.25	1	20
4类	1	6.25	0	0
5类	0	0	1	20
未评定	0	0	1	20
小计	16	100	5	100

五、全国干线公路网灾害损失情况分析

2016年，全国干线公路网因恶劣天气、地质灾害等自然灾害造成的局部公路基础设施损失较2015年严重。部分地区汛期降雨量较常年同期偏多，累计冲毁路基16 931.79万立方米/13.45万公里，冲毁路面23 552.26万平方米/14.38万公里，损毁桥梁243 763延米/8 588座，毁坏隧道84 594延米/118道，毁坏涵洞74 311道，冲毁护坡2 003.42万立方米/51 123处，冲毁驳岸、挡墙3 345.41万立方米/134 573处，塌方14 256.96万立方米/571 527处。

2016年，全国干线公路网灾害损失情况主要呈现以下三个特点：

1. 公路灾害损失较往年明显偏重。与往年相比，全国31个省（区、市）近90%县级行政区不同程度受到自然灾害影响。重大灾害过程主要集中在6～7月，其中7月暴雨洪涝灾害突发连发，灾情发展迅猛，华北、华中和华东地区公路损毁受阻较为严重。

2. 极端强对流天气频发。全国共发生59次大范围强对流天气过程，短时强降水、雷暴大风、冰雹、龙卷风等突发性恶劣天气为2010年以来最多。其中，江苏、山西、新疆重大灾害过程灾情突出，特别是6月江苏盐城龙卷风冰雹特大灾害造成重大人员伤亡和公路基础设施损毁。

3. 台风登陆强度强，对公路交通造成影响严重。全年我国大陆地区共有8个台风

登陆,较常年偏多,6 个登陆强度达到台风级别以上,强度偏强。其中 9 月登陆厦门翔安的台风“莫兰蒂”,登陆时中心附近最大风力 15 级,是 2016 年登陆我国的最强台风,也是新中国成立以来登陆闽南沿海风力最强的台风。“莫兰蒂”在福建、浙江两省共造成 70.4 万人受灾,房屋倒塌 1 600 余间,不同程度损坏 1.2 万间,农作物受灾面积 22.2 千公顷,绝收 1.2 千公顷,直接经济损失 16.6 亿元。

第三章 全国干线公路网交通运行状况

一、全国干线公路网交通流量分析

(一)全国交通量统计分析

根据全国交通情况调查系统统计,2016 年全国干线公路年平均日交通量❶为16 465 pcu/日,同比❷增长 4.6%。2012 ~ 2016 年度全国干线公路网交通量变化趋势如图 3-1 所示。

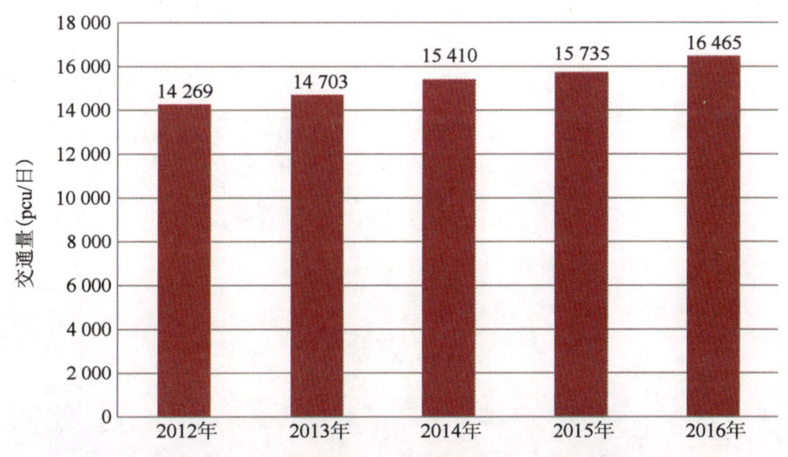

图 3-1 全国干线公路网 2012 ~ 2016 年平均日交通量趋势

2016 年,国道网机动车年平均日交通量为 16 090 辆,同比增长 4.7%,北京、天津、

❶ 交通量:指单位时间内通过公路某断面的车辆数。年平均日交通量,即一年的交通量除以一年的总日数。年平均日交通量反映了公路网总体交通量大小情况。pcu/日是交通流量的单位,表示所调查的各类车型折算成标准车(小客车)后的流量合计值。

❷ 同比:为统一口径进行对比分析,有关公路交通流量数据的同期比较均按可比口径计算。

河北、上海、江苏、浙江、山东、河南和广东地区国道网的年平均日交通量均超过 20 000 辆;国道网日平均行驶量❶为 207 133 万车公里,同比增长 1.4%,其中,广东、河南、浙江、湖南、和江苏的国道网日平均行驶量均超过 10 000 万车公里。其中,国家高速公路日平均交通量为 24 468 辆,日平均行驶量为 109 261 万车公里,同比分别增长 5.0%、1.9%;普通国道日平均交通量为 11 637 辆,日平均行驶量为 97 872 万车公里,同比分别增长 4.3%、0.9%。全国高速公路日平均交通量为 23 346 辆,日平均行驶量为 137 959 万车公里,同比分别增长 6.1%、3.4%。

从空间分布看,国家高速公路网主通道中年平均日交通量较大的路段是沪昆高速公路(G60)上海段、京沪高速公路(G2)上海段、京港澳高速公路(G4)北京段、沈海高速公路(G15)上海段、沪渝高速公路(G42)江苏段等,重点城市群联络线及地区环线中年平均日交通量较大的路线是东佛高速公路(G9411)、广澳高速公路(G4W)、常台高速公路(G15W)、宁芜高速公路(G4211);年平均日交通量较小的国道路段主要分布在边疆地区的普通国道,如叶孜线公路(G219)西藏段、成那线公路(G317)西藏段、二长线(G208)内蒙古段等。2016 年国家高速公路交通量分布如图 3-2 所示,普通国道交通量分布如图 3-3 所示。

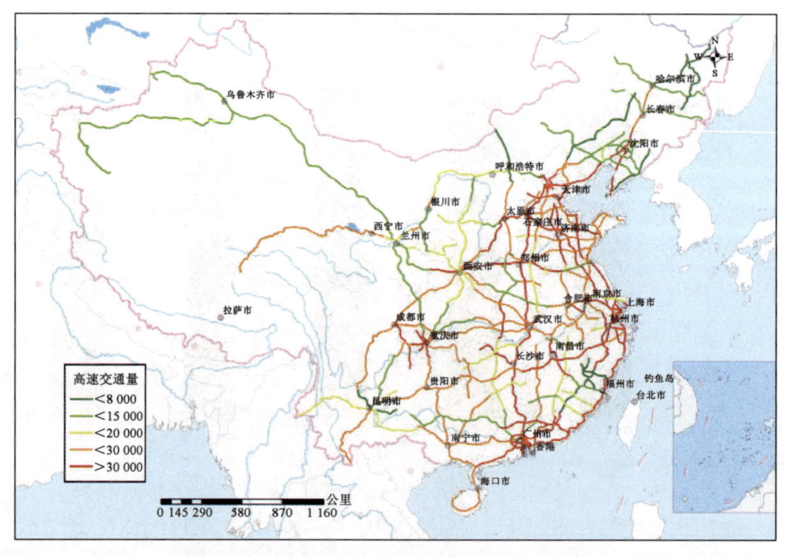

图 3-2　2016 年国家高速公路交通量分布情况

❶ 行驶量:从 2014 年起,行驶量计算方法由"机动车当量数"与"公路总里程"的乘积调整为"机动车当量数"与"公路总观测里程"的乘积,计算单位为万车(pcu)·公里/日。

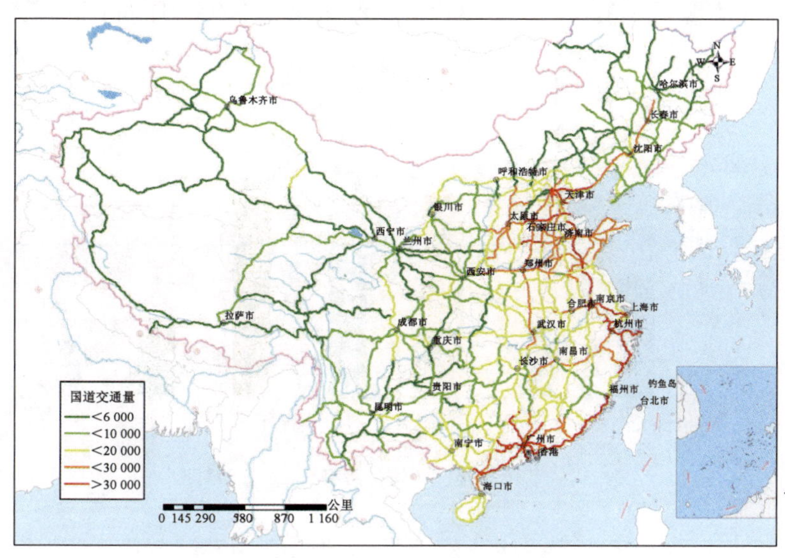

图 3-3　2016 年普通国道交通量分布情况

从时间分布看,全国干线公路网交通量月度变化特征明显:受春运影响,2 月交通量比 1 月有所增长,3 月有所回落,4 月小幅回升后继续回落,从 7 月开始交通量稳步增长,10 月达到波峰,此后逐月回落。2016 年全国干线公路网月度交通量变化情况如图 3-4 所示。

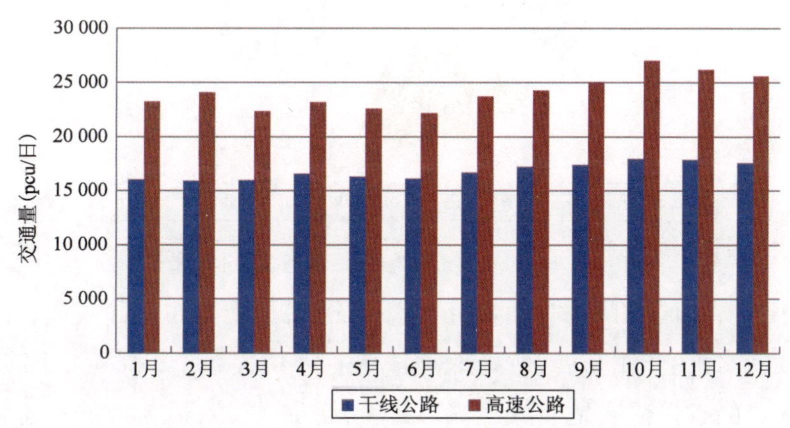

图 3-4　全国干线公路网 2016 年月度交通量变化情况

(二) 区域交通量统计分析

从全国各大区域路网交通量分布情况(图 3-5)看,全国干线公路网交通量分布不均匀。其中,华南地区干线公路网年平均日交通量最大,为 28 595pcu/日;其次是华东地区,为 26 687pcu/日;年平均日交通量最小的区域是西北地区,仅为 8 116pcu/日。从路网交通承载分布情况（图 3-6）看，路网密集的华东地区承担的行驶量占全国总量的 26.31%；其次是华南地区，为 17.29%；东北地区承担的行驶量占比最小，为 6.31%。

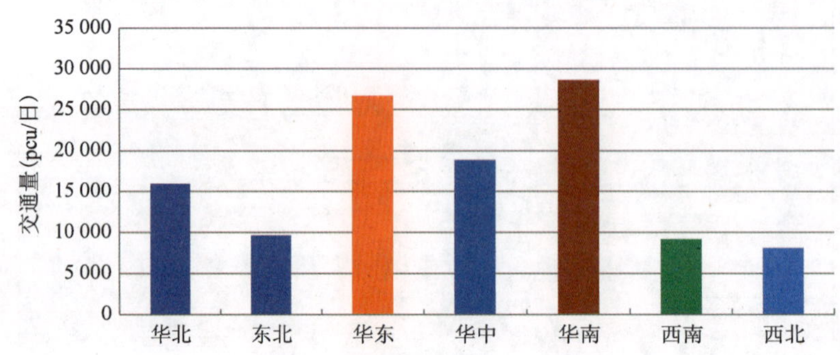

图 3-5　2016 年全国干线公路网区域交通量情况

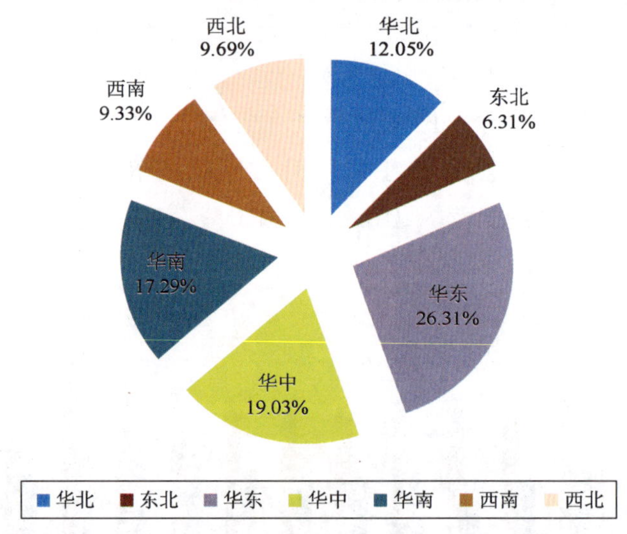

图 3-6　2016 年全国干线公路网区域行驶量分布情况

从全国 31 个省（区、市）的交通量分布情况看，总体上分布差异较大，交通量规模与该地区经济发展水平、产业布局、所处地理位置有密切关系。2016 年，干线路网年平均日交通量前 5 位的省份依次是上海、广东、浙江、北京、天津；后 5 位的省份依次是西藏、青海、新疆、黑龙江、甘肃。高速公路年平均日交通量前 5 位的省份依次是北京、上海、广东、江苏、浙江；后 5 位的省份依次是黑龙江、新疆、内蒙古、吉林、甘肃。

全国各大区域路网交通量与行驶量的具体分布情况如下：

华北地区干线路网年平均日交通量为 15 946pcu/日，略低于全国平均水平，行驶量为 24 953 万车（pcu）· 公里/日，占全国总行驶量的 12.05%。与上年相比，华北地区干线路网交通量增长4.75%,行驶量增长2.80%。

东北地区干线路网年平均日交通量为9 646pcu/日,与上年相比,下降0.05%,行驶量为13 063 万车(pcu)·公里/日,与上年相比,下降12.89%,占全国总行驶量的6.31%,占比略有下降。

华东地区干线路网年平均日交通量为26 687pcu/日,是全国平均水平的1.66倍。与上年相比,华东地区干线路网交通量增长较快,增长幅度达到9.36%,行驶量为54 491万车(pcu)·公里/日,同比增长7.44%。

华中地区干线路网年平均日交通量为18 874pcu/日,略高于全国平均水平。与上年相比,华中地区干线路网交通量增长较快,增幅达到19.03%,行驶量增长33.57%,占全国总行驶量的19.03%,占比上升2.13%。

华南地区干线路网年平均日交通量最大,达到28 595pcu/日,是全国平均水平的1.78倍,行驶量仅次于华东地区,达到35 816 万车(pcu)·公里/日。与上年相比,华南地区干线路网同比下降7.06%,行驶量下降2.09%。

西南地区干线路网年平均日交通量为9 185 pcu/日,行驶量为19 334 万车(pcu)·公里/日,占全国行驶量的9.33%。与上年相比,西南地区干线路网交通量增长4.57%,行驶量增长7.78%。

西北地区干线路网年平均日交通量最低,为8 116 pcu/日,行驶量为20 073 万车(pcu)·公里/日,占全国行驶量的9.69%。与上年相比,西北地区干线路网交通量下降3.42%,行驶量增长4.50%。

二、全国干线公路网拥挤程度分析

(一)全国路网拥堵情况分析

2016年,全国干线公路网拥挤度[1]为16.04%,同比下降0.96%,高速公路网和普通国道网的拥挤度分别为7.74%和21.68%。其中,高速公路处于“畅通”和“基本畅通”状态的里程比例为87.47%,同比上升3.02%,处于“严重拥堵”状态的里程比例为2.30%;普通公路处于“畅通”和“基本畅通”状态的里程比例为67.98%,处于“严重拥堵”状态的里程比例为8.85%,与上年基本持平。具体情况如图3-7所示。

[1] 路网拥挤度:指路网中处于中度拥堵和严重拥堵状态的路段里程占路网总里程的百分比。本报告中路网拥挤度划分标准为:<11%畅通,[11%,19%)基本畅通,[19%,28%)轻度拥堵,[28%,36%)中度拥堵,≥36%严重拥堵。

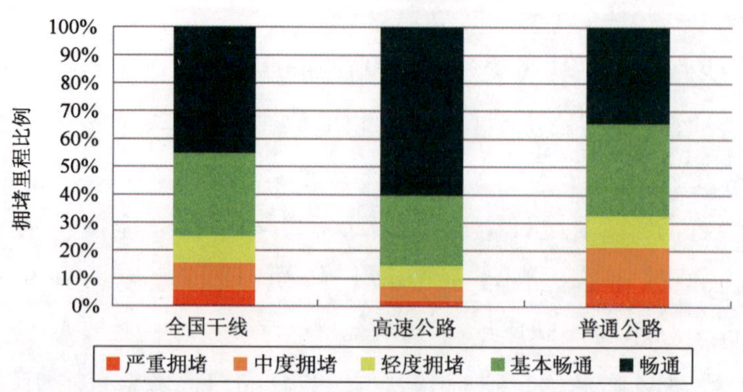

图 3-7　2016 年全国干线路网不同等级路网拥挤度情况

从路网空间分布看，国家高速公路拥堵的路段主要分布在京港澳高速公路（G4）湖南段、沪昆高速公路（G60）上海段、京沪高速公路（G2）江苏段等路段。普通国道拥堵路段主要分布在京津冀、长三角、珠三角等经济发达地区。国家高速公路拥堵分布情况如图 3-8 所示，普通国道拥堵分布情况如图 3-9 所示。

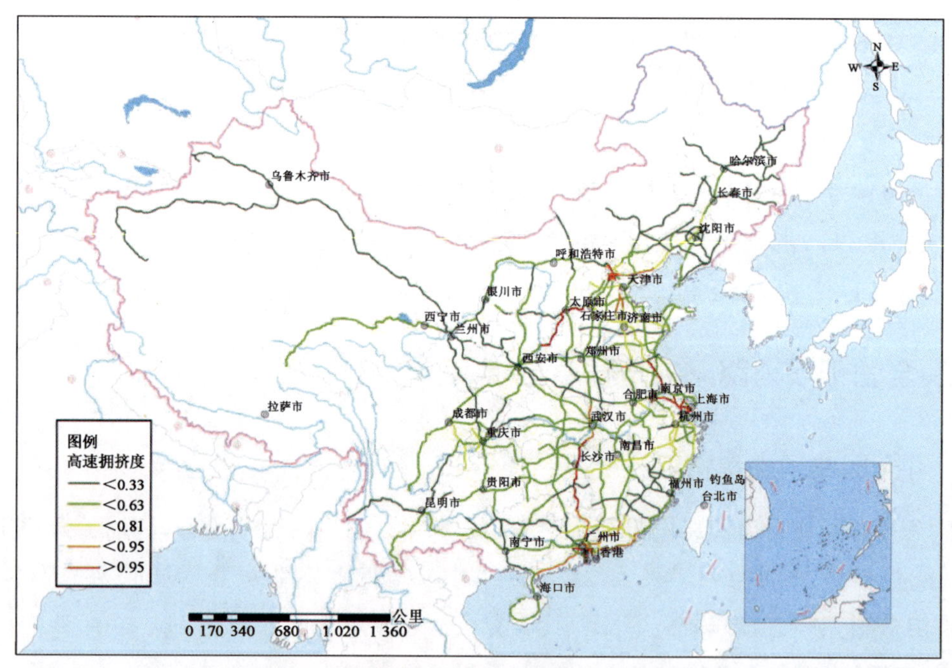

图 3-8　2016 年国家高速公路拥堵分布情况

从时间分布看，全国干线公路网月平均路网拥挤度处于“基本畅通”状态，与上年相比基本持平。其中，4 ~ 10 月拥堵程度较高。全国干线公路网月平均路网拥挤度如图 3-10所示，月度运行状态比例如图 3-11 所示。

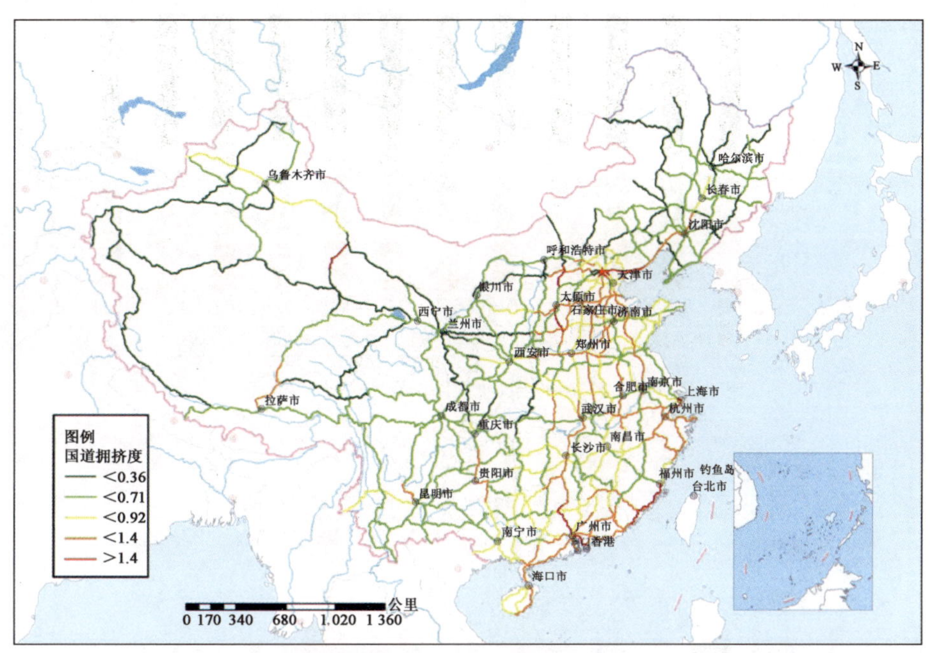

图 3-9 2016 年普通国道拥堵分布情况

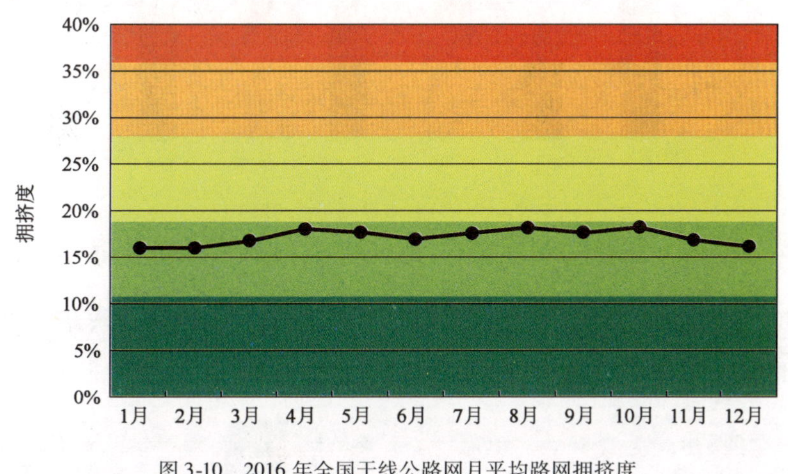

图 3-10 2016 年全国干线公路网月平均路网拥挤度

(二)区域路网拥堵情况分析

全国干线公路网各大区域间的拥挤程度差异较大。其中,华南地区路网最为拥堵,拥挤度达 32.85%,与上年持平;东北、西北地区路网较为畅通,拥挤度分别为 7.76% 和 3.90%。与 2015 年相比,华北、华东、华中地区路网拥堵情况继续加剧,华南拥挤情况与去年基本持平,西南地区拥挤度明显好转,下降 7.44%。具体如图 3-12 所示。

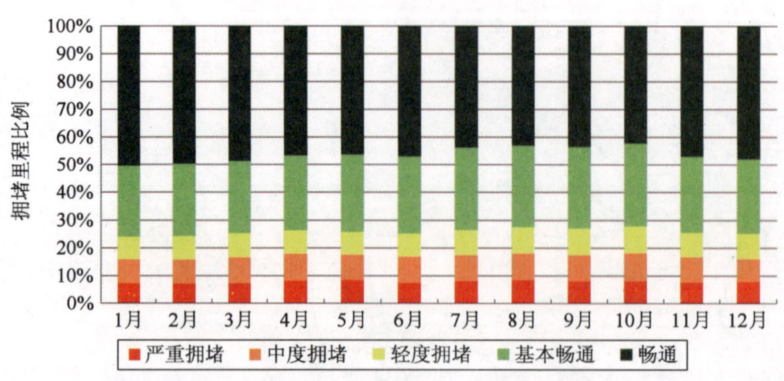

图 3-11　2016 年全国干线路网月度运行状态比例

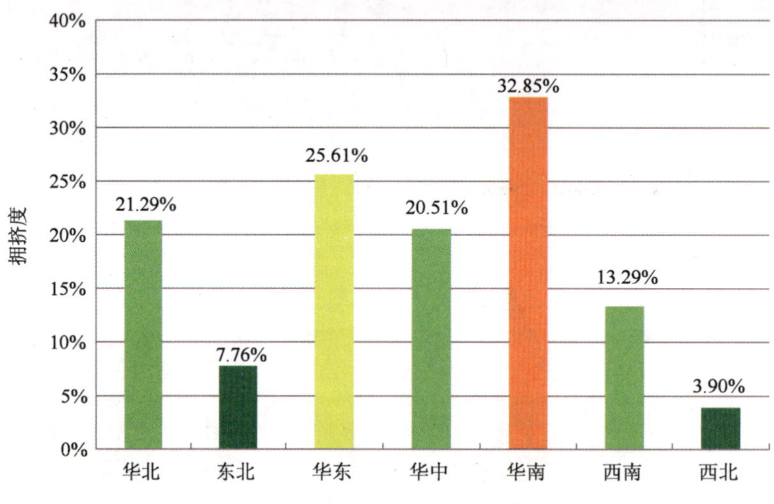

图 3-12　2016 年区域路网年平均拥挤度

根据近 3 年各大区域路网拥挤度年度变化情况分析，华南地区的路网拥挤度始终处于全国高位。华北、华东、华中地区路网拥挤度呈逐年递增趋势；东北拥挤度小幅增加，西南、西北地区拥挤度小幅下降。具体情况如图 3-13 所示。

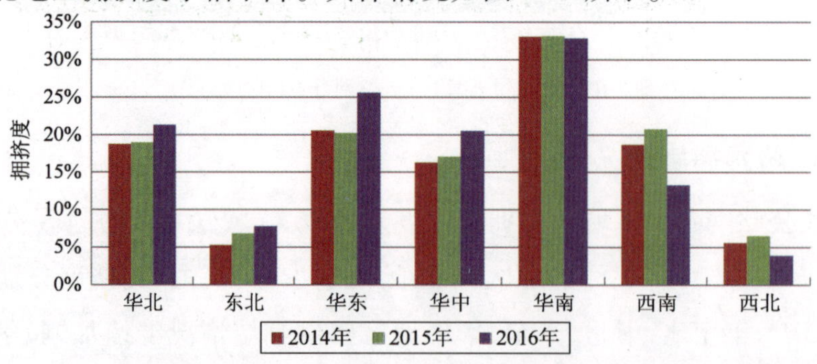

图 3-13　2014 ~ 2016 年各区域路网年平均拥挤度变化

从全国31个省(区、市)的拥挤度分布情况看,2016年干线路网拥挤度较高省份依次是上海、广东、北京、天津、浙江;拥挤度较小省份依次是黑龙江、新疆、青海、甘肃、吉林。高速公路拥挤度较高省份依次是上海、北京、广东、浙江、安徽;拥挤度较小的省份依次是黑龙江、新疆、吉林、福建、内蒙古。

三、全国干线公路网阻断事件分析

(一)阻断事件基本情况分析

自2011年以来,公路交通阻断信息报送数量与质量逐年提升,基本反映了全国干线公路网重大突发事件及严重阻断事件的时空分布情况。根据2016年全国公路交通阻断信息报送统计,全国31个省(区、市)累计报送各类阻断事件[1]共计44 148起,同比增长26.78%,累计公路阻断里程约101.07万公里,同比增长18.65%,累计公路阻断持续时间约437.84万小时,同比减少15.51%。阻断事件数量和阻断里程的延长,说明路网运行压力进一步加大;阻断持续时间的减少,说明阻断事件影响程度有所减轻。2012～2016年公路交通阻断事件数量、累计阻断里程和阻断时间变化情况如图3-14～图3-16所示。

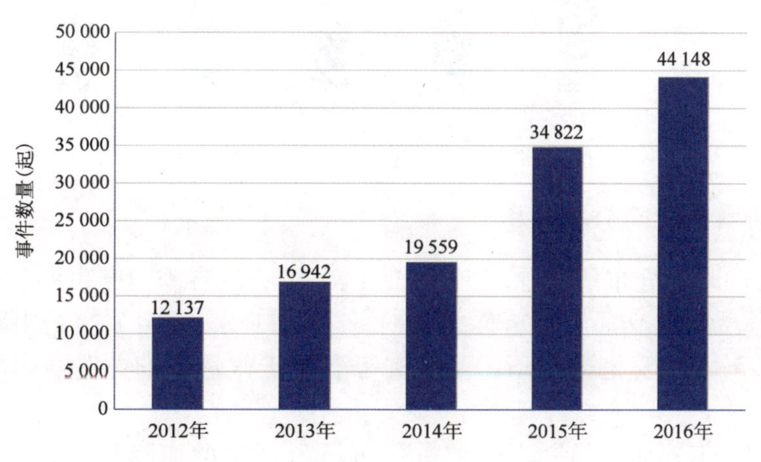

图3-14 公路交通阻断事件数量历年变化趋势

[1] 阻断事件:根据《交通运输部阻断信息报送制度》中规定的计划性施工养护以及突发性自然灾害、事故灾难、恶劣天气等引发的严重公路交通阻断或拥堵事件。

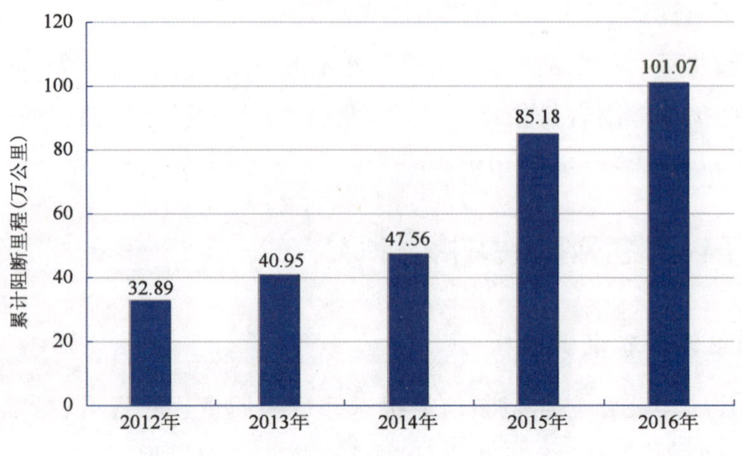

图 3-15　公路交通累计阻断里程历年变化趋势

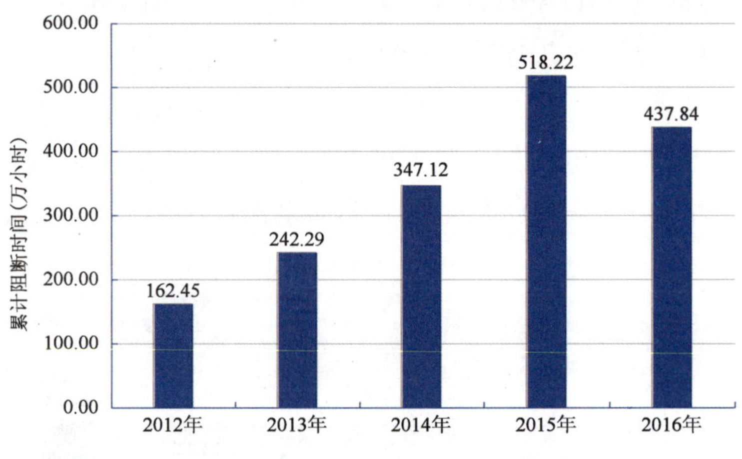

图 3-16　公路交通累计阻断时间历年变化趋势

(二)阻断事件时间分布分析

从阻断事件时间分布情况看,季节性变化特征明显,春季阻断事件最少,夏季、秋季逐渐增多,冬季为公路交通阻断事件多发期。1 月、11 月、12 月发生的阻断事件数量约占全年的 37.25%,主要是冰冻雨雪及大雾等恶劣天气造成的公路封闭事件。具体如图 3-17所示。

2012 ~2016 年各月份阻断事件数量分布呈现普遍增加趋势,如图 3-18 所示。其中,增幅较明显的为 2016 年 1 月、11 月、12 月,与 2015 年相比分别增加了 1 514 起、1 781起、1 460 起。

(三)阻断事件东、中、西部分布分析

从空间分布来看,中部阻断事件数量最多,阻断里程最多,占全国阻断里程总和的

59%，但阻断持续时间最少，具体如图 3-19 ~ 图 3-21 所示。

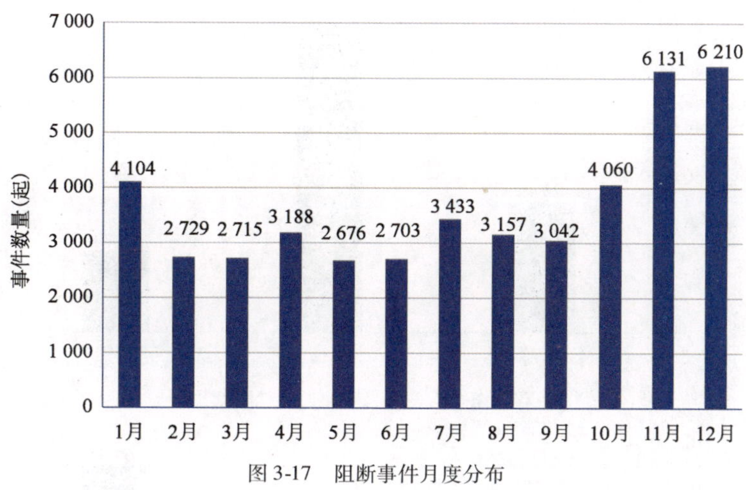

图 3-17　阻断事件月度分布

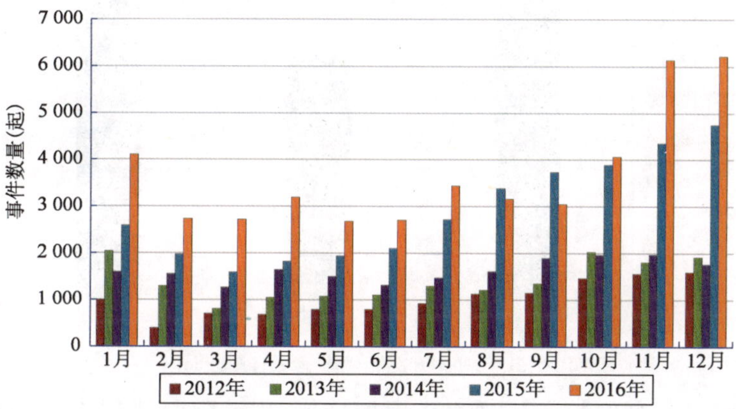

图 3-18　阻断事件历年月度分布变化图

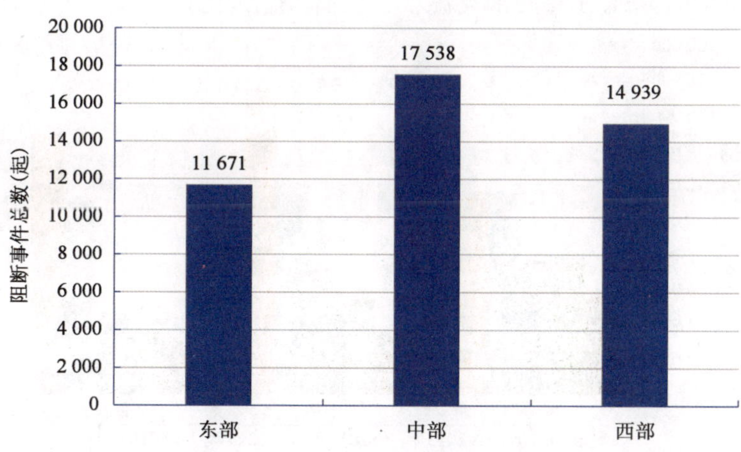

图 3-19　东、中、西部公路交通阻断事件数

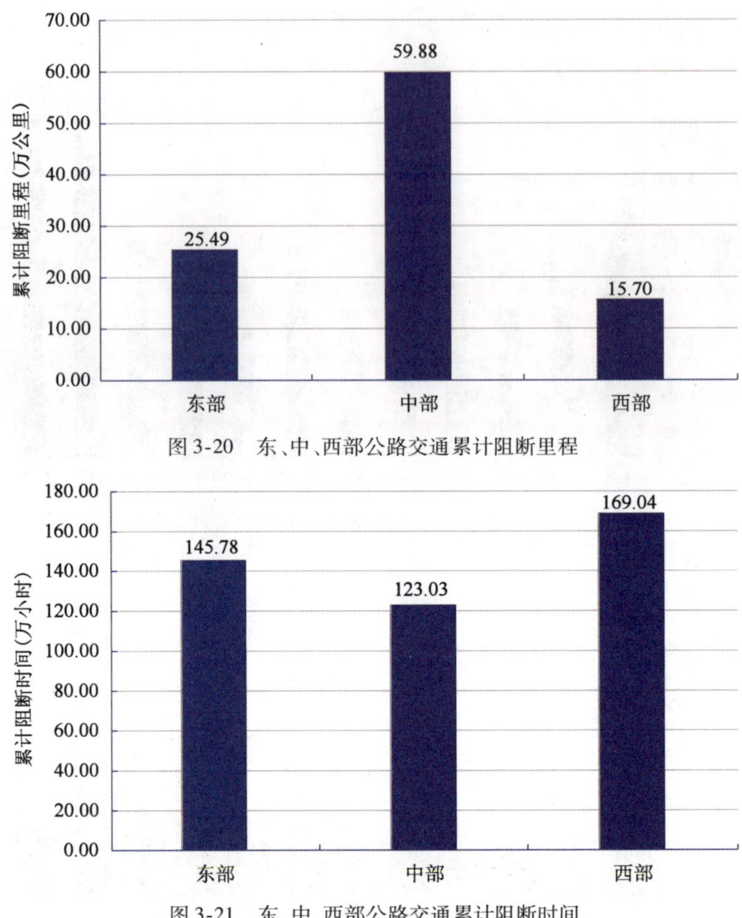

图3-20　东、中、西部公路交通累计阻断里程

图3-21　东、中、西部公路交通累计阻断时间

东、中、西部阻断事件数量呈现逐年增加趋势；累计阻断里程中部增加，西部基本持平，东部减少；持续时间东、中、西部均减少。具体情况如图3-22～图3-24所示。

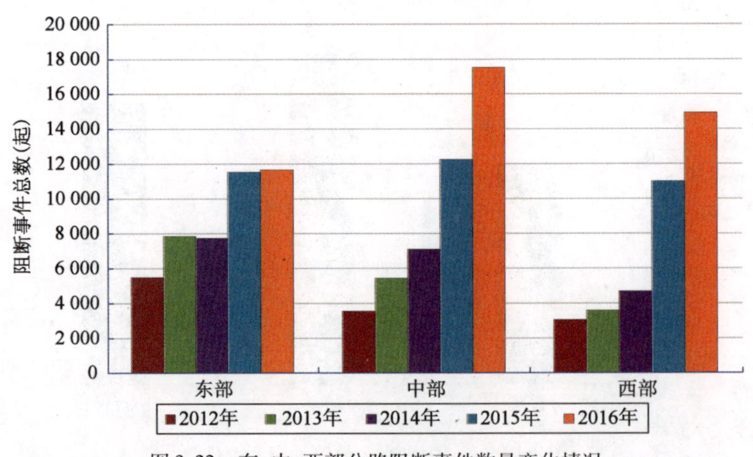

图3-22　东、中、西部公路阻断事件数量变化情况

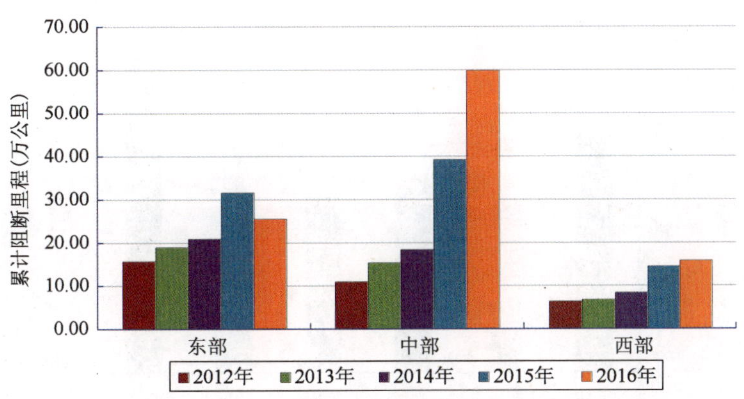

图3-23 东、中、西部公路交通累计阻断里程变化情况

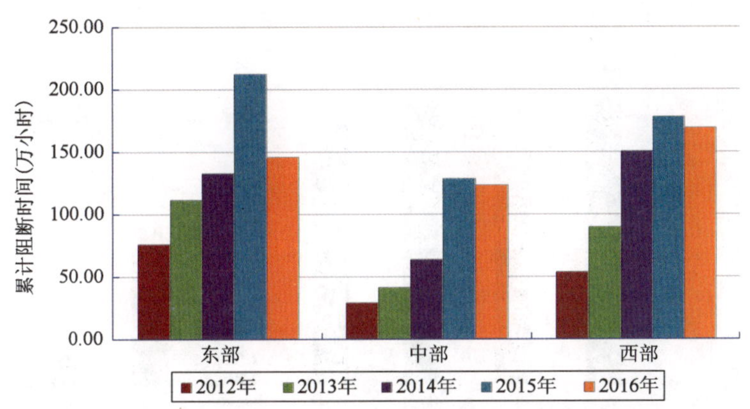

图3-24 东、中、西部公路交通阻断持续时间里程变化情况

(四)阻断事件区域分布分析

从区域分布情况看,西南地区阻断事件最多,为13 631起,占全国阻断总数的31%,西北地区阻断事件最少,仅为768起;华北累计阻断里程最多(27.21万公里),华南最少为(1.02万公里);华东阻断持续时间最长为(128.14万小时),东北最少为(16.02万小时)。具体如图3-25~图3-27所示。

对比2012~2016近五年各大区域阻断事件情况,从阻断事件数量分析,七大区域普遍呈增长趋势,其中西南地区增加4 123起;从累计阻断里程分析,华北、东北、华东、华中、西南五个地区逐年呈增长趋势,其中华中地区增加5.66万公里,东北地区增加5.51万公里;从阻断持续时间分析,除华中、西南增加外,其他地区均有所减少,华东地区减少41.47万小时,西北地区减少26.29万小时。具体如图3-28~图3-30所示。

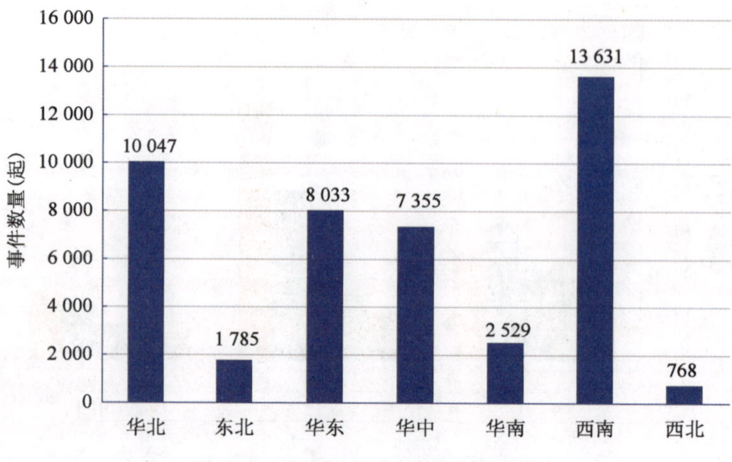

图 3-25 各地区公路交通阻断事件数

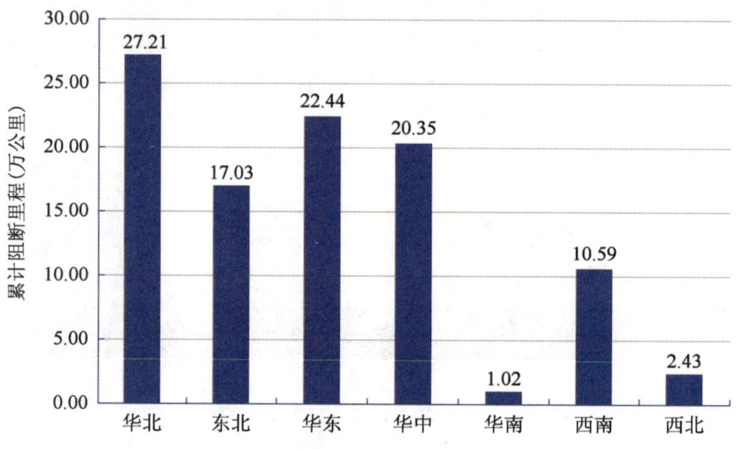

图 3-26 各地区公路交通累计阻断里程

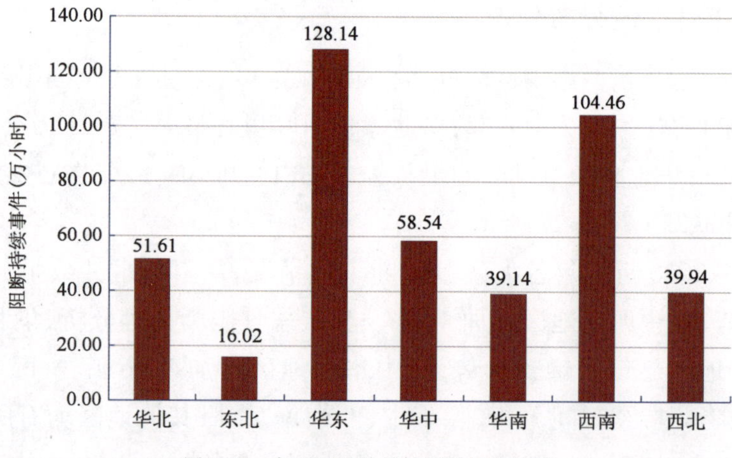

图 3-27 各地区公路累计阻断持续时间

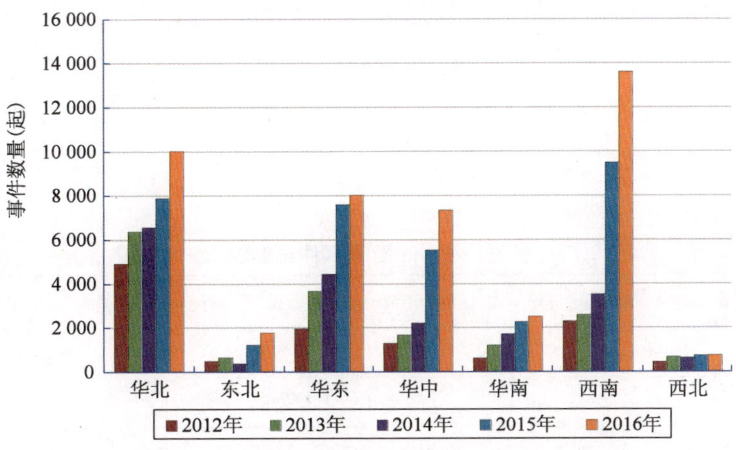

图 3-28　2012～2016 年各地区公路累计阻断事件变化图

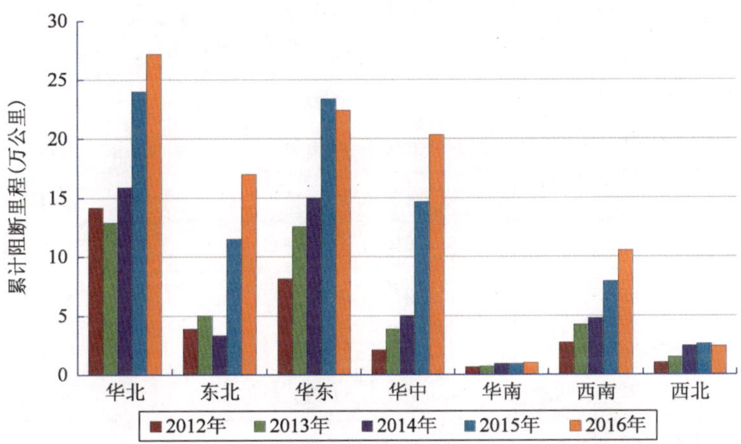

图 3-29　2012～2016 年各地区公路累计阻断里程变化图

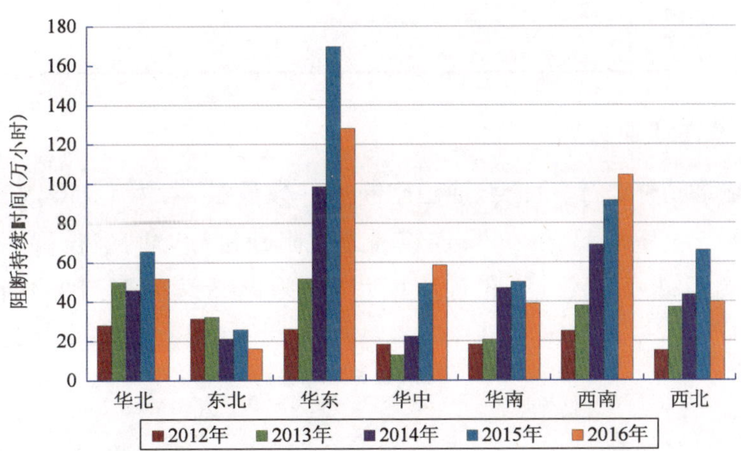

图 3-30　2012～2016 年各地区公路阻断持续时间变化图

从省域分布情况看，全国阻断事件总数超过 1 000 起的省份有 11 个，其中重庆公路阻断事件最多，为 11 390 起。全国累计阻断里程超过 2 万公里的省份有 15 个，其中山西累计阻断里程最多，为 14.55 万公里。全国阻断持续时间超过 10 万小时的省份有 13 个，相比 2015 年显著减少，其中重庆阻断持续时间最长，为 71.25 万小时。具体情况见表 3-1。

各省（区、市）阻断事件总体情况 表 3-1

序号	阻断事件总数超过 1 000 起的省份	累计阻断里程超过 2 万公里的省份	阻断持续时间超过 10 万小时的省份
1	重庆/11 390 起	山西/14.55 万公里	重庆/71.25 万小时
2	山西/5 209 起	河南/13.51 万公里	江苏/42.50 万小时
3	湖南/3 714 起	黑龙江/11.53 万公里	山东/39.31 万小时
4	江西/3 096 起	江西/9.29 万公里	湖南/35.96 万小时
5	河南/2 814 起	山东/5.89 万公里	江西/27.23 万小时
6	北京/2 441 起	江苏/5.56 万公里	广东/19.89 万小时
7	江苏/2 223 起	重庆/5.47 万公里	山西/19.10 万小时
8	广东/2 181 起	河北/5.38 万公里	广西/17.45 万小时
9	四川/1 652 起	四川/4.33 万公里	陕西/16.09 万小时
10	河北/1 259 起	湖北/4.04 万公里	河南/15.24 万小时
11	山东/1 028 起	吉林/3.49 万公里	云南/14.91 万小时
12		天津/3.11 万公里	四川/13.90 万小时
13		湖南/2.81 万公里	新疆/10.14 万小时
14		内蒙古/2.61 万公里	
15		辽宁/2.01 万公里	

（五）阻断事件通道分析

从主要运输通道❶来看，京港澳通道阻断事件数量最多，为 1 746 起；京港澳通道上累计阻断里程最多，为 3.53 万公里；连霍通道上阻断持续时间最长，为 17.48 万小时。六大运输通道的阻断事件数量、累计阻断里程、阻断持续时间分布情况如图 3-31 ~ 图 3-33所示。

❶ 主要运输通道：指全国干线公路网中承担重要运输功能，且交通流量大、阻断拥堵情况突出的代表性通道，包括高速公路及与之平行的国道。

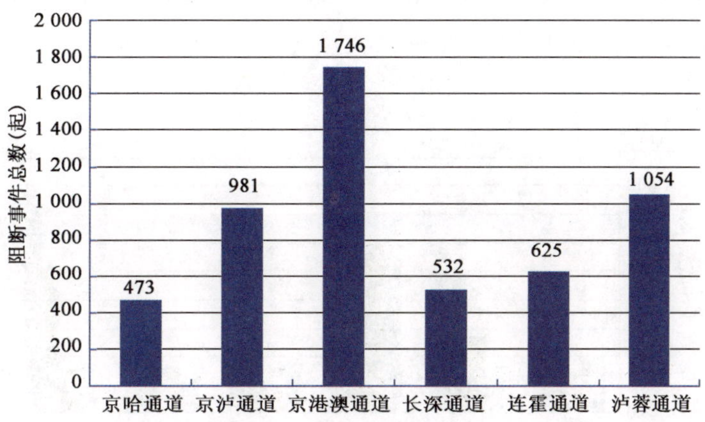

图 3-31　部分运输通道阻断事件数量

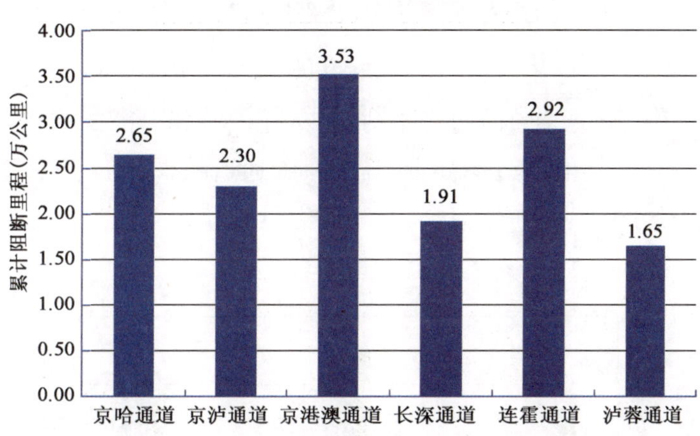

图 3-32　部分运输通道阻断事件阻断里程数据

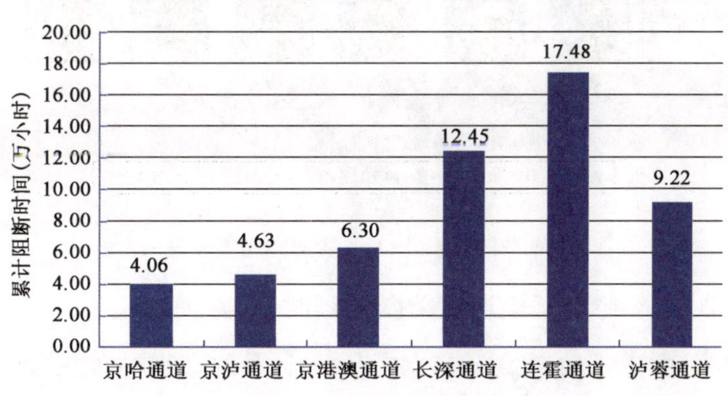

图 3-33　部分运输通道阻断事件持续时间

对比2013～2016年主要运输通道阻断事件数，沪蓉通道阻断事件数量增长509起，京沪通道增加229起，长深通道减少145起。具体如图3-34所示。

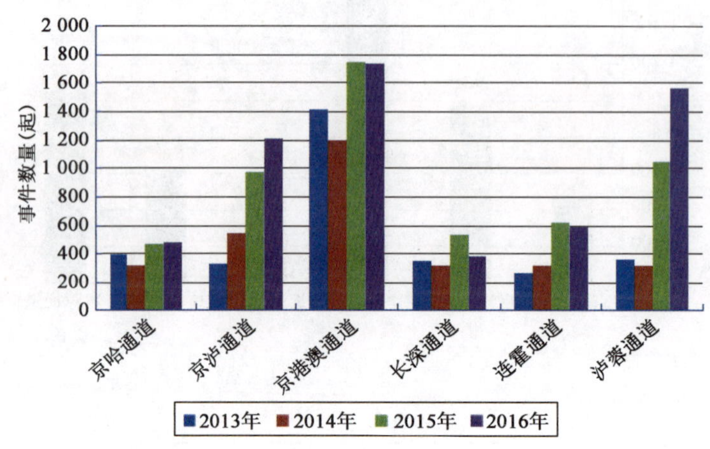

图3-34　部分运输通道阻断事件变化情况

对比2013～2016年主要运输通道阻断里程，除沪蓉和京港澳通道分别增加0.32万公里和0.16万公里外，其他通道均减少，其中京哈通道减少0.74万公里，京沪通道减少0.20万公里。具体如图3-35所示。

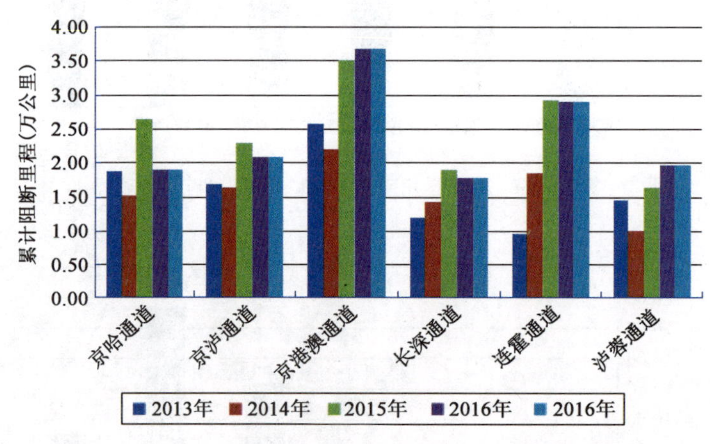

图3-35　部分运输通道阻断事件累计阻断里程变化情况

对比2013～2016年主要运输通道阻断持续时间，除沪蓉通道增加5.13万小时外，其他通道均减少，其中连霍通道减少11.47万小时，长深通道减少9.24万小时。具体如图3-36所示。

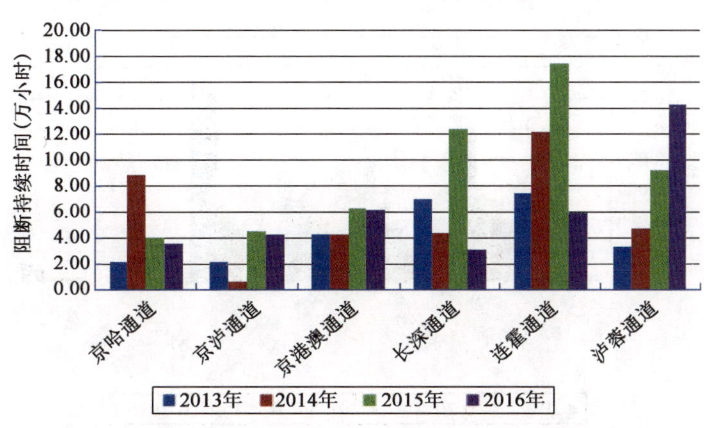

图 3-36 部分运输通道阻断事件持续时间变化情况

(六)阻断事件成因分析

各阻断原因中,因计划性原因(施工养护、重大社会活动、其他)造成的阻断事件共14 271 起,占总数的32.33%;因突发性原因(自然灾害、事故灾难、恶劣天气、其他)造成的阻断事件共29 877 起,占总数的67.67%。突发性原因依然是造成公路交通阻断的主要原因,且所占比例进一步加大。2012 ~ 2016 年公路交通阻断事件成因变化趋势如图 3-37所示。

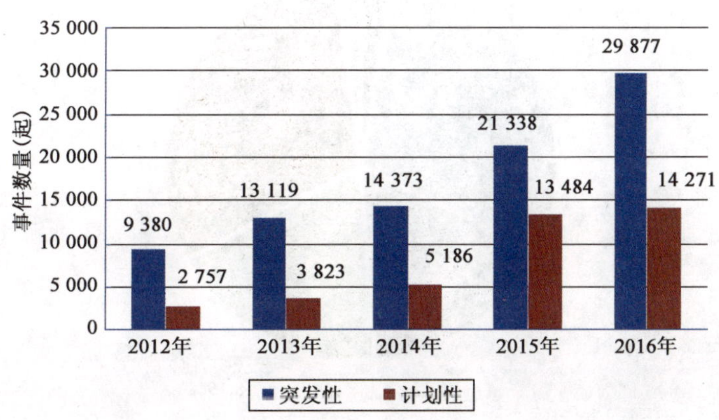

图 3-37 2012 ~ 2016 年公路交通阻断事件成因历年变化趋势

各阻断成因造成的阻断事件数量均有所增长,其中地质灾害类增加 467 件,同比增长 95.89%;施工养护类增加 557 起,同比增长 4.46%;恶劣天气增加 3 439 起,同比增长 33.85%,事故灾害类增加 1 902 起,同比增长 35.28%。2012 ~ 2016 年公路交通阻断事件成因对比情况如图 3-38 所示。

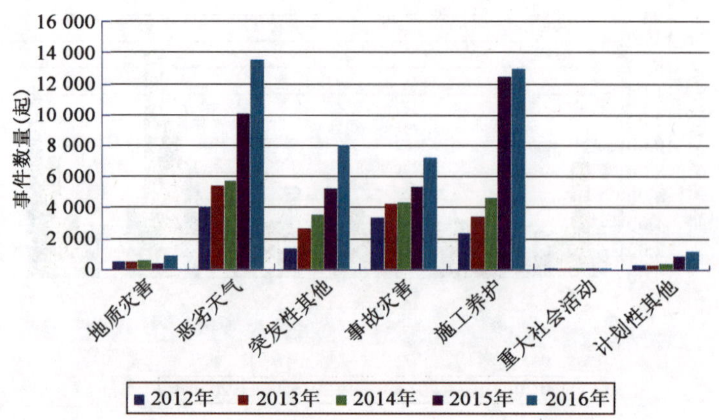

图 3-38　2012～2016 年公路交通阻断事件成因对比

在突发性原因中，因事故灾害（车辆故障、车辆交通事故和危险品泄漏）、地质灾害和恶劣天气引发的阻断事件数量共计 21 845 起，占全部数量的 49.48%。其中，因雨、雪、雾、霾等恶劣天气引发的阻断事件13 598起，同比增长 33.85%；因事故灾害引发的阻断事件 7 293 起，同比减少 35.28%；因地质灾害引发的阻断事件 945 起，同比增长 95.89%。具体如图 3-39 所示。

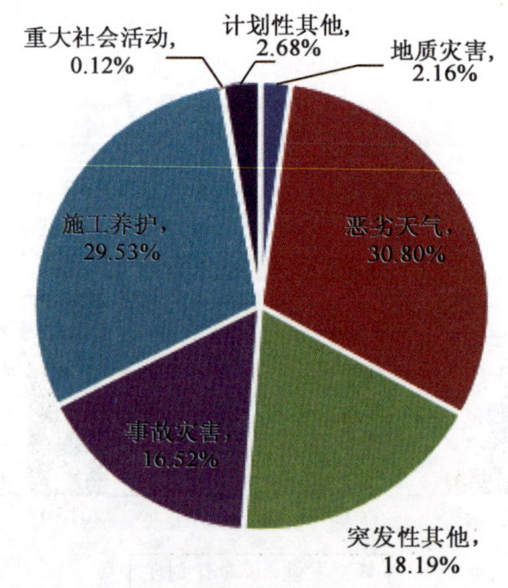

图 3-39　阻断事件主要成因分布

（七）阻断事件特性分析

2016 年，全国干线公路网阻断严重情况有所缓解，主要指标中事件严重程度[1]达到

[1] 阻断事件严重程度：指区域路网中路段的阻断里程与阻断时间乘积之和，单位为万公里·天。阻断严重度是反映公路网阻断事件严重程度及造成损失的指标，反映了公路网阻断事件带来的损失情况，数值越大，说明损失越高。

287.70 万公里·天,同比减少 37.90%;阻断覆盖总里程 9.18 万公里,同比减少11.79%。此外,阻断事件重复系数❶为 1.51,同比减少8.50%;阻断事件覆盖率❷为 0.137,同比减少了32.01%。具体如图 3-40 和图 3-41 所示。

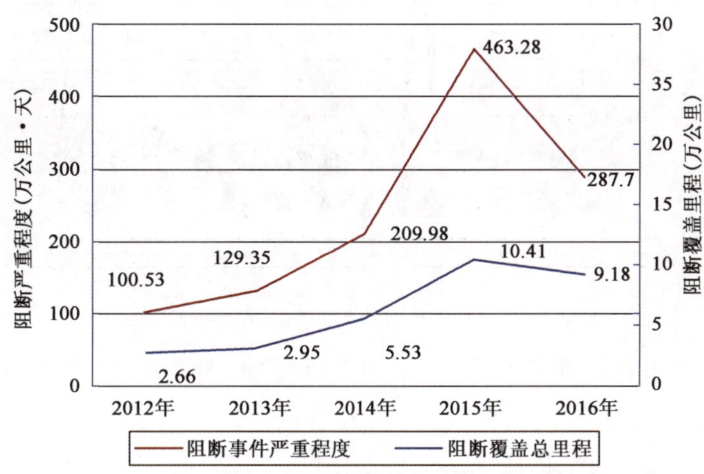

图 3-40 2012～2016 年全国阻断事件阻断特性数据对比(1)

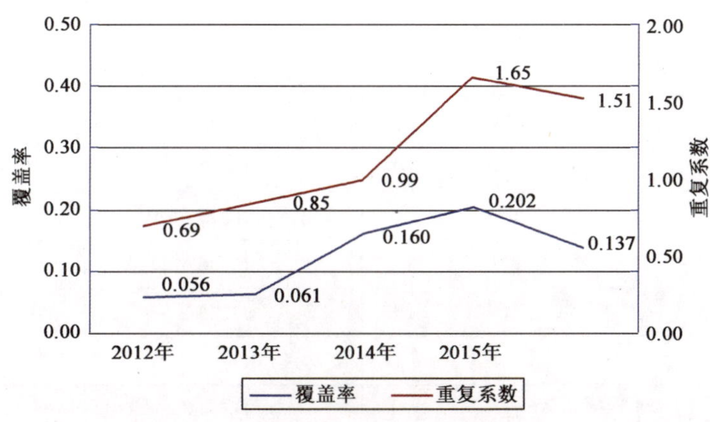

图 3-41 2012～2016 年全国阻断事件阻断特性数据对比(2)

2012～2016 年,各省域阻断事件严重程度有所减缓,具体如图 3-42 所示。

---

❶ 阻断事件重复系数:指某一区域内路网累计阻断里程与公路网总里程的比值。重复系数反映了公路网中阻断事件重复发生的频率,比值越大,说明某路段或区域发生阻断事件越多。

❷ 阻断事件覆盖率:指某一区域内路网阻断里程与公路网总里程的比值。覆盖率反映了公路网中阻断事件覆盖范围的大小,比值越大说明事件影响覆盖范围越广。

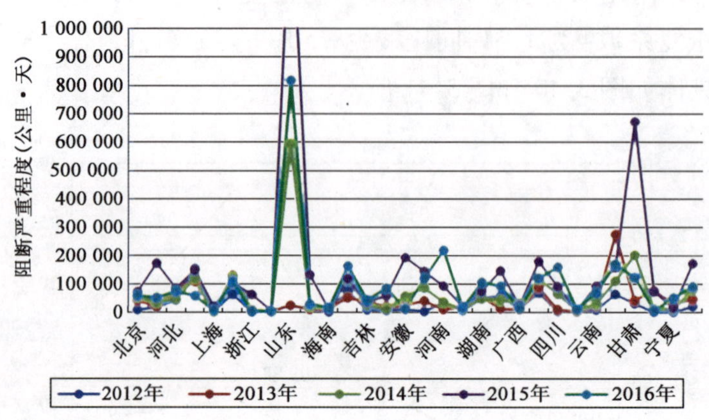

图 3-42　2012 ~ 2016 年全国公路交通阻断严重程度变化图

从各省域阻断事件严重程度分析，山东阻断严重程度最高，为 81.67 万公里·天，同比减少 44%，甘肃、重庆、江西分别为 12.26、11.98、11.84 万公里·天，同比分别减少 81.72%、32.97%、17.73%，具体如表 3-2 所示。

省域公路阻断事件严重程度情况　　表 3-2

序　号	省(市)	阻断事件严重程度(万公里·天)	严重程度
1	山东	81.67	很高
2	河南	21.88	较高
3	陕西	16.90	较高
4	山西	16.23	较高
5	四川	15.86	较高
6	甘肃	12.26	较高
7	重庆	11.98	较高
8	江西	11.84	较高
9	江苏	10.62	较高
10	湖南	10.58	较高

2012 ~ 2016 年，全国公路交通阻断事件覆盖率呈下降趋势，具体如图 3-43 所示。

从阻断事件影响范围分析，阻断事件覆盖率最高的为天津，为 0.48，较高的分别为山西、江苏、山东、北京、江西、辽宁和吉林等省(市)，覆盖率分别为 0.37、0.35、0.27、0.26、0.21、0.21 和 0.20，具体如表 3-3 所示。

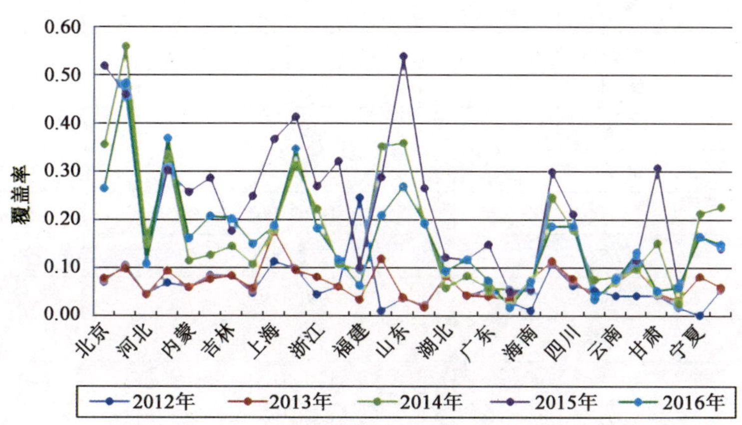

图 3-43　2012～2016 年省域公路阻断事件覆盖率对比情况

事件覆盖率较高的省份　　表 3-3

省份	2016 年国省道里程（公里）	2016 年覆盖里程（公里）	2016 年覆盖率
天津	3 780	1 826.81	0.48
山西	17 797	6 567.09	0.37
江苏	15 390	5 341.82	0.35
山东	25 208	6 767.30	0.27
北京	3 778	999.28	0.26
江西	24 442	5 093.76	0.21
辽宁	20 996	4 358.01	0.21
吉林	14 508	2 934.99	0.20
河南	37 067	7 083.91	0.19
上海	1 738	327.08	0.19
四川	26 754	4 980.60	0.19
重庆	17 896	3 325.87	0.19
浙江	11 825	2 152.63	0.18
宁夏	6 589	1 084.00	0.16
内蒙古	37 923	6 110.97	0.16
黑龙江	27 720	4 130.91	0.15
新疆	27 997	4 163.00	0.15
陕西	16 737	2 204.70	0.13
湖南	37 266	4 365.00	0.12
安徽	15 361	1 794.09	0.12
河北	25 084	2 699.99	0.11

续上表

省份	2016 年国省道里程（公里）	2016 年覆盖里程（公里）	2016 年覆盖率
湖北	33 347	3 107.59	0.09
云南	42 579	3 188.25	0.07
广东	25 405	1 862.00	0.07
海南	3 558	252.50	0.07
福建	15 600	981.00	0.06
青海	17 036	993.10	0.06
甘肃	30 350	1 566.00	0.05
贵州	31 600	1 100.70	0.03
广西	24 280	399.00	0.02

2013～2016 年全国省域公路交通阻断空间重复系数有所下降，具体如图 3-44 所示。

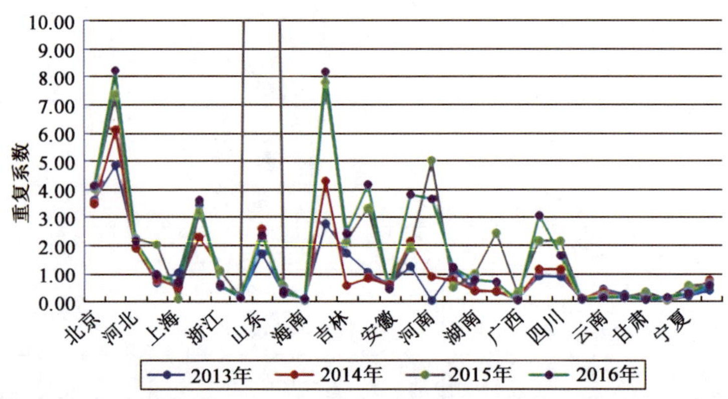

图 3-44　2013～2016 年省域公路交通阻断空间重复系数对比图

从阻断事件重复频率分析，阻断事件重复系数较高的分别为天津、山西、黑龙江、北京、江西、河南、江苏、重庆等省（市），重复系数分别为 8.22、8.18、4.16、4.12、3.80、3.64、3.61、3.06，具体如表 3-4 所示。

2016 年阻断空间重复系数较高的省份　　表 3-4

序　　号	省　　份	2016 年国省道里程（公里）	2016 年累计阻断里程（公里）	重复系数
1	北京	3 778	15 577	4.12
2	天津	3 780	31 076	8.22
3	河北	25 084	53 811	2.15

续上表

序号	省份	2016年国省道里程（公里）	2016年累计阻断里程（公里）	重复系数
4	辽宁	20 996	20 104	0.96
5	上海	1 738	1 196	0.69
6	江苏	15 390	55 581	3.61
7	浙江	11 825	7 193	0.61
8	福建	15 600	1 926	0.12
9	山东	25 208	58 862	2.34
10	广东	25 405	9 188	0.36
11	海南	3 558	335	0.09
12	山西	17 797	145 528	8.18
13	吉林	14 508	34 867	2.40
14	黑龙江	27 720	115 343	4.16
15	安徽	15 361	6 681	0.43
16	江西	24 442	92 912	3.80
17	河南	37 067	135 055	3.64
18	湖北	33 347	40 399	1.21
19	湖南	37 266	28 063	0.75
20	内蒙古	37 923	26 084	0.69
21	广西	24 280	701	0.03
22	重庆	17 896	54 739	3.06
23	四川	26 754	43 348	1.62
24	贵州	31 600	2 592	0.08
25	云南	42 579	5 189	0.12
26	西藏	28 562	—	0.00
27	陕西	16 737	2 546	0.15
28	甘肃	30 350	1 714	0.06
29	青海	17 036	2 371	0.14
30	宁夏	6 589	1 790	0.27
31	新疆	27 997	15 920	0.57

第四章 全国干线公路网运行状况综合评价

一、全国干线公路网运行状况评价

根据2016年度全国干线公路网基础设施运行状况和交通运行状况综合评价分析，2016年全国干线公路网综合运行指数为58，处于中等偏上水平，同比2015年明显提升。其中，全国干线公路网技术状况为良等水平，与2015年基本持平；阻断严重程度较高，但同比2015年大幅下降；路网拥挤度处于基本畅通水平，同比2015年小幅下降。2016年全国干线公路网运行状况评价结果及与往年对比情况如表4-1所示。

2012～2016年全国干线公路网运行状况评价结果 表4-1

年份	技术状况[1]		阻断率(%)	拥挤度(%)	路网综合运行指数
	DR(%)	IRI(m/km)			
2012	2.76	2.68	0.37	18.0	67
2013	2.91	2.72	0.72	17.0	58
2014	4.74	2.71	1.15	16.2	54
2015	2.30	2.58	2.46	17.0	53
2016	2.02	2.13	1.18	16.00	58

分析近5年全国干线公路网技术状况变化趋势，2012～2014年全国干线公路网技术状况处于良等水平，呈逐年下降趋势，2015年明显回升，接近优等水平，2016年与2015年持平。

[1] 2015年技术状况指国检的全国干线公路的路面技术状况平均值。2012年、2013年、2014年和2016年技术状况指全国抽检的普通干线公路的路面技术状况平均值。

分析近5年全国干线公路网拥挤程度变化趋势,2012~2015年均处于基本畅通水平,2012~2014年拥挤程度呈逐年下降趋势,2015年小幅回升至与2013年持平,2016年小幅下降至与2014年持平,货车比例与往年相比持续降低。

分析近5年全国干线公路网阻断程度变化趋势,2012年阻断程度处于较低水平,之后逐年快速增加,2013年和2014年处于较高水平,2015年达到很高水平,2016年下降至较高水平。

综合分析近5年全国干线公路网运行态势,2012年由于路网阻断率和拥挤度较低,全国干线公路网综合运行指数提升至良等水平,2013~2015年全国干线公路网综合运行指数处于中等偏上水平,呈逐年小幅下降趋势,主要原因是路网阻断率逐年快速增加。2016年由于路网阻断率大幅下降,全国干线公路网综合运行指数明显提升,处于中等偏上水平。

二、区域路网运行状况评价

2016年,全国东、中、西部地区路网综合运行指数分别为48、61和57。其中,中部地区路网运行状况最好,达到良等水平,西部地区路网运行状况较好,达到中上水平,东部地区路网运行状况处于中等偏下水平。

东部地区路网技术状况与2015年基本持平,处于优等水平;拥挤度处于中度拥堵水平;阻断严重程度处于很高水平,对比往年有明显下降。

中部地区路网技术状况与2015年基本持平,保持在良等水平;拥挤度处于畅通水平,同比2015年明显下降;阻断严重程度处于较高水平,同比2015年小幅下降。

西部地区路网技术状况与2015年基本持平,保持在良等水平;拥挤度保持在基本畅通水平,同比2015年明显增加;阻断严重程度处于较高水平,同比2015年大幅下降。

2016年,东、中、西部地区公路网运行状况评价结果及与往年对比情况如表4-2所示。

2012-2016年东、中、西部路网运行状况评价结果汇总表 表4-2

年份	区域路网	技术状况		阻断率(%)	拥挤度(%)	路网综合运行指数	评价等级
		DR(%)	IRI(m/km)				
2012	东部	1.46	2.02	0.52	23.4	61	良
	中部	2.58	2.76	0.26	16.5	70	良
	西部	3.52	3.05	0.35	14.6	67	良

续上表

年份	区域路网	技术状况		阻断率(%)	拥挤度(%)	路网综合运行指数	评价等级
		DR(%)	IRI(m/km)				
2013	东部	1.15	2.00	0.87	24.5	56	中上
	中部	3.72	2.85	0.42	16.5	65	良
	西部	3.38	3.02	0.91	15.0	56	中上
2014	东部	3.06	2.30	2.01	24.1	49	中下
	中部	5.26	3.00	0.64	12.3	58	中上
	西部	5.23	2.72	0.96	13.2	56	中上
2015	东部	0.85	2.05	4.40	24.5	45	中下
	中部	2.62	2.98	1.20	12.7	58	中上
	西部	3.29	2.69	2.30	14.6	53	中上
2016	东部	0.87	1.74	2.2	28.1	48	中下
	中部	2.21	2.24	1.0	8.6	61	良
	西部	2.65	2.32	0.9	18.5	57	中上

三、主要运输通道运行状况评价

2016 年,根据对京哈、京沪、京港澳、长深、连霍、沪蓉 6 条主要运输通道的运行指数分析,除连霍高速公路运行状况达到优等水平外,其他各条通道的运行状况均处于良等水平。通道中,高速公路运行状况普遍优于普通公路。

从技术状况单项指标分析,6 条主要运输通道的公路技术状况均达到优等或良等水平。其中,各条通道中的高速公路技术状况均为优等,京沪和沪蓉通道中的普通公路技术状况保持在优等水平,京港澳和长深通道中的普通公路技术状况由 2015 年的优等水平下降为良等,京哈和连霍通道中的普通公路技术状况保持在良等水平。

从拥挤程度单项指标分析,京哈和京港澳通道的拥挤程度相对较高,均达到中度拥堵水平,京沪通道的拥挤程度较 2015 年明显提高,达到中度拥堵水平。长深、连霍和沪蓉通道的拥挤程度相对较低,均处于基本畅通水平。6 条通道的货车比例均较高,其中,京哈高速的货车比例达到 50%,且逐年持续增加。从 6 条通道拥挤程度的空间分布看,局部路段拥挤度很高,京哈通道的 G102 天津和河北段,京沪通道的 G2 江苏和上海段、G104 北京段、G312 上海段,京港澳通道的 G4 北京和湖南段、G107 广东段,沪蓉通道的 G42 江苏段、G312 上海段达到严重拥堵水平。以上局部拥堵路段的严重拥堵状况已持续2~3年,其中京哈通道的G102天津段拥挤度指标和货车比例连续4年持续增高,拥堵情况持续加重。

从阻断程度单项指标分析,6条主要运输通道的高速公路阻断严重程度(包括阻断里程和阻断时间)均较高,阻断率均在中等以上。其中,通道中的高速公路阻断严重程度维持在很高水平,普通公路的阻断严重程度呈逐年上升趋势。从6条通道阻断情况的空间分布看,局部路段阻断情况突出,京哈通道的G1北京段、G102天津段,京沪通道的G2北京段和沪蓉通道的G312江苏段阻断严重程度连续4年持续上升。京哈通道G1黑龙江段,京沪通道G104河北段、G205山东段,长深通道G205山东段本年度阻断严重程度很高。

2011~2016年上述6条主要运输通道运行状况评价结果汇总表如表4-3所示。

2011~2016年6条主要运输通道运行状况评价结果汇总表　　表4-3

通道		通道运行指数					
		2011年	2012年	2013年	2014年	2015年	2016年
京哈通道	高速公路	3.72	—	3.38	3.30	3.43	3.40
	普通公路	—	—	3.89	3.21	3.17	2.97
京沪通道	高速公路	3.33	3.21	3.20	3.03	3.53	3.02
	普通公路	—	3.91	3.41	3.92	3.24	3.02
京港澳通道	高速公路	3.60	3.43	3.47	3.31	3.28	3.15
	普通公路	3.55	3.57	3.31	3.53	3.65	3.03
长深通道	高速公路	3.94	—	4.14	3.97	3.92	3.98
	普通公路	—	—	3.71	3.68	3.29	3.16
连霍通道	高速公路	—	4.00	3.89	3.89	3.92	4.03
	普通公路	—	2.88	3.93	3.22	3.46	3.54
沪蓉通道	高速公路	—	3.63	3.94	3.74	3.68	3.61
	普通公路	—	4.20	3.46	3.77	3.80	3.59

注:表中“—”表示未对该通道进行评价。

四、重点城市出入口运行状况评价

2016年,北京、天津、上海、重庆、南京、杭州、广州、武汉、西安和成都等10个重点城市出入口公路运行状况的分析情况如表4-4所示。其运行状况主要呈现以下特点:

一是重点城市出入口交通流量普遍增长,除南京和杭州出入口流量分别下降8%和11%外,其余重点城市出入口交通流量均不同程度增长。其中,天津、武汉和西安出入口流量增长较大,分别增长22%、21%和21%。

重点城市出入口运行状况评价结果汇总表

表 4-4

序号	城市	出入口	阻断情况		拥挤情况			
			累计阻断时间(h)	阻断事件特征	年平均日交通量(自然量/日)		交通量空间分布特征	拥挤度空间分布特征
					入城	出城		
1	北京	G1 白鹿站	4 468	G1 和 G2 出入口阻断情况较严重,主要为突发性阻断事件	37 810	44 727	北京市主要进出城流量比去年增长 16%。交通量最大的是 G4 杜家坎断面出城方向,最小的是 G107 琉璃河断面入城方向。与上年相比,G1 白鹿站断面、G102 白庙站断面出城方向、G2 大羊坊断面出城方向交通量增长超过 30%,G104 德茂庄南站出、入城方向交通量分别下降 11%、24%,其他断面交通量基本不变	北京市主要运输通道进出口中,G102 白庙断面、G107 琉璃河断面、G4 杜家坎断面和 G104 德茂庄南断面双向严重拥堵,G1 白鹿断面双向和 G2 大羊坊站入城方向中度拥堵,G2 大羊坊站出城方向轻度拥堵。与上年相比,G2 大羊坊站出城方向略有加剧,其余各出入口拥堵程度与上年相比基本持平
		G102 白庙站	123		28 959	48 010		
		G2 大羊坊站	4 243		30 788	27 518		
		G104 德茂庄南站	—		13 363	13 765		
		G4 杜家坎	289		74 974	93 151		
		G107 琉璃河站	—		9 273	9 539		

续上表

序号	城市	出入口	阻断情况		拥挤情况			
			累计阻断时间(h)	阻断事件特征	年平均日交通量（自然量/日）		交通量空间分布特征	拥挤度空间分布特征
					入城	出城		
2	天津	G2 泗村店站	—	G25 出入口主要受突发性阻断事件影响，其他出入口未接报阻断事件	11 645	11 762	天津市主要进出口流量比去年增长 22%。其中，G2 九宣闸断面入城方向交通量最大，达到 15 727 辆/日，G18 翟庄子断面入城交通量最小。与上年相比，G2 泗村店断面流量、九宣闸断面流量、G18 冀津断面流量、G18 翟庄子出城方向流量均增长较大，约 20% 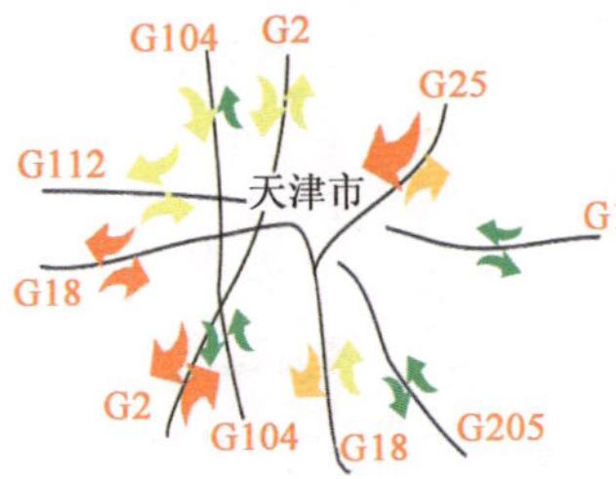	天津主要运输通道进出口中，G18 津冀收费站双向均严重拥堵，G112 王庆坨、西堤头双向均为中度拥堵，G25 宁河收费站双向、G2 九宣闸双向轻度拥堵，G2 泗村店基本畅通，其余路段双向均为畅通或基本畅通。与上年相比，G2 泗村店双向、九宣闸双向拥堵情况加剧，其余路段拥堵程度与上年基本持平 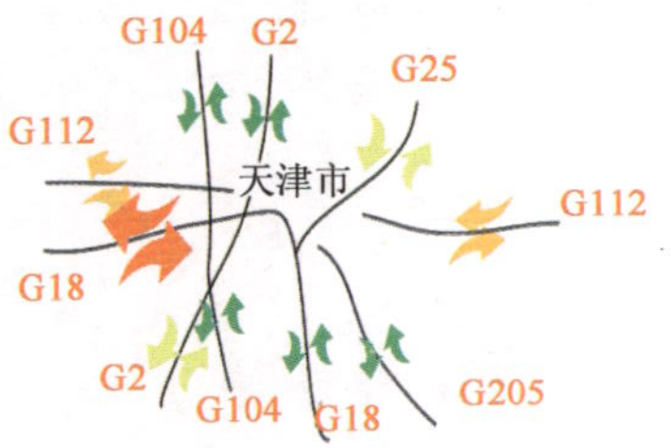
		G2 九宣闸站	—		15 727	15 705		
		G18 翟庄子站	—		10 980	11 828		
		G18 冀津站	—		14 701	14 554		
		G25 宁河站	566		14 341	13 648		

续上表

序号	城市	出入口	阻断情况		拥挤情况			
			累计阻断时间(h)	阻断事件特征	年平均日交通量（自然量/日）		交通量空间分布特征	拥挤度空间分布特征
					入城	出城		
3	上海	G2 安亭	—	各出入口均未接报阻断事件	52 763	51 197	上海市主要进出口流量较上年增加6%。交通量最大的是G2安亭断面，出入城方向平均流量约51 980辆/日，最小的是G318西岑断面，出入城方向流量约3 780辆/日。与上年相比，G320亭枫断面入城方向、G312曹安断面出城方向流量比上年分别下降32%、57%，G312曹安断面入城方向、G50汾湖入城方向流量分别增长32%、18%，其余断面流量均较上年略有增长或基本持平	上海市主要运输通道进出口中，G2安亭断面双向、G60枫泾断面双向、G15朱桥断面双向和G204葛隆断面入城方向、G312断面入城方向为中度拥堵或严重拥堵，其他断面进出城为基本畅通或畅通。与上年相比，G60枫泾断面、G15金山卫出城方向、G312入城方向、G318西岑入城方向拥堵情况有所加剧，G204葛隆断面出城方向、G312曹安出城方向拥堵情况好转，其余路段拥堵程度与上年基本持平
		G50 汾湖	—		10 100	11 102		
		G60 枫泾	—		31 710	32 230		
		G15 朱桥	—		41 460	42 808		
		G15 金山卫	—		8 014	8 452		
		G204 葛隆	—		14 839	5 898		
		G312 曹安	—		13 682	6 863		
		G318 西岑	—		3 755	3 800		
		G320 亭枫	—		4 462	6 296		

续上表

序号	城市	出入口	阻断情况		拥挤情况			
			累计阻断时间(h)	阻断事件特征	年平均日交通量（自然量/日）		交通量空间分布特征	拥挤度空间分布特征
					入城	出城		
4	重庆	G50 江北	—	G65 出入口阻断情况严重，主要为计划性阻断事件	13 009	14 299	重庆市主要进出口流量较上年增长8%。交通量最大的是G85九龙坡断面，出入城方向流量均超过20 000辆/日。与上年相比，G65巴南出城方向交通量增长16%，其余断面交通量与去年基本持平	G85九龙断面出城方向达到严重拥堵，入城方向中度拥堵，其余断面轻度拥堵。与上年相比，各出入口拥堵情况略有加剧
		G65 巴南	137 645		13 333	14 402		
		G85 九龙坡	—		21 343	22 121		

续上表

序号	城市	出入口	阻断情况		拥挤情况			
			累计阻断时间(h)	阻断事件特征	年平均日交通量（自然量/日）		交通量空间分布特征	拥挤度空间分布特征
					入城	出城		
5	南京	G36 南京长江二桥	—	G2501 出入口主要受突发性阻断事件影响，其他出入口未接报阻断事件	36 750	36 733	南京市主要进出口流量比上年下降8%。其中，G2501 长江四桥断面流量和 G25 苏浙主线断面流量、G104 花旗断面入城方向流量较去年有所增长，分别增长约 13%、14%、132%，其他断面基本不变。交通量最大的是 G36 南京长江二桥断面，出入城方向流量均超到 35 000 辆/日，最小的是 G104 花旗断面入城方向，流量为 7 264 辆/日	G104 花旗断面双向达到重度拥堵，G36 南京长江二桥断面双向、G312 浦珠断面双向、G25 苏浙出城方向均达到中度拥堵程度，G42 马群主线断面双向、G25 苏浙入城方向为轻度拥堵，其余断面进出城基本畅通。与上年相比，G36 南京长江二桥断面拥堵情况略有好转，G104 花旗断面双向、G25 苏浙出城方向拥堵情况略有加剧，其余出入口拥堵程度与上年基本持平
		G2501 南京长江三桥	38		15 237	15 057		
		G2501 南京长江四桥			14 973	15 079		
		G42 马群主线站	—		26 478	25 407		
		G25 苏浙主线站	—		14 817	19 175		
		G104 花旗交调点	—		7 264	8 306		
		G312 浦珠交调点	—		12 527	12 644		
		G312 星甸收费站	—		8 677	8 682		

续上表

序号	城市	出入口	阻断情况		拥挤情况			
			累计阻断时间(h)	阻断事件特征	年平均日交通量(自然量/日)		交通量空间分布特征	拥挤度空间分布特征
					入城	出城		
6	杭州	S2 杭州	—	各出入口均未接报阻断事件	20 289	18 768	杭州市主要进出口流量比上年下降 11%。G2501 三墩断面进出城流量平均约 8 556 辆/日，其余断面进出城流量较大，均在 20 000 辆/日左右。与上年相比，G2501 三墩断面出城方向流量下降了 36%，入城方向流量下降了 18%，S2 杭州断面和德胜断面、G25 南庄兜断面略有下降，其余断面基本持平 G25 G104 杭州市 S2 G320 G2501	杭州市主要运输通道进出口中，除 G2501 三墩断面双向基本畅通、G104 出城方向为轻度拥堵，其余出入口达到严重拥堵或中度拥堵。与上年相比，各出入口拥堵程度均略有好转 G25 G104 杭州市 S2 G2501 G320
		S2 德胜	—		18 270	18 916		
		G2501 三墩	—		9 723	7 389		
		G25 南庄兜	—		19 748	19 882		
		G104 余杭收费站	—		—	—		
		G320 杭富(杭州)收费站	—		—	—		

续上表

序号	城市	出入口	阻断情况		拥挤情况			
			累计阻断时间(h)	阻断事件特征	年平均日交通量（自然量/日）		交通量空间分布特征	拥挤度空间分布特征
					入城	出城		
7	广州	S15 横沙（广佛）站	—	G4 出入口主要受突发性阻断事件影响，普通公路出入口未接报阻断事件	67 832	72 814	广州市主要进出口流量比上年增长 71%。S15 横沙收费站和 G4 广州收费站出入城方向流量均超过 60 000 辆/日。与上年相比，S15 横沙收费站断面流量增长 105%，G4 广州收费站断面流量增长 49% 广州市 G4 S15	分析广州市广州市主要运输通道进出口中，S15 横沙站和 G4 广州站双向达到严重拥堵，与上年相比，各出入口拥堵程度基本持平 广州市 G4 S15
		G4 广州（广深）站	143		84 603	81 060		

续上表

序号	城市	出入口	阻断情况		拥挤情况			
			累计阻断时间(h)	阻断事件特征	年平均日交通量（自然量/日）		交通量空间分布特征	拥挤度空间分布特征
					入城	出城		
8	武汉	G4 武汉西	203	G4 出入口主要受突发性阻断事件影响，其他出入口未接报阻断事件	5 546	4 779	武汉市主要进出口流量较上年有21%的增长。其中，G4 蔡甸断面、S15 琴台断面、S1 府河断面、S5 青龙断面、G42 东西湖断面分别增长76%、62%、40%、37%、15%；G4 武汉西断面、G4 武汉北断面流量较上一年均下降了8%。交通量最大的是 S1 府河断面入城方向，流量为17 949 辆/日。交通量最小的是 G42 东西湖断面，进出城双向流量约2 700 辆/日	G4 武汉西断面、G4 蔡甸出城方向、G42 东西湖断面、G70 武东断面、S13 小军山断面、S15 出城方面为畅通或基本畅通，其余出入口路段均处于轻度拥堵或中度拥堵。与上一年相比，G4 武汉西出城方向拥堵情况略有好转，G4 蔡甸断面入城方向、S1 府河断面入城方向、S5 青龙断面双向、S7 垄家岭入城方向、S15 琴台断面入城方向拥堵情况均略有加剧，其余各出入口整体拥堵程度与上年基本持平
		G4 武汉北			8 384	8 442		
		G4 蔡甸			9 699	7 605		
		G42 东西湖	—		2 709	2 761		
		G70 武东	—		10 004	9 039		
		S1 府河	—		17 949	15 134		
		S5 青龙	—		15 138	12 113		
		S7 龚家岭	—		15 691	13 844		
		S13 小军山	—		8 840	9 359		
		S15 琴台	—		12 304	11 317		

续上表

序号	城市	出入口	阻断情况		拥挤情况			
			累计阻断时间(h)	阻断事件特征	年平均日交通量(自然量/日)		交通量空间分布特征	拥挤度空间分布特征
					入城	出城		
9	西安	G30 灞桥	—	各出入口均未接报阻断事件	17 819	17 865	西安市主要进出口流量比上年增长21%。其中,G30灞桥断面、G30三桥断面、G70六村堡断面、G70香王断面流量比上年分别增加了156%、26%、22%、12%,G108灞桥入城方向流量比上年下降了18%,其余断面流量与上年基本持平。G108灞桥入城方向、G70六村堡断面双向交通量较大,流量均在24 000辆/日,G312蓝田入城方向交通量最小,流量为2 773辆/日	西安市主要运输通道进出口中,G70六村堡断面、G108涝店出城方向严重拥堵,G30灞桥断面、G30三桥断面、G108灞桥入城方向中度拥堵,其余进出口路段处于畅通或基本畅通状态。与上年相比,G30灞桥断面、G30三桥断面拥堵情况略有加剧,其余各出入口拥堵程度与上年相比基本持平
		G30 三桥	—		18 646	18 414		
		G70 香王	—		10 211	9 543		
		G70 六村堡	—		30 837	30 761		
		G108 灞桥	—		24 506	—		
		G108 涝店	—		—	17 505		
		G312 蓝田	—		2 773	—		
		G312 双照	—		—	5 724		

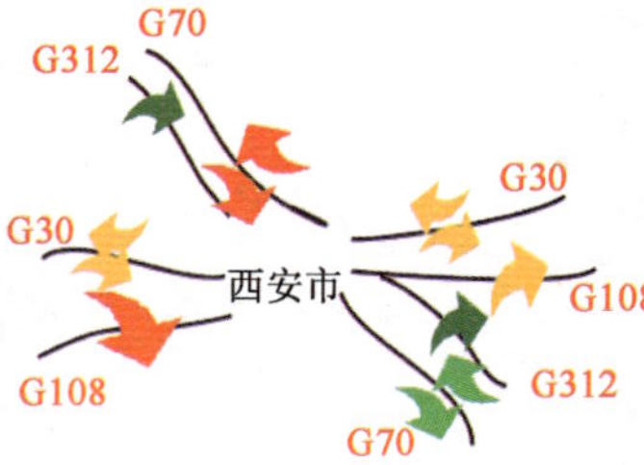

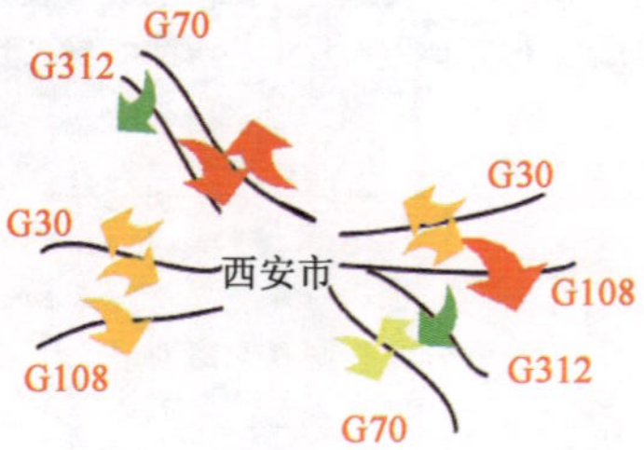

续上表

序号	城市	出入口	阻断情况		拥挤情况			
			累计阻断时间(h)	阻断事件特征	年平均日交通量（自然量/日）		交通量空间分布特征	拥挤度空间分布特征
					入城	出城		
10	成都	G5 成雅	285	G5 出入口主要受突发性阻断事件影响	22 200	25 100	成都市主要进出口流量较去年增长 11%。G42 成南进出城交通量较上年增长 8%。G5 成雅断面进出城交通量较上年增长 13%。出入城流量较为均衡 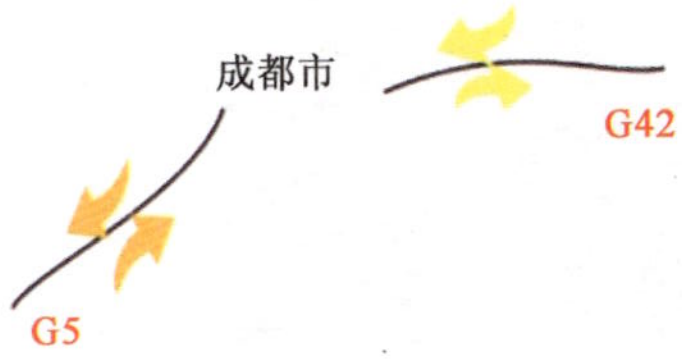 成都市 G42 G5	分析成都市主要运输通道进出口中，G5 成雅断面双向严重拥堵，G42 成南断面双向为中度拥堵。与上年相比，G42 成南断面拥堵程度基本持平，G5 成雅断面拥堵情况有所加剧  成都市 G42 G5
		G42 成南	—		13 900	15 300		

二是重点城市出入口交通流量基本均衡,进出城流量大致相当。个别出入口如北京 G102 白庙断面出城车辆明显大于入城车辆。高速公路出入口的流量普遍高于普通公路出入口。

三是部分高速出入口流量增长显著明显,如南京 G104 花旗断面、广州 S15 横沙收费站、武汉 G4 蔡甸断面、武汉 S15 琴台断面、西安 G30 灞桥断面流量与去年相比增长幅度高于 50%。

第五章 全国干线公路网运行管理工作情况

2016年,全国交通运输行业坚持稳中求进工作总基调,圆满完成各项目标任务,实现了"十三五"良好开局。当前,我国正处于新一轮的全面深化改革,加强政府治理体系建设,转变政府职能,建设服务型政府的关键时期。路网运行管理是政府开展公共管理、提供公共服务的重要内容之一。在深化交通运输改革和大力推进事业单位改革的大背景下,部分省份路网管理机构完成政事分开、管养分离。

公路网特别是国家公路网的安全畅通保障能力与信息服务技术水平,将直接影响经济社会发展质量和交通运输运行效率。全国路网运行管理技术支撑体系建设发展势头良好,路网运行可视化监测程度基本覆盖全国高速公路网,路网运行量化监测水平达到新高度,路网应急事件管控功能初步具备,出行信息服务方式实现全媒体化。公路交通从过去的"线状运行"已发展到"网络化运行"的新阶段。

一、全国干线公路网运行管理工作情况

2016年,交通运输部交通运输综合应急指挥中心建成并投入使用,3月25日实现了中国海上搜救中心(应急办)、救捞局和路网中心三家单位的联合进驻。部路网中心在应急指挥中心内进行全国公路网运行监测、应急处置及出行服务等工作。

我国大部分省份已经组建省级路网运行管理部门,地市/片区一级的路网中心或监控中心也基本组建,部分地区正在探索县一级路网中心机构的可行性。

(一)全国各省路网管理机构行业体制改革有序推进

各省严格按照国家体制改革要求,科学划分国道、省道、农村公路事权责任。按照"政事分开、事企分开"的原则,研究推动出台省级地方公路管理体制改革的指导意见,整合归并原有分散设置的公路管理机构,不断强化省级公路管理机构对国省道的统筹管理力度。部分省份根据高速公路运营体制改革部署要求,成功剥离高速公路运营行

业监管和路政执法职责，实现了高速公路运营养护单位由事业性质向企业性质转变的平稳过渡。2016年，辽宁、上海、江西、安徽、四川等5个省（市）通过改制、合并等方式成立了新的路网运行管理机构，负责路网运行监测，突发事件应急处置、高速公路养护、联网收费管理等工作。

2016年2月，辽宁省高速公路管理局顺利完成了转制工作，成立辽宁省高速公路运营管理有限责任公司，负责全省高速公路的养护、收费、通信监控和综合服务等工作。

2016年5月，上海市交通委员会交通指挥中心组建运行，由原上海市路政局路网监测中心与原交通委员会指挥中心合并，主要承担交通运行实时监测、运行数据分析应用、行业值守应急处置、服务热线日常管理等职责。

2016年5月，江西省高速公路联网管理中心和厅应急指挥中心（信息中心）作为信息类事业单位的两大主力军，成功实现了合署办公，形成了一个集高速联网、应急指挥、路网监测、电子政务、行业信息化规划和公众出行服务等为一体的交通信息化综合体系。

2016年7月，安徽省成立高速公路联网收费管理中心，负责拟定全省联网收费相关政策、标准规范、规章制度并组织实施；负责全省及跨省高速公路联网收费数据清分、资金结算管理等工作。

2016年10月，四川省筹备设置厅公路管理处，指导全省路网运行以及协调全省公路运行监测和应急处置等工作；组建了省路网监测与应急处置中心承担全省路网日常运行监测，重大交通突发事件应急处置等有关工作实现“职能归位、业务归口”，提升路网统一调度能力；成立了省公路应急装备物资储备中心，统筹协调国家区域性和省级应急装备物资储备库的建设和储备物资规划、管理、调度、运送，提升应急处置能力。

（二）网络布局初步建立，进一步推动“互联网+”路网管理

公路网络布局的建立，将对公路交通带来深刻的变革。加快形成公路“网络化”运行的制度体系，明晰政府公路行业管理职能与公路经营市场关系。形成专业化、网络化的高速公路行业监管与运营管理团队，建立高速公路部门协调联动与协同管理的中枢指挥系统。打破以“段、线、片区”乃至“省域”为单位的运行管理模式，形成区域化的高速公路运行管理与服务网络的创新模式。进一步促进“互联网+路网”，打造“智慧路网”体系，实现高速公路路网平台与互联网服务平台深度融合发展，同时将对路网管理行业、业务及技术领域产生重要影响。

形成高效协同、区域互动、部省联动的全路网运行业务体系，按照“分级负责、属地管理、业务协同”的业务原则，实现在路网智能调度、应急辅助决策、出行信息服务等业务领域重点突破。而在区域路网运行范围，京津冀、长三角等发达地区路网将有条件率先进入“智能化”时代，部省协同、区域互动更加顺畅。

(三)全国路网运行管理制度体系初步形成

制度与机制建设是全国路网运行管理业务开展的重要基石。各级路网运行管理机构陆续出台了大量规范性文件，重点围绕路网运行信息报送、突发事件应急处置与出行信息服务以及部、省两级路网平台建设与联网等方面初步形成了规范，为全国路网运行管理制度体系的形成奠定了重要基础。此外，各省级路网运行管理机构围绕路网运行监测、应急处置、信息服务、行政监督等核心业务，结合实际管理与工作需要，着力完善路网运行管理政策法规、业务制度与标准规范，突出强化“信息”与“事件”管理领域制度体系建设，并取得了一定成效。

二、地方干线公路网运行管理机构情况

截至2016年底，全国共有北京、内蒙古、上海、江苏、安徽、福建、江西、山东、海南、重庆、四川、贵州、西藏、陕西、甘肃、青海、宁夏、新疆等18个省(区、市)正式建立了省级路网运行管理机构。其中，北京、内蒙古、上海、江苏、安徽、江西、重庆、四川、贵州、西藏、甘肃、青海、宁夏、新疆等14个省(区、市)的省级路网管理机构(路网中心)负责统筹全省(区、市)范围高速公路与普通公路运行监测、应急处置与出行服务等工作。具体情况见表5-1。

全国省级路网运行管理机构汇总表　　表5-1

序号	省(区、市)	机构名称	行政级别	所属部门	成立时间
1	北京	北京市道路路网管理与应急处置中心	正处级	市路政局	2010
2	内蒙古	内蒙古自治区交通运输路网运行监测与应急处置中心	正处级	区公路局	2012
3	上海	上海市交通委员会交通指挥中心	正处级	市路政局	2016
4	江苏	江苏省交通运输厅路网管理科(应急办)	正科级	省公路局	2015
5	安徽	安徽省路警联合指挥中心	正处级	省交通运输厅	2011
6	福建	福建省公路管理局路网应急保障中心	正科级	省公路局	2013
7	江西	江西省交通运输厅应急指挥中心	正处级	省交通运输厅	2016
8	山东	山东省交通运输监测与应急处置中心	正处级	省交通运输厅	2017
9	海南	海南省交通运输厅信息中心	正处级	省交通运输厅	2011

续上表

序号	省(区、市)	机构名称	行政级别	所属部门	成立时间
10	重庆	重庆市交通运行监测与应急调度中心	正处级	市交通委	2013
11	四川	四川省路网监测与应急处置中心	正处级	省交通运输厅	2016
12	贵州	贵州交通信息与应急指挥中心	正处级	省交通运输厅	2014
13	西藏	西藏自治区路网监测与应急处置中心	正处级	区交通运输厅	2013
14	陕西	陕西省公路局路网调度中心	正处级	省公路局	2006
15	甘肃	甘肃省交通运行(路网)监测与应急处置中心	正处级	省交通运输厅	2015
16	青海	青海省公路网运行监测与应急处置中心	副处级	省交通运输厅	2014
17	宁夏	宁夏路网监测与应急处置中心	正处级	省交通运输厅	2014
18	新疆	新疆路网监测与应急处置中心	正处级	区交通运输厅	2012

截至2016年底,除海南、西藏外,全国29个省(区、市)设立了省级高速公路路网分中心(监控/收费结算中心),安徽、新疆为年内新成立。其中,天津、河北、山西、内蒙古、吉林、黑龙江、上海、浙江、江西、山东、湖北、湖南、广西、四川、贵州、云南、陕西、甘肃、青海、宁夏、新疆等21个省(区、市)在省级高速公路管理机构下设立。北京、辽宁、江苏、安徽、福建、河南、广东、重庆等8个省(市)在省级高速公路集团(投资控股)公司设立,并承担部分省级高速公路路网分中心职能。具体详见表5-2。

全国高速公路联网监控(收费结算)中心汇总表 表5-2

序号	省(区、市)	机构名称	所属部门	单位性质
1	北京	北京市高速公路信息中心	首都公路发展集团有限公司	企业
2	天津	天津市高速公路路网管理指挥中心	天津市高速公路管理处	事业
3	河北	河北省高速公路指挥调度中心	河北省高速公路管理局	事业
4	山西	山西省高速公路信息监控中心	山西省交通运输厅	事业
5	内蒙古	内蒙古高速公路联网收费结算管理服务中心	内蒙古自治区交通运输厅	事业
6	辽宁	辽宁省高速公路运营管理有限责任公司	辽宁省交通建设投资集团有限责任公司	企业
7	吉林	吉林省高速公路指挥调度中心	吉林省高速公路管理局	事业
8	黑龙江	黑龙江省交通信息通信中心	黑龙江省交通运输厅	事业
9	上海	上海市路政局	上海市交通委	事业
10	江苏	江苏省高速公路联网营运管理有限公司	江苏省交通控股集团公司	企业
11	浙江	浙江省高速公路收费结算中心	浙江省公路管理局	事业
12	安徽	安徽省高速公路联网收费管理中心	安徽省交通控股集团有限公司	企业

续上表

序号	省(区、市)	机构名称	所属部门	单位性质
13	福建	福建省高速公路电子收费管理中心	福建省高速公路有限责任公司收费结算管理处	企业
14	江西	江西省高速公路联网管理中心	江西省交通运输厅	事业
15	山东	山东省交通运输厅高速公路收费结算中心	山东省交通运输厅	事业
16	河南	河南省高速公路联网监控收费通信服务有限公司	河南省交通运输厅	企业
17	湖北	湖北省高速公路联网收费中心	湖北省高速公路管理局	事业
18	湖南	湖南省高速公路监控中心	湖南省高速公路管理局	事业
19	广东	广东省交通集团高速公路监控中心	广东省交通集团有限公司	企业
		广东联合电子服务股份有限公司	广东省国资委	企业
20	广西	广西壮族自治区高速公路联网收费管理中心	广西高速公路管理局	事业
21	重庆	重庆高速公路集团有限公司联网收费结算中心	重庆高速公路集团有限公司	企业
22	四川	四川省高速公路监控结算中心	四川省交通运输厅	事业
23	贵州	贵州省高速公路联网收费管理中心	贵州省高速公路管理局	事业
24	云南	云南省高速公路联网管理中心	云南省交通运输厅	事业
25	陕西	陕西省高速公路收费管理中心	陕西省交通运输厅	事业
26	甘肃	甘肃省高速公路交通调度指挥总中心	甘肃省高速公路管理局	事业
27	青海	青海省高等级公路建设管理局路网监控指挥中心	青海省高等级公路建设管理局	事业
		青海省电子收费管理中心	青海省高等级公路建设管理局	事业
28	宁夏	宁夏交通信息监控中心	宁夏回族自治区交通运输厅	事业
29	新疆	新疆公路收费(联网)管理中心	新疆维吾尔自治区公路管理局	事业

从省级路网运行管理部门及高速公路联网监控(收费结算)管理单位的主管部门看,由省级交通运输主管部门(厅、委)直管、省级高速公路管理部门下属管理模式,仍然是近年来高速公路联网监控(收费结算)管理机构的主要模式。但随着国家体制改革的不断深化,由高速公路集团(控股)公司管理的委托模式不断增加,这类主要集中在江苏、重庆、广东等经营性高速公路较多的地方。

从省级路网运行管理及高速公路联网监控(收费结算)管理单位的职能上看,大部分路网中心、高速公路联网中心具备运行监测、出行服务、应急处置和联网收费的综合职能。此外,北京、天津、辽宁、上海、江苏、福建、湖北、广西、云南、陕西、新疆等11个省(区、市)设置了省级普通国省干线监控中心,为省级普通国省干线的安全保障工作打下了坚实的基础。具体详见表5-3。

全国省级普通国省干线监控中心汇总表　　表5-3

序号	省(区、市)	机构名称	所属部门	成立时间
1	北京	北京市道路路网管理与应急处置中心	北京市交通委员会路政局	2010
2	天津	天津市普通公路信息管理中心	天津市公路处	2007
3	辽宁	辽宁省交通厅公路管理局路网安全中心	辽宁省交通厅公路管理局	2013
4	上海	上海市交通委员会交通指挥中心	上海市交通委	2016
5	江苏	江苏省公路网管理与应急指挥中心	江苏省交通运输厅公路局	2006
6	福建	福建省普通公路路网监控中心	福建省公路管理局	2013
7	湖北	湖北省路网监测与应急处置中心	湖北省公路局	2013
8	广西	广西路网运行监测与应急指挥分中心	广西壮族自治区公路管理局	2015
9	云南	云南省公路信息中心	云南省公路局	2012
10	陕西	陕西省公路局路网调度中心	陕西省公路局	2006
11	新疆	新疆维吾尔自治区公路监控信息中心	新疆维吾尔自治区公路管理局	2010

三、地方干线公路网运行管理工作情况

各省级路网管理机构根据管理及业务工作发展需要，从路网运行监测、路网运行调度、公众服务、应急保障、信息化系统及监测设施建设、行业管理等各方面，不断完善制度体系，推动路网管理水平不断提高，工作成效得到各级领导和社会公众的认可。

部分省份率先开展地方路网运行管理顶层制度设计。省级交通运输主管部门制订的路网运行管理办法对地方公路路网运行规范化、制度化管理至关重要。目前，已经有《北京市公路路网运行调度管理办法(试行)》《江苏省公路交通调度管理办法》《重庆市交通运行监测与应急调度管理办法》《浙江省高速公路运行管理办法》《贵州省交通运行监测与应急指挥管理暂行办法》等印发实施。特别是江苏省普通公路系统初步形成制度体系，率先建立了县级路网运行管理规范性制度体系，并在徐州、南通等地率先成立了县级路网中心机构。

突发事件应急管理有着明显的区域特征和地方特色，不仅与其属地应急管理体制机制密切相关，也与各省级路网中心的层级定位与业务职能紧密相关。例如：辽宁省2016年制定了由辽宁省人民政府办公厅印发的《辽宁省公路水路重特大突发事件应急预案》，为应急抢险提供了制度保障；出台了《辽宁省交通系统2016年防汛工作方案》，从组织机构建设、物资队伍准备、演练制度落实、汛前检查、水毁预防、汛情监测、汛期检查、抢险组织、情况报送、总结评估等各方面对全省各级公路度汛工作提出具体要求，为防汛抢险工作开展提供具体工作依据；重新制定下发了《辽宁省普通公路除雪防滑工作

方案》,对冬季公路除雪防滑工作提出更高标准和时限要求,为全面加强县级以上公路除雪防滑工作提供了制度保障。

各级交通运输主管部门高度重视出行信息服务工作,全国干线公路网出行信息服务系统建设呈现全方位发展态势,特别是各级公路管理部门、高速公路经营单位主导的公益性公路出行信息服务取得了长足进步。一是不断完善出行服务网站功能,创新丰富网站服务内容,积极打造全国性路网出行信息服务平台;二是积极利用微博、微信等新媒体方式,提供专业化以及点对点的信息服务;三是深度挖掘与拓展情报板、广播电视、客服电话以及短信平台等传统信息服务手段的新功能;四是持续推动中国高速公路交通广播示范区域建设,打造专业化的出行信息服务模式。部分省(市)结合出行服务工作实际,探索建立了通报考核机制。例如:重庆等地尝试推行量化考核办法,结合热线电话等后台服务系统,以话务服务数据为基础建立了量化 KPI 指标,对单位乃至个人服务情况开展了量化考核。

四、部省两级路网运行管理技术支撑体系建设情况

各省(区、市)依托信息化工程建设了大量公路视频监控、交通流量监测、气象信息监测、轴载监测、信息发布等监测服务设施设备,大幅提升了高速公路网运行监测与服务能力,同时全国近一半的地区基本建成了省级高速公路路网运行监测与服务平台,初步实现了省级路网运行数据资源汇聚、路网协同管理业务功能、公路出行信息服务功能等。

近几年,大部分省份都加大了路网交通运行和公路气象环境监测系统设施设备的投入,监测系统设施设备规模和密度明显加大,普通公路监测系统增长幅度较大。根据不完全数据统计,截至 2016 年底,我国高速公路交通量参数监测设施总规模达 2 万套,同比增加 0.5 万套;视频监测设施(路段沿线)总规模达 4.8 万套,同比增加 0.5 万套;气象监测设施总规模达近 2 500 套,同比增加 500 套。普通国省干线公路交通量参数监测设施总规模达 9 500 余套,同比增加 1 500 套;视频监测设施(路段沿线)总规模达 1.4 万套。

北京、上海、江苏、天津、黑龙江、福建、江西、山东、河南、湖北、湖南、重庆、云南、贵州、陕西、甘肃、青海等省(市)都在加快推进了省级路网平台的建设,力争在高速公路和普通公路视频监控、交通流量、气象数据等方面实现联网联控,成为省级路网中心开展路网运行管理业务与工作的重要支撑手段。同时,省级路网平台建设基本采取了集中式部署的 SOA 架构,使得全省范围公路数据资源高度集中,基本建立全省统一的数据中心,同时采取分级存储与应用模式,确保了系统冗余稳定。

第六章 全国干线公路网运行监测设施建设情况

大力推进公路网运行监测设施建设，是实现部党组提出“综合交通、智慧交通、绿色交通、平安交通”建设目标、推进交通运输现代化发展的重要实践，是实现《交通运输信息化“十三五”发展规划》和《国务院关于积极推进“互联网+”行动的指导意见》（国发〔2015〕40号）中加快国省干线公路运行状态信息监测体系建设的重要手段，是保障高速公路和重要国省干线公路稳定运行和科学管理的重要支撑系统，是构建“可视、可测、可控、可服务”的部、省两级路网平台的重要基础。

公路网运行监测设施主要服务于全国各级公路主管部门，以对全国公路网运行状态全面、及时的掌控与高效、准确的预测预判，支撑公路应急处置、公路出行服务、路网管理等工作。近年来，各级交通运输主管部门、公路管理机构和高速公路经营单位建设基础设施安全状态监测、交通量参数监测、视频图像监测、气象监测预警、桥梁隧道健康监测、路堑边坡监测、路堤沉降监测等设施，着力提升公路出行服务水平。

一、全国干线公路网运行监测设施总体情况

截至2016年底，全国干线公路网运行监测系统主要包括突发事件信息人工报送系统❶和路网运行信息自动化采集系统❷。其中，突发事件信息人工报送系统基本全覆盖全国高速公路、普通国省干线公路的各路段管养单位，以及部、省两级路网管理部门，成为各级公路部门掌握路网实时运行情况和突发事件进展处置情况的重要手段，同时也是出行信息服务系统的重要数据源。其中，“交通运输部路况信息管理系统”已形成覆盖全国66万国省干线公路网的实时阻断信息报送业务。

❶ 突发事件信息人工报送系统：指通过人工监测获取的突发事件信息并通过信息化系统填报的报送系统。

❷ 路网运行信息自动化采集系统：指利用部署在公路上的现代化的自动感知设备，自动获取交通流量、视频图像、气象环境等信息的信息化系统。

根据各地上报的不完全数据统计，我国高速公路交通量参数监测设施❶总规模达2万套，平均布设密度达10～15公里/套；视频监测设施（路段沿线）❷总规模达4.8万套，平均布设密度达5公里/套；气象监测设施❸总规模达近2 500套。普通国省干线公路交通量参数监测设施总规模达9 500余套，平均布设密度约130～150公里/套；视频监测设施（路段沿线）总规模达1.4万套，增长较为显著；气象监测设施总规模已达290余套，平均布设密度约70～90公里/套。此外，高速公路收费广场、特大桥梁、长大隧道内基本覆盖交通量和视频监测设施。具体情况见附录A"全国路网运行监测设施一览表"。

总体看，近两年我国干线公路网运行监测设施在建设规模及质量上有明显进步，高速公路运行信息自动化采集系统建设要明显优于普通国省干线公路，"可视化"监测问题基本得到解决，北京、浙江、上海、河北、江苏、山东等省（市）高速公路基本实现全程视频监控。但也存在总体规模偏小、地区分布不均、质量差距大等问题。路网运行信息的量化"可测"问题仍较为突出，交通量参数、气象、桥梁及隧道健康监测设施总体规模偏小，能够实时采集的交通流参数（包括交通量、占有率、速度等）、气象参数等信息的样本量不足、质量一般，加之人工系统报送为主的突发事件信息的时效性、准确性有待进一步提升，导致现有的路网运行监测系统还不具备全面、实时、准确感知与评估路网（区域）交通运行状态，以及分析、预测、研判路网运行趋势与预警突发事件的能力，也尚不能够全面满足未来路网运行集约化管理与出行信息精细化服务的发展需求。

二、路网交通量参数监测设施建设与应用情况

我国路网交通量参数监测设施主要有两类，一类是高速公路经营管理单位在高速公路建设或运营期安装的"车辆检测器"，另一类是交通运输部指导下统一安装的"交通量调查设备"。两类设备在采集技术上基本都是利用线圈、微波、视频为数据获取手段，但在采集的具体参数指标上有所差别。

从各省域路网交通量参数监测设施建设情况看，上海、湖南、北京高速公路交通量参数监测设施布设密度最高，接近2公里/套，分别达到2.12公里/套、2.54公里/套和2.78公里/套；浙江、贵州、福建的高速公路交通量参数监测设施布设密度接近10公里/套，分别达到8.50公里/套、9.01公里/套、10.71公里/套。普通国省干线公路交通量参数

❶ 交通量监测设施：主要包括各类车辆检测器和自动化交通量调查设备，设置地点包括路段、桥梁和隧道内。

❷ 视频监测设施（路段沿线）：指设置在公路主线、匝道及桥梁等沿线处的视频监测设施，不包括设置在隧道、收费广场内的独立视频监测设施。

❸ 气象监测设施：指设置在公路主线、匝道等处的单要素、多要素自动化气象观测站。

监测设施布设密度最大的为北京 8.24 公里/套，其次为浙江 18.78 公里/套，内蒙古、山东、天津等省份布设密度在 50 公里/套以内，江苏、山西、河北、辽宁、安徽、吉林等省份布设密度在 100 公里/套以内，其他省份基本在 100 公里/套以上。综合高速公路和国省干线公路交通量监测设施平均布设密度看，北京、浙江等省(市)高速公路和普通国省干线公路交通量监测设施布设情况较好。部分地区交通量参数监测设施布设情况如图 6-1 所示。

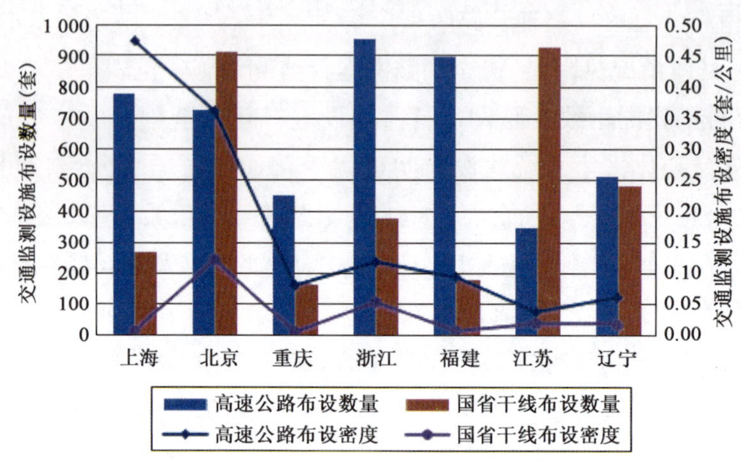

图 6-1 部分地区交通量监测设施布设数量和布设密度情况

从目前路网交通量参数监测设施的应用情况看，监测设备的总体完好率较高，但受到设备质量、维护保养、使用管理等各类因素的影响，所采集的数据的准确性不高、实时性不强、应用效果一般。路网交通量监测设施是路网运行监测与服务体系建设的重要内容，特别是高速公路交通运行状态感知尤为关键。但由于这类设施在高速公路传统“机电系统”中没有形成统一规划、设计与标准的建设格局，这也是所采集交通量数据没有形成规模效益，未能解决路网运行量化“可测”的关键所在。全国高速公路及普通国省干线公路交通量监测设施情况分别详见表 6-1、表 6-2。

全国高速公路交通量监测设施运行建设现状 表 6-1

省份	高速公路里程(公里)	车辆检测器(套)	交通量调查设备(套)	合计(套)	密度(公里/套)
北京	1 013	651	78	729	2.78
天津	1 208	69	60	129	18.73
河北	6 502	540	663	1 203	10.81
山西	5 265	683	29	712	14.79
内蒙古	5 153	56	67	123	83.79
辽宁	4 195	438	75	513	16.35
吉林	3 113	220	36	256	24.32

续上表

省份	高速公路里程（公里）	车辆检测器（套）	交通量调查设备（套）	合计（套）	密度（公里/套）
黑龙江	4 350	156	73	229	37.99
上海	825	646	134	780	2.12
江苏	4 657	241	109	350	26.61
浙江	4 062	841	115	956	8.50
安徽	4 543	472	98	570	15.94
福建	4 831	823	79	902	10.71
江西	5 894	428	28	456	25.85
山东	5 710	376	277	653	17.49
河南	6 448	640	0	640	20.15
湖北	6 204	559	62	621	19.98
湖南	6 080	4 656	129	4 785	2.54
广东	7 683	399	141	540	28.46
广西	4 603	0	2	2	4 603.00
海南	795	43	23	66	24.09
重庆	2 817	442	11	453	12.44
四川	6 523	1 094	79	1 173	11.12
贵州	5 434	1 101	105	1 206	9.01
云南	4 134	310	164	474	17.44
西藏	38	0	0	0	—
陕西	5 181	603	115	718	14.43
甘肃	4 827	663	101	764	12.64
青海	2 878	38	13	51	112.86
宁夏	1 609	63	34	97	33.18
新疆	4 395	311	80	391	22.48

全国普通国省干线公路交通量监测设施运行建设现状 表 6-2

省份	国省道里程（公里）	车辆检测器（套）	交通量调查设备（套）	合计（套）	密度（公里/套）
北京	3 778	282	635	917	8.24
天津	3 780	0	192	192	39.38
河北	25 084	466	342	808	62.09
山西	20 996	683	29	712	58.98
内蒙古	1 738	24	83	107	32.49
辽宁	15 390	0	485	485	63.46

续上表

省份	国省道里程（公里）	车辆检测器（套）	交通量调查设备（套）	合计（套）	密度（公里/套）
吉林	11 825	0	269	269	87.92
黑龙江	15 600	0	95	95	328.42
上海	25 208	79	192	271	186.04
江苏	25 405	571	361	932	54.52
浙江	3 558	0	379	379	18.78
安徽	17 797	237	306	543	65.55
福建	14 508	0	185	185	156.84
江西	27 720	0	215	215	257.86
山东	15 361	694	122	816	37.65
河南	24 442	0	316	316	154.70
湖北	37 067	0	275	275	269.58
湖南	33 347	13	33	46	1 449.87
广东	37 266	0	213	213	349.92
广西	37 923	0	120	120	632.05
海南	24 280	0	12	12	4 046.67
重庆	17 896	0	166	166	215.61
四川	26 754	0	246	246	217.51
贵州	31 600	0	74	74	854.05
云南	42 579	0	115	115	740.50
西藏	28 562	0	71	71	804.56
陕西	16 737	14	45	59	567.36
甘肃	30 350	236	95	331	183.38
青海	17 036	132	88	220	154.87
宁夏	6 589	0	51	51	258.39
新疆	27 997	17	303	320	174.98

三、路段沿线视频图像监测设施建设与应用情况

路段沿线视频图像监测设施，特别是高速公路沿线视频图像监测设施是传统的高速公路机电系统的重要组成部分，并成为各级公路部门掌握路网实时运行情况和突发事件进展处置情况的重要手段之一。从目前路段沿线视频图像监测设施的应用情况看，采集的图像数据质量不断提高，高清（720P 以上）级的视频监测设备得到大规模应用，新建高速公路已全部采用数字设备，已建高速公路模拟设备逐步向数字设备转变，视频事件检测

系统逐步得到推广应用，高速公路视频图像监测设施面临着新一轮的升级换代。

从现有统计数据看，无论是设施规模（全国高速公路4.8万套）还是布设密度（高速公路接近平均5公里/套），视频图像监测设施均是各类路网运行监测设施指标中最高的。"可视化"需求作为公路运行监测需求中最直接、最见效的部分，已基本覆盖高速公路大型互通、服务区、长大桥梁、隧道、收费站广场、服务区以及超限超载检测站等重要监控点。部分省（市）的高速公路甚至已实现全程视频监控（即2公里/套）。部分地区路段沿线视频监测设施布设情况如图6-2所示。

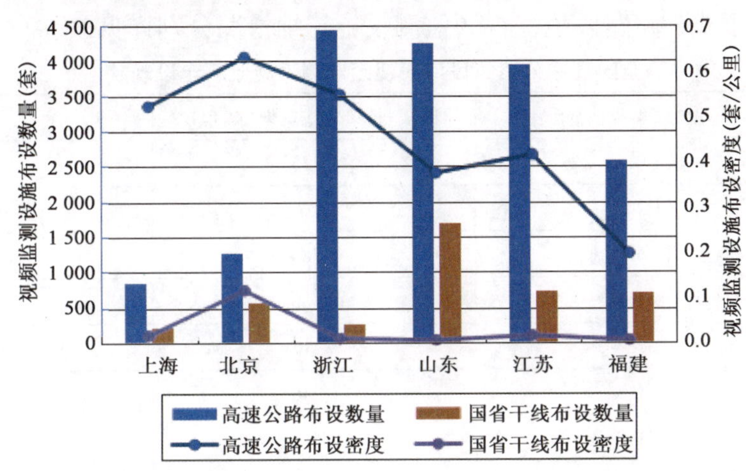

图6-2 部分地区路段沿线视频监测设施布设数量和布设密度情况

与2015年相比，各省份路段沿线视频监测设施数量有所增加，其中上海增加97套，北京增加121套，浙江增加1 292套，山东增加89套，江苏增加201套，福建增加700套，相应的布设密度也有所提高。具体如图6-3所示。

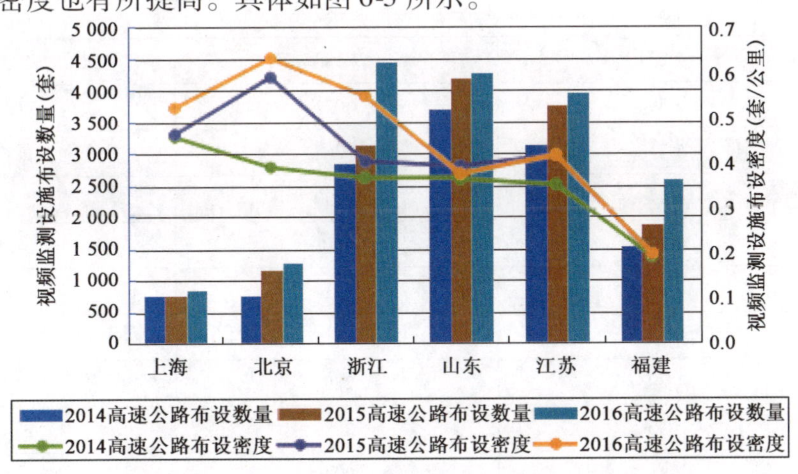

图6-3 部分地区路段高速公路沿线视频监测设施布设数量和布设密度情况

从各省域路段沿线视频监测设施建设情况看，北京高速公路路段沿线视频监测设施布设密度最高，达到1.59公里/套，浙江、上海等省（市）布设密度在2公里/套以内，河北、江苏、山东等省份高速公路路段沿线视频监测设施布设密度已经在3公里/套以内。对于普通国省干线公路路段沿线视频监测设施，河北、北京、山东布设密度在20公里/套以内，天津、浙江、内蒙古、福建、山西、重庆、江苏布设密度在100公里/套以内。综合国省干线公路路段沿线视频监测设施平均布设密度看，北京、河北、浙江、山东等省市高速公路和普通国省干线公路路段沿线视频监测设施布设情况较好。全国高速公路及普通国省道干线公路路段沿线视频监测设施详细情况分别详见表6-3、表6-4。

全国高速公路路段沿线视频监测设施监测建设现状 表6-3

省份	高速公路里程（公里）	路段、桥梁沿线摄像机（套）	密度（公里/套）
北京	1 013	1 275	1.59
天津	1 208	376	6.43
河北	6 502	5 780	2.25
山西	5 265	1 368	7.70
内蒙古	5 153	1 417	7.27
辽宁	4 195	1 046	8.02
吉林	3 113	550	11.32
黑龙江	4 350	1 532	5.68
上海	825	858	1.92
江苏	4 657	3 960	2.35
浙江	4 062	4 434	1.83
安徽	4 543	1 052	8.64
福建	4 831	2 584	3.74
江西	5 894	1 021	11.55
山东	5 710	4 265	2.68
河南	6 448	2 350	5.49
湖北	6 204	880	14.10
湖南	6 080	1 234	9.85
广东	7 683	2 336	6.58
广西	4 603	280	32.88
海南	795	248	6.41
重庆	2 817	994	5.67

续上表

省份	高速公路里程(公里)	路段、桥梁沿线摄像机(套)	密度(公里/套)
四川	6 523	1 373	9.50
贵州	5 434	623	17.44
云南	4 134	1 815	4.56
西藏	38	48	1.58
陕西	5 181	2 099	4.94
甘肃	4 827	1 244	7.76
青海	2 878	475	12.12
宁夏	1 609	177	18.18
新疆	4 395	609	14.43

全国普通国省干线公路路段沿线视频监测设施建设现状　　表6-4

省份	国省道里程(公里)	路段、桥梁沿线摄像机(套)	密度(公里/套)
北京	3 778	574	13.16
天津	3 780	277	27.29
河北	25 084	5 731	8.75
山西	20 996	971	43.25
内蒙古	1 738	120	28.97
辽宁	15 390	231	133.25
吉林	11 825	0	—
黑龙江	15 600	0	—
上海	25 208	227	222.10
江苏	25 405	742	68.48
浙江	3 558	259	27.47
安徽	17 797	305	116.70
福建	14 508	714	40.64
江西	27 720	249	222.65
山东	15 361	1 698	18.09
河南	24 442	92	531.35
湖北	37 067	74	1 001.81
湖南	33 347	300	222.31
广东	37 266	185	402.88
广西	37 923	19	3 991.89

续上表

省份	国省道里程(公里)	路段、桥梁沿线摄像机(套)	密度(公里/套)
海南	24 280	200	242.80
重庆	17 896	543	65.92
四川	26 754	0	—
贵州	31 600	161	392.55
云南	42 579	90	946.20
西藏	28 562	36	1 586.78
陕西	16 737	32	1 046.06
甘肃	30 350	41	1 480.49
青海	17 036	118	288.75
宁夏	6 589	0	—
新疆	27 997	15	3 732.93

四、路网气象环境监测设施建设与应用情况

公路交通气象观测站根据观测项目的不同分为单要素、多要素自动气象观测站，单要素气象观测站观测某一项对道路安全产生直接影响的气象要素，如能见度、路面、气象环境；多要素气象观测站要求观测两项及以上的气象要素，其中全要素观测站能够观测能见度、路面条件(路温、路面状况、冰点温度)、气象环境(气温、湿度、风向风速、气压、雨量、天气现象)等气象参数。

随着近年来冰冻雨雪、严重雾霾等恶劣天气引发的公路交通阻断事件不断增多，各级公路管理部门开始重视公路沿线气象环境监测，并取得了一定成果。全国路网气象监测设施总规模已达2 500套。但除少数地区高速公路气象监测设施布设形成一定规模，其他省份布设密度十分稀疏，是各类路网运行监测设施中较为薄弱的环节。

与2015年相比，各省份高速公路沿线气象监测设施数量有所增加，其中上海增加3套，安徽增加10套，重庆增加3套，浙江增加4套，河北增加51套，布设密度相应地有所提高。部分地区2014 ~2016年高速公路气象环境监测设施布设情况如图6-4所示。

从各省域路网气象环境监测设施建设情况看，四川、江苏高速公路气象环境监测设施布设密度在30公里/套以内，上海、北京、安徽布设密度在50公里/套以内，青海、重庆、浙江、河北、天津、贵州、湖南高速公路气象环境监测设施布设密度在100公里/套以内，其他省份布设密度均在100公里/套以上。其中，江苏高速公路部门在公路气象监

测设施建设，以及利用气象环境监测数据提升路网运行效率方面有较成功的经验。部分地区高速公路及普通国省干线公路气象监测设施详细情况分别详见表6-5、表6-6。

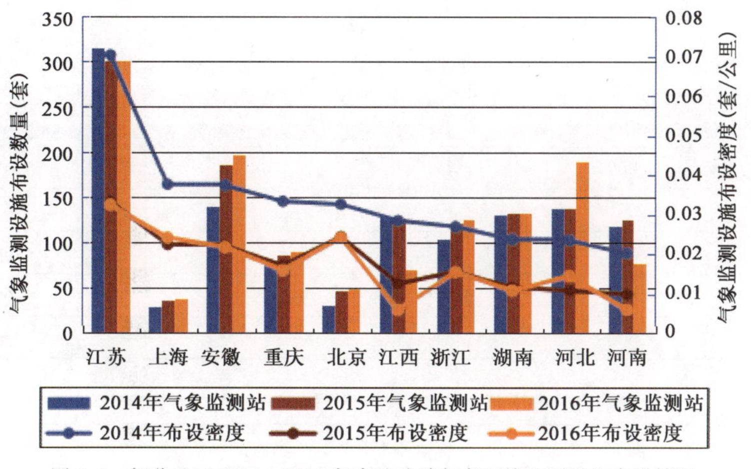

图6-4 部分地区2014～2016年高速公路气象环境监测设施布设情况

高速公路气象监测设施建设现状(部分)　　表6-5

省份	高速公路里程(公里)	单要素/多要素气象监测站(套)	密度(公里/套)
四川	6 523	463	28.18
江苏	4 657	302	30.84
上海	825	40	41.25
北京	1 013	49	41.35
安徽	4 543	198	45.89
青海	2 878	107	53.79
重庆	2 817	90	62.60
浙江	4 062	127	63.97
河北	6 502	190	68.44
天津	1 208	32	75.50
贵州	5 434	130	83.60
湖南	6 080	133	91.43
湖北	6 204	99	125.33
吉林	3 113	42	148.24
河南	6 448	79	163.24
黑龙江	4 350	53	164.15
江西	5 894	71	166.03
辽宁	4 195	45	186.44
新疆	4 395	47	187.02

续上表

省份	高速公路里程(公里)	单要素/多要素气象监测站(套)	密度(公里/套)
山东	5 710	54	211.48
内蒙古	5 153	32	322.06
福建	4 831	30	322.07
云南	4 134	22	375.82
宁夏	1 609	7	459.71
海南	795	3	530.00
广东	7 683	23	668.09
甘肃	4 827	14	689.57
广西	4 603	8	1 150.75

普通国省干线公路气象监测设施建设现状(部分) 表 6-6

省份	国省道里程(公里)	单要素/多要素气象监测站(套)	密度(公里/套)
北京	3 778	33	228.970
河北	25 084	199	252.101
青海	17 036	18	1 892.889
新疆	27 997	17	3 293.765
陕西	16 737	6	5 579.000
天津	3 780	1	7 560.000
辽宁	15 390	4	7 695.000
上海	25 208	4	12 604.000
甘肃	30 350	4	15 175.000
江苏	25 405	2	25 405.000
山东	15 361	1	30 722.000

五、桥梁、隧道安全健康监测设施建设与应用

针对特大桥梁、长大隧道运行安全的监测是公路重要基础设施运行监测的重点。除人工定期检查和抽检巡查外,在智能检测方面,主要是桥梁健康监测设施和隧道健康监测设施。桥梁健康监测是通过对桥梁结构状况的监控与评估,为桥梁在特殊气候、交通条件下或桥梁运营状况异常严重时发出预警信号,为桥梁的维护维修和管理决策提供依据与指导。其监测指标包括温(湿)度、应变、振动、挠度、索力、桥塔变形、风力、倾角、梁端位移、动态称重。

据不完全统计,全国已建成各类跨海、跨江(河)的特大型桥梁健康监测设施 250 余

套，其中浙江有50余个桥梁布设了健康监测系统，如杭州湾跨海大桥健康监测系统主要监测温(湿)度、应变、振动、挠度、索力、桥塔变形、风力、倾角、梁端位移、动态称重等，杨湾大桥健康监测系统主要监测铰缝变形、应变、振动、温度、静力水准等。

山东13个桥梁布设了健康监测系统，如济南黄河公路大桥健康监测系统主要监测变形、动应力应变、温度；胶州湾大桥健康监测系统主要监测温度、应变、振动、挠度、索力、桥塔变形、风力、倾角、梁端位移等；滨州黄河大桥健康监测系统主要监测风力、温(湿)度、交通荷载、结构应变、主梁线形、纵向位移、GPS位移、索力、结构动力等；江苏24个桥梁布设了健康监测系统，如南京长江二桥、南京长江三桥、南京长江第四大桥健康监测系统主要监测温(湿)度、应变、振动、挠度、索力、桥塔变形、风力、倾角、梁端位移、动态称重等；张家港大桥和京杭运河大桥布设了结构安全监测系统，主要包括线形监测、结构应变(温度)、交通荷载、典型裂缝等。

隧道健康监测是通过对隧道结构状况以及其他工作状况的监测，为结构状况的评估、运营现状以及工程服务寿命的预测提供大量监测数据。隧道健康监测包括：隧道结构侵蚀监测、隧道结构监测(包括变形、收敛、内力、接缝监测)、地层监测(包括土压力、水压力监测等)。

上海长江隧道结构安全健康监测设施，主要监测变形、收敛、内力、接缝监测、土压力、水压力、腐蚀等指标，运行8年后预埋设备完好率50%；山东京沪高速公路济莱段蟠龙隧道结构健康状态实时监测与预警系统主要测试截面应变值；湖南雪峰山隧道健康监测系统主要监测变形；西藏柳梧隧道和加嘎隧道健康监测系统，主要监测变形、收敛、内力、接缝监测、土压力、水压力等。

全国桥梁健康监测设施现状如表6-7所示。

全国桥梁健康监测设施现状　表6-7

省份	数量	监测指标	运营状态	代表性工程
北京	12	温度、倾斜、位移、挠度、应变、振动、裂缝	全部良好	大关桥、八达岭大桥、水闸新桥、德胜口大桥
天津	10	温(湿)度、风力、变形、应变、索力、振动、动态称重	9座良好，1座未发挥作用	西河桥、金钢桥、富民桥、国泰桥、赤峰桥
河北	4	风速、应变、挠度、振动、动态称重	1座改造，3座不详	海儿洼大桥、官厅湖特大桥、子牙新河特大桥
山西	5	应变、挠度、温度、振动、动态轴重、索力、桥塔偏位、风力	2座良好，1座未发挥作用	忻州小沟桥、龙门黄河特大桥、丹河大桥、风陵渡黄河公路大桥、汾河大桥
内蒙古	2	应变、挠度、支座位移、裂缝、振动	良好	包头黄河大桥

续上表

省份	数量	监测指标	运营状态	代表性工程
辽宁	8	温(湿)度、应变、振动、挠度、索力、桥塔变形、风力、倾角、梁端位移、动态称重	1座良好，1座在建	辽河特大桥、中朝鸭绿江界河公路大桥
吉林	1	挠度、应变、温度	良好	临江门大桥
黑龙江	3	温(湿)度、应变、振动、挠度、索力、桥塔变形、风力，梁端位移、	良好	四方台松花江大桥、乌苏大桥、四丰山大桥
上海	7	温(湿)度、应变、振动、挠度、索力、桥塔变形、风力等	全部良好	卢浦大桥、徐浦大桥、东海大桥、南浦大桥、长江桥隧
江苏	27	温(湿)度、应变、振动、挠度、索力、桥塔变形、风力、倾角、梁端位移、动态称重	全部良好	润扬长江大桥、江阴长江大桥、苏通大桥、南京长江二桥、泰州大桥、苏通长江大桥、G104 京杭运河大桥、G205 里运河-京杭运河大桥、S336 新江海河大桥、崇启大桥
浙江	55	温(湿)度、应变、振动、挠度、索力、桥塔变形、风力、倾角、梁端位移、动态称重	全部良好	杭州湾跨海大桥、下沙大桥、之江大桥、西堠门大桥、金塘大桥
安徽	10	温(湿)度、应变、振动、挠度、索力、桥塔变形、风力、倾角、梁端位移、动态称重	全部良好	铜陵长江大桥、芜湖长江大桥、安庆长江大桥、马鞍山大桥
福建	10	温(湿)度、应变、振动、挠度、索力、桥塔变形、风力、倾角、梁端位移、动态称重	全部良好	青州大桥、厦漳跨海大桥、下白石大桥、海沧大桥、八尺门大桥、乌龙江大桥、长沙中桥、西溪大桥
江西	3	索力、线形、应变、塔顶位移、伸缩缝	全部良好	鄱阳湖大桥、八一大桥
山东	13	温(湿)度、应变、振动、挠度、索力、桥塔变形、风力、倾角	全部良好	滨州黄河公路大桥、东营黄河公路大桥、青岛海湾大桥、弥河大桥
河南	7	挠度、应变、振动	全部良好	卫坡大桥、伊洛河大桥、瀍河大桥、郑州黄河大桥、桃花峪大桥
湖北	8	温(湿)度、应变、振动、挠度、索力、桥塔变形、风力、倾角、梁端位移、动态称重	全部良好	军山大桥、阳逻长江大桥、二七长江大桥、鹦鹉洲长江大桥
湖南	8	温(湿)度、应变、振动、挠度、索力、桥塔变形、风力、倾角、梁端位移、动态称重	5座良好，1座未发挥作用	矮寨大桥、洞庭湖大桥、茅草街大桥
广东	10	温(湿)度、应变、振动、挠度、索力、桥塔变形、风力、倾角、梁端位移、动态称重	8座良好，2座在建	珠江黄埔大桥、虎门大桥、新光大桥、港珠澳大桥、九江大桥
广西	3	应变、索力、挠度、动态称重、温(湿)度	1座良好，2座不详	湛江海湾大桥、三门江大桥、永和大桥

续上表

省份	数量	监测指标	运营状态	代表性工程
海南	1	—	—	—
重庆	13	温(湿)度、应变、振动、挠度、索力、桥塔变形、风力、倾角、梁端位移、动态称重	7座良好，6座在建	石板坡长江大桥复线桥、大佛寺长江大桥、马桑溪长江大桥
四川	6	挠度、应变、温度	全部良好	州河特大桥、金江金沙特大桥、城门洞大桥
贵州	5	温(湿)度、应变、振动、挠度、索力、桥塔变形、风力	2座良好，3座不详	红枫湖大桥、坝陵河特大桥、石门坎特大桥
云南	9	温(湿)度、倾斜、挠度、位移、振动	全部良好	红河大桥、龙江特大桥
西藏	0	应变、振动、挠度、索力、桥塔变形、倾角、梁端位移、动态称重等	全部良好	柳梧一号桥、柳梧二号桥、桑达特大桥、
陕西	5	沉降、挠度、应变、裂缝	全部良好	徐水沟特大桥、洛河特大桥、杜家河大桥、才纳特大桥
甘肃	4	—	—	—
青海	0	—	—	—
宁夏	2	挠度、应变、温度	全部良好	叶盛黄河公路大桥、吴忠黄河公路大桥
新疆	1	挠度、应变、温度、风力、桥塔变形、索力	良好	果子沟大桥

六、路堑边坡和路堤沉降监测设施建设与应用

路堑边坡和路堤沉降监测是公路重要基础设施运行监测的重点。根据交通行业规范《公路路基设计规范》(JTG D30—2004)，路堤稳定和沉降监测内容包括：地表水平位移量及隆起量监测、地下土体分层水平位移量监测、路堤顶沉降量监测。路堑边坡或滑坡监测内容包括：地表监测(水平位移监测、垂直变形监测、裂纹监测)、地下位移监测、地下水位监测、支挡结构变形监测、应力监测。据不完全统计，全国已建成各类路堑边坡和路堤沉降监测设备达170余套。

为防止结构变形，山东在济菏高速公路K101处设置加筋挡土墙，用于支挡结构变形、应力作用；河南在连霍高速公路上正在进行地表监测的有关研究；部分省份已经布设了边坡监测系统，如贵州在乌木布设1处高边坡监测，主要监测锚索预应力值、雨情、边坡地表水平位移与沉降、深部位移、地表裂隙等；浙江在国道G205布设4处，主要监

测危险边坡岩土位移情况；山西省在二广高速公路（G55）长晋段布设1处边坡监测系统，主要监测水平位移、垂直变形、裂纹等；江苏在新通扬运河大桥上布设一处，主要监测结构变形（竖向、纵向）、应变、温度、动态称重、腐蚀等；安徽省在京台高速公路（G3）布设5处，在济广高速公路（G35）布设3处，主要包含雨量计、多点位移计、锚索测力计、下水位，监测表面位移、内部位移等；福建布设了67处，主要监测温（湿）度、应变、振动、挠度、索力、桥塔变形、风力、倾角、梁端位移、动态称重等；广西布设了16处；湖南布设4处边坡监测，主要是水平位移、垂直变形、裂纹、地下位移、支护结构变形、应力监测。

广西在崇溪河主线收费站布设了一套路堤沉降监测设备，主要监测地表水平位移量、路堤顶沉降量。四川在内遂高速公路K69+900、K70+100处路基设置两处全站仪观测沉降量，路基稳定，工作状态正常。湖南在垄茶高速公路红旗1号桥采空区做了稳定性监测，主要监测水平位移、垂直变形和地下位移。江西在宁定高速公路LK2+960处断面监测地基顶面竖向变形、路基分层沉降、路基顶面不均匀变形，在宁定高速公路K185+720、LK25+080处断面监测路基分层沉降、路基顶面不均匀变形。

第七章 全国干线公路网服务工作开展及业务体系建设情况

2016 年,各级公路交通部门重视出行信息服务工作,加快实施出行信息发布平台建设,促进公路交通信息服务的共享和应用,多方面开展合作,信息发布渠道建设不断完善,“两微一端”信息发布成为主力,信息发布内容得到显著提升,社会化合作进一步增强,服务区建设稳步推进。

一、全国干线公路网出行信息服务系统总体情况

(一)全国公路交通出行信息服务工作概述

一是出行信息服务保障能力不断增强,渠道不断增多。在部级层面,以“中国公路信息服务网”为代表,累计发布各类路况信息 37 万余条;省级公路交通部门以地方出行服务网站为平台,不断拓展微博、微信、手机 APP 等新媒体信息发布渠道和服务手段,服务广大出行群众。二是积极推进中国高速公路交通广播建设。由交通运输部、中央人民广播电台等单位联合开展的中国高速公路交通广播在部路网中心和京津冀湘渝五省市基本完成示范工程建设任务,其中路网中心已完成部级连线直播间建设任务,全年 365 天不间断发布公路出行服务信息,起到了良好的社会公益效果。三是不断丰富出行服务方式和能力。各地交通运输部门积极提升传统出行方式和手段的服务能力,不断提高服务质量。全面拓展与中央媒体、地方媒体及交通行业媒体的合作,并加强了社会化合作,借助导航软件提供动态信息、入驻信息发布平台,与电信运营商合作,实现信息全方位对外发布;公路客服电话的服务质量和水平近年来不断提高,应急和救援响应不断增强。四是通过开展精细化、专业化的出行信息服务,不断细化出行信息服务受众,已有不少省份通过各方合作开创了商业服务模式,并积极为物流公司、旅行社、客运车队以及各商业机构提供服务。

(二)2016 年公路出行信息服务建设成绩

2016 年,各省级交通运输部门从满足公众出行需求和满足管理需求的角度出发,按照全天候、全覆盖、立体化对社会公众提供“出行前”和“出行中”不同阶段的信息服务。“全天候”——工作人员 24 小时值守响应公众的服务需求;“全覆盖”——服务内容涵盖了路况信息、阻断信息、气象信息、出行常识、绕行方案等与公众出行密切相关的各类信息;“立体化”——综合利用电台、电视台、报纸、政务网站、热线电话以及新媒体等多种手段为公众提供出行服务。

根据各省份上报信息和出行服务业务记录,截至 2016 年底,全国 31 个省级交通运输全部都开设有公路出行服务网站,共计开通具备公路出行服务功能的网站(含专门出行服务网站和具备上述功能的网页、栏目网站,包括 ETC 服务网站、公路气象服务网站)150 个;共有 27 个省份开通具备公路出行信息服务功能的微博 80 个(其中新浪平台微博数量 72 个);共有 29 个省份开通公路出行信息服务功能(含 ETC 业务)的微信 158 个;全国共有 29 个省份开通移动客户端 82 个;全国 31 个省份开通客服电话号码 95 个(含 12 328);全国共有 28 个省份开展了公路出行信息服务媒体全方位合作,共有合作广播、电视媒体 175 家(不完全统计);共有 18 个省份与支付宝、高德、电信等部门开展 62 项(不完全统计)社会化出行服务合作。具体情况见表 7-1,详细情况见附录 B“2016 年全国公路出行服务系统一览表”。

2016 年公路出行信息服务建设情况 表 7-1

省份	网站	新浪认证微博	微信公众号	移动客户端	客服电话	媒体合作	社会化合作
北京	5	3	6	4	4	3	1
天津	5	5	5	2	5	3	6
河北	4	1(1)	2	2	3	6	1
山西	3	1	2	0	3	6	0
内蒙古	4	1	7	1	3	0	0
辽宁	10	7	5	2	4	3	6
吉林	9	2	3	1	3	27	0
黑龙江	2	0	2	1	2	0	0
上海	4	3	2	4	3	3	2
江苏	3	2(1)	8	2	3	17	4
浙江	3	4	6	2	2	2	0
安徽	4	5	5	3	4	16	0
福建	8	1	6	4	3	5	4
江西	6	6	11	8	2	4	6

续上表

省份	网站	新浪认证微博	微信公众号	移动客户端	客服电话	媒体合作	社会化合作
山东	7	9	11	8	8	15	4
河南	7	1	4	5	3	2	2
湖北	5	2(1)	6	3	3	3	0
湖南	7	1	5	1	3	5	4
广东	6	0	13	6	3	8	3
广西	5	1	2	1	4	12	0
海南	2	0	3	1	1	3	0
重庆	4	4(1)	7	3	4	3	3
四川	6	2	5	2	2	1	7
贵州	4	1	6	1	2	3	2
云南	4	1	2	2	2	1	0
西藏	2	0	0	0	2	0	0
陕西	5	2(3)	10	5	4	12	3
甘肃	5	2	5	4	3	3	3
青海	7	2(1)	6	1	4	4	1
宁夏	3	2	3	1	2	3	0
新疆	1	1	0	2	1	2	0
省份数量	31	27	29	29	31	28	18
项目数量	150	72(8)	158	82	95	175	62

注:微博一列,括号内为腾讯微博。

与2015年相比,全国公路出行信息发布渠道数量明显上升,特别是开通移动客户端的省份数量有所增加,同比增加26%;同时,由于微信用户量增加及传播方式的迅速扩展,如于2016年期间"河北高速""龙江交通12328"等微信公众号的认证完成,又由于移动客户端持续更新及出行服务板块的增加,微信公众号、移动客户端的项目总数量增速明显,同比增加86%、116%,为出行者提供了多种获取信息方式的选择,详见图7-1。

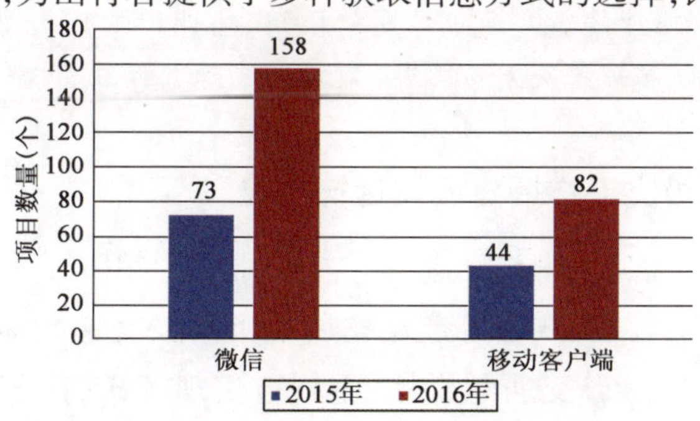

图7-1 2015、2016年微信、移动客户端开通数量情况

与2015年相比,统计显示部分省份微博数量减少,主要原因是部分省份对出行服务微博进行了机构重组,实现信息发布渠道的整合与统一。

二、全国交通广播建设与运行情况

(一)中国高速公路交通广播建设与运行情况

截至2016年底,京津冀湘渝五省市和部路网中心基本完成示范工程建设任务。

中国高速公路交通广播开播以来,有效服务于交通运输部以及京津冀湘渝五省市交通运输部门,在突发应急、公众出行服务、出行安全、节目体系、行业宣传、舆论引导、行业信息化、信息资源整合以及"互联网+"等方面发挥了重要作用。

自开播起,部路网中心和中国高速公路交通广播开展互动联系机制。听众通过中国高速公路交通广播微信、微博和热线电话提出的问题,路网中心第一时间进行解答,经高速广播后期编辑整理后,在广播节目中进行回复,以加强节目的服务性。同时,试点突发事件紧急连线插播机制,在辽宁境内京哈高速公路重大交通事故、重庆境内包茂高速兰海高速山体塌方导致公路阻断、河南境内京港澳高速交通事故阻断以及地震等突发情况下,路网中心通过中国高速公路交通广播进行紧急插播,连线广播事故情况和绕行信息,并第一时间连线播报进展情况。在这一模式下,在元旦、春节、清明、五一和当前南方地区恶劣天气导致公路阻断时,路网中心和中国高速公路交通广播紧密配合,及时将路况信息和出行提示第一时间发布,服务广大出行者,取得了良好的效果。

在2016年"3·19"京港澳高速湖南段货车爆炸事件的应急处置中,中国高速公路交通广播湖南频率在第一时间转入应急广播状态,实时播报事故救援、交通管制和车辆分流等信息;全时段全直播进行信息发布和交通疏导,实时关注事件救援及抢修进展,整个直播超过21小时;在交通疏导方面,采编播中心按照"先近端后远端,先线路后路网"的疏导顺序,有序口播疏导信息,快速编辑交通疏导图,通过广播即时向广大驾乘人员发布,起到了非常好的疏导效果,充分发挥了突发应急"互联网+高速公路+广播"的联动作用。

(二)全国省市两级交通广播建设与运行情况

全国省市级交通广播建设稳步推进,各省与广播媒体积极合作进行出行服务宣传,特别是部分省份如吉林、江苏、陕西等广泛拓展省市两级交通广播运营工作,各组织十余项广播合作项目,深度融合交通与媒体,更好地实现了出行服务的提质增效。截至2016年底,共计28个省份开展了交通广播媒体合作110项(不完全统计),详见表7-2。

2016 公路出行信息服务建设情况 表 7-2

省份	北京	天津	河北	山西	辽宁	吉林	上海
数量	2	2	4	6	2	14	1
省份	江苏	浙江	安徽	福建	江西	山东	河南
数量	16	1	7	2	1	6	1
省份	湖北	湖南	广东	广西	海南	重庆	四川
数量	3	2	4	5	1	3	1
省份	贵州	云南	陕西	甘肃	青海	宁夏	新疆
数量	2	1	12	3	4	2	2

三、全国公路出行服务类网站建设情况

(一)中国公路信息服务网建设情况

截至 2016 年底,“中国公路信息服务网”(www. chinahighway. gov. cn)累计发布各类路况信息 37 万余条,其中,2016 年发布信息 8 万余条。“中国公路信息服务网”拥有最新全国干线公路网电子地图,能提供实时公路路况、通阻信息、公路气象等服务,可查询各省服务电话和公路相关基础数据等信息,同时可以根据实时路况规划合理的出行路线,发布公路交通重大气象预警。

(二)各省级公路信息服务网建设情况

截至 2016 年底,全国 31 个省(区、市)交通运输主管部门均已开通了公路出行服务网站(网页),所有省级交通运输部门政务网站都建有出行服务网页或路况信息栏目,部分网站还提供了专业出行服务网站链接。在提供方式上,部分省份按照需求层面不同,开通了省级出行服务网站和公路出行服务网站,根据业务细分,还专门建设 ETC 服务网站和公路气象网站。

与 2015 年相比,专业公路出行服务和 ETC 服务网站数量明显增多,达 70 余个。在专业服务方面,北京、天津、河北、内蒙古、辽宁、吉林、黑龙江、江苏、浙江、安徽、福建、江西、山东、河南、湖北、湖南、广东、广西、重庆、四川、贵州、陕西、甘肃、青海、宁夏等省份专门建设有高速公路出行服务网站,为高速公路行车提供全方位信息服务,提供实时路况信息、路线规划、电子地图查询等功能,特别是部分省份提供了高速公路服务区服务信息、收费站收费信息查询功能,为出行者提供完善的信息服务;北京、天津、河北、山西、内蒙古、辽宁、吉林、上海、江苏、浙江、安徽、福建、江西、山东、河南、湖北、湖南、广

东、广西、重庆、贵州、陕西、甘肃、青海、宁夏建有专业ETC客户服务网站或网页，提供网上受理、费用查询、出行统计等功能；陕西、青海、宁夏建有公路交通气象服务网站，提供省域内公路交通专业气象服务和出行提示。

四、"两微一端"出行信息服务系统应用情况

(一)"中国路网""两微"平台系统建设和运行情况

2015年起，"交通运输部路网中心"新浪微博开始建设运行，作为部路网中心的政务微博平台，结合部路网中心路网监测、应急处置、出行服务等工作职责，主要功能包括定期发布各类路况信息、公路气象预报以及不定期更新重大突发事件、节假日出行、公路气象预警、出行提示、交通新闻等信息内容，旨在多方式发布出行信息、服务公众便捷出行。

2016年9月28日，"中国路网"微信公众号正式上线试运行，作为全国公路出行权威信息平台，秉承"让路网运行更安全畅通、让公众出行更便捷愉快"的宗旨，面向社会公众提供实时路况查询、出行规划、公路气象、ETC服务等全方位、一站式公路出行服务。"中国路网"作为部路网中心出行服务体系的一部分，一经上线，行业内各相关单位及媒体就对它给予了很大关注，纷纷转发公众号的文章及数据。

> 2016年10月13日，四川省人民新闻办公室官方微信号转发的"中国路网"微信公众号发布的"全国联网29省市ETC通行费优惠政策一览表"文章内容，获得了近28万的阅读量，文章转发产生的放大效应使"中国路网"微信公众号的知名度与影响力迅速扩大。

"中国路网"微信公众号的推广趋势良好，公众从"中国路网"获取信息的意愿比较强烈，内容的权威性已慢慢树立。"中国路网"上线后，已经陆续将全国多省市的出行服务平台纳入公众号出行服务平台体系，各省级平台纷纷转发"中国路网"的文章内容，并结合自身服务特点对其内容加以解读分析，初步形成了全国出行服务在微信端的省部级信息联动。

(二)各省级"两微一端"系统建设和运行情况

2016年，各省级交通运输部门和高速公路经营管理单位更加重视通过新媒体平台开展公路出行信息服务。其中，手机移动客户端开通数量大幅增加，政务微博、微信和公路交通专业微博、微信提供的出行信息服务更加及时、专业、有针对性。截至2016年底，共有27个省份开通具备公路出行信息服务功能的微博80个(其中新浪平台微博数

量 72 个);29 个省份开通公路出行信息服务功能(含 ETC 业务)的微信号 158 个;共有 29 个省份开通移动客户端 82 个。开通的省份数量方面,客户端与 2015 年相比有所增加,同比增加 26%;微信与 2015 年相比持平;而微博与 2015 年相比有所减少,原因可能是由于部分省份对出行服务微博进行了机构重组。项目数量方面,微博、微信、客户端与 2015 年相比均明显增加,同比增加 36%、116%、86%。

在服务方面,部分省份开通的微信除日常信息发布外,还提供点对点查询功能,服务更有针对性,信息和内容更加全面。部分微信开通了互动功能,沟通更加方便。针对 ETC 服务开通的微信,服务性更强,其中提供实时账单查询和缴费充值功能为广大出行者和 ETC 用户所欢迎。从各省份上报的开通微信公众号具备的功能进行统计分析,微信公众号提供的服务功能已经涵盖原先部分手机 WAP 网站和移动客户端的部分功能。

在信息发布方面,微博依然承担了路况信息发布的主渠道作用,统计显示,主要以在新浪平台开通的政务微博为主。在日常情况下,整点和早晚高峰固定时间发布路网运行情况;突发事件情况下,及时发布事故信息、绕行路线和恢复情况;结合节假日和气象、地质灾害,发布的提示性和预警性信息更加有效、有针对性。

五、公路客服/救援电话系统建设与运行情况

公路客服/救援电话系统是各省级交通运输部门、公路管理机构和高速公路经营单位为公众出行提供的“面对面”服务,也是较早开通及较完善的出行信息服务系统之一。截至 2016 年底,全国 31 个省(区、市)交通运输主管部门、公路管理机构和高速公路经营单位均开设有 24 小时客服电话热线,共计开通客服电话号码 95 个(含 ETC 服务电话,包括 31 个 12328 电话),详见表 7-3。

公路客服电话开通情况 表 7-3

省份	12328	公路服务电话(含 ETC)				合计
		12122		96 字头短号码	其他号码	
		行政管理部门	高速公路企业			
北京	●			●●	●	4
天津	●	●			●●●	5
河北	●	●		●		3
山西	●	●			●	3
内蒙古	●	●		●		3
辽宁	●	●		●●		4
吉林	●	●			●	3

续上表

<table>
<tr><th rowspan="3">省份</th><th rowspan="3">12328</th><th colspan="4">公路服务电话(含 ETC)</th><th rowspan="3">合计</th></tr>
<tr><th colspan="2">12122</th><th rowspan="2">96 字头短号码</th><th rowspan="2">其他号码</th></tr>
<tr><th>行政管理部门</th><th>高速公路企业</th></tr>
<tr><td>黑龙江</td><td>●</td><td></td><td></td><td>●</td><td></td><td>2</td></tr>
<tr><td>上海</td><td>●</td><td>●</td><td></td><td></td><td>●</td><td>3</td></tr>
<tr><td>江苏</td><td>●</td><td></td><td></td><td>●●</td><td></td><td>3</td></tr>
<tr><td>浙江</td><td>●</td><td></td><td>●</td><td></td><td></td><td>2</td></tr>
<tr><td>安徽</td><td>●</td><td>●</td><td></td><td>●●</td><td></td><td>4</td></tr>
<tr><td>福建</td><td>●</td><td></td><td>●</td><td>●</td><td></td><td>3</td></tr>
<tr><td>江西</td><td>●</td><td></td><td></td><td>●</td><td></td><td>2</td></tr>
<tr><td>山东</td><td>●</td><td></td><td></td><td>●●●●●</td><td>●●</td><td>8</td></tr>
<tr><td>河南</td><td>●</td><td>●</td><td></td><td>●</td><td></td><td>3</td></tr>
<tr><td>湖北</td><td>●</td><td>●</td><td></td><td>●</td><td></td><td>3</td></tr>
<tr><td>湖南</td><td>●</td><td>●</td><td></td><td>●</td><td></td><td>3</td></tr>
<tr><td>广东</td><td>●</td><td></td><td></td><td>●●</td><td></td><td>3</td></tr>
<tr><td>广西</td><td>●</td><td>●</td><td></td><td>●</td><td>●</td><td>4</td></tr>
<tr><td>海南</td><td>●</td><td></td><td></td><td></td><td></td><td>1</td></tr>
<tr><td>重庆</td><td>●</td><td></td><td>●</td><td>●</td><td>●</td><td>4</td></tr>
<tr><td>四川</td><td>●</td><td>●</td><td></td><td></td><td></td><td>2</td></tr>
<tr><td>贵州</td><td>●</td><td>●</td><td></td><td></td><td></td><td>2</td></tr>
<tr><td>云南</td><td>●</td><td></td><td></td><td>●</td><td></td><td>2</td></tr>
<tr><td>西藏</td><td>●</td><td></td><td></td><td>●</td><td></td><td>2</td></tr>
<tr><td>陕西</td><td>●</td><td>●</td><td></td><td></td><td>●●</td><td>4</td></tr>
<tr><td>甘肃</td><td>●</td><td>●</td><td></td><td>●</td><td></td><td>3</td></tr>
<tr><td>青海</td><td>●</td><td>●</td><td></td><td></td><td>●●</td><td>4</td></tr>
<tr><td>宁夏</td><td>●</td><td></td><td></td><td>●</td><td></td><td>2</td></tr>
<tr><td>新疆</td><td>●</td><td></td><td></td><td></td><td></td><td>1</td></tr>
<tr><td rowspan="2">合计</td><td rowspan="2">31</td><td>17</td><td>3</td><td rowspan="2">29</td><td rowspan="2">15</td><td rowspan="2">95</td></tr>
<tr><td colspan="2">20</td></tr>
</table>

其中,按照特服号码分类(含 12328),五位或六位特服号码 80 个,普通号码 15 个;按照号码资源分类,12328 号码 31 个,12122 特服号码 20 个,96 字头号码 29 个,其他号码 15 个(高速公路服务号码 10 个,普通公路服务号码 5 个)。在开通的 12122 号码中,开设在高速公路行政管理部门的号码 17 个,开设在高速公路企业的号码 3 个。具体详见表 7-4。

客服电话分类统计 表7-4

项目		开通数量	备注
特服号	12328	31	
	12122	20	17个设在高速公路行政管理部门,3个设在高速公路企业
	96字头	29	
长号码		15	高速公路服务号码10个,普通公路服务号码5个
总计		95	

12122作为全国统一的高速公路救援电话号码,截至2016年底,共有天津、河北、山西、内蒙古、辽宁、吉林、上海、浙江、安徽、福建、河南、湖北、湖南、广西、重庆、四川、贵州、陕西、甘肃、青海20个省级交通运输部门、高速公路管理部门(企业)、路警联合办公机构设置了24小时12122高速公路客服/救援电话。

根据各省份上报材料汇总,目前贵州、陕西、青海等省份实现12328与12122并线或合署接听,并由一个部门进行统一管理。河北、江苏、江西等省份12328承担相关公路出行服务功能后,一部分原96字头高速公路服务号码与12328合并,另一部分原96字头高速公路服务号码改为承担ETC等专属服务。同时,由于各省份设置12122电话实现了省内跨地市、跨区域的高速公路救援和出行服务,与12328相比,更加符合高速公路出行的服务与救援特点,有效提升了对出行者的服务能力和效果。

据不完全统计,2016年全国客服电话年话务总量与2015年相比有所增加,全国12328交通运输服务监督电话系统运行总体平稳,业务总量大幅增加。

2016年,全国12328电话即时答复率为83.2%,办结率为87.7%(投诉举报类业务办结率为88.9%),抽查回访率为12.1%,处理满意率80.5%,运行质量总体稳定。全国12328交通运输服务监督电话系统共受理各类有效业务3 233.51万件,同比增长20.45%。其中,投诉举报、信息咨询、意见建议类业务分别为130.42万件、3 067.38万件和35.71万件。河北、河南、辽宁、江苏、重庆、广东等省份12328电话业务量超过100万件,河南、内蒙古、天津、青海、江苏、吉林、甘肃等省份业务量同比增长较快,服务质量持续向好。

六、高速公路服务区建设与服务质量情况

截至2016年底,全国共建成高速公路服务区停车区(包括双侧分离式、单侧式、单

侧集聚式等)数量已经超过 2 300 对,相比 2015 年小幅增长。为积极探索创新管理手段,不断提升服务区服务质量,满足广大出行者日益丰富的出行需求,2016 年 11 月 20 日 ~12 月 26 日,交通运输部组织对全国 29 个省(区、市)的 136 个(55 个百佳示范、45 个优秀、36 个达标)高速公路服务区以及海南省的 6 个高速公路服务区进行了暗访考核工作。建设与服务质量情况如下。

(一)示范服务区引领效果明显

从各地的检查情况看,百佳示范服务区和优秀服务区对于各地服务区服务质量的整体提升起到了明显的示范引领作用,切实起到了“比学赶超、全面提升”的效果。部分优秀服务区、达标服务区也配置了第三卫生间、冬季温水洗手、剩余停车位提示系统、充电站和加气站、免费 WiFi 等百佳示范服务区所必须配置的服务设施。

(二)个性化需求引领服务理念转型升级

各地高速公路服务区设施设备和服务水平更具人性化,体现以人为本的服务理念。百佳示范服务区及部分优秀服务区都设置有设施完备、功能齐全的第三卫生间、母婴室、残疾人停车位等设施。

> 河北香河服务区还设置了专门的司机休息室,母婴室配置了感应垃圾桶;安徽新桥服务区利用地位优势,积极延伸服务,设置了国内首个服务区候机楼,为候机人员及途径的驾乘人员提供了乘机服务;重庆大路、武隆服务区针对自驾群体推出自驾游服务中心,解决自驾车友的困难,拓展服务区的服务功能与品质。辽宁西海服务区等还设有女士停车位和残疾人停车位,为有需要的群众提供更加人性化的服务。

(三)用户体验推动服务内容不断向精细化迈进

各地高速公路服务区在持续完善原有服务内容的基础上,更加注重服务品质的提升,从精细化入手展现出诸多亮点。餐饮方面,除引进国内外知名品牌外,还推广了一批品种丰富的地方特色小吃。

> 河南鹤壁服务区设置的美食广场特色小吃品种丰富,价格合理,口味较好;广东通驿公司创建的“乐驿”、安徽驿达公司创办的“驿达万佳”等便利店品牌形象鲜明、商品陈列有序、经营规范,展现了良好的企业形象和行业形象,满足驾乘人员的多样化需求;山东日照服务区等还专门设置了进口商品(跨境电商)直营店,为社会公众提供购买进口商品的便利。

公共场区方面，部分省份立足地方文化、区域特色，打造特色鲜明的服务区。

> 内蒙古改扩建的服务区建筑整体外观与内部装饰彰显了文化与地域风情；北京北务服务区挡墙采用“长城”样式，将古代文明与现代精神完美结合，营造积极向上的服务区文化氛围。

（四）服务方式日趋规范，顾客满意度稳步提升

大部分服务区工作人员文明服务意识、综合素质显著增强，餐饮、便利店等营业场所均能做到“来有迎声、去有送声”，充分展现了交通运输行业良好形象。

七、社会化出行服务系统应用情况

2016年，公路出行服务以市场在资源配置中起决定性作用和更好发挥政府引领作用下，交通运输部门主动与互联网公司、电子地图公司开展合作，并利用信息资源优势依托“云计算”“大数据”等技术，向公众提供权威、精细化和个性化的公路出行信息服务，获得了出行者的认可。同时，相关省份积极入驻互联网媒体平台，信息发布渠道更加广泛。另外，在创新方面，部分省份实现与电信运营商、市民服务热线等平台信息交互，建立了与微信、支付宝的信息共享合作，为公众提供多元化服务，出行者获取信息的方式更加便利。

第八章 全国干线公路网应急保障工作情况及业务体系建设情况

2016 年,全国干线公路网运行总体正常,但是恶劣天气、地质灾害等自然灾害对局部公路网运行的影响较大,部分涉桥事故对局部路网的交通出行造成一定影响。全国公路部门勇于承担应急处置职责,成功应对了 2016 年年初霸王级寒潮、江苏盐城龙卷风冰雹特别重大灾害、南方多次大面积强降雨、新疆喀什叶城泥石流和青海杂多 6.2 级地震等多起重大公路交通突发事件,特别是在年初应对霸王级寒潮中首次启动公路交通突发事件Ⅰ级预警。

一、全国公路突发事件应急管理和应急处置能力建设情况

(一)公路应急管理体制机制建设

2016 年,公路应急管理体制机制建设迈上了稳步发展的快车道,国、省、市、县四级公路交通应急预案体系日趋完善,《公路交通突发事件应急预案》修订完善工作已经进入尾声;在跨部门和跨区域联动机制建设方面,部公路局会同路网中心以重要节假日和重大活动路网服务保障为契机,与气象部门搭建了音视频会商平台,建立了京津冀地区、长三角五省一市(浙江、上海、江苏、安徽、福建和江西)区域路网联席会议制度,为下一步推进部省联动机制建设、跨部门应急联合会商机制建立打下良好基础。

(二)公路应急能力建设

1. 应急救援队伍建设

公路基层应急能力不断提升,国省干线和高速公路应急救援队伍在突发事件应急过程中得到了锻炼和提升,公路应急抢通力量逐渐专业化和正规化。截至 2016 年底,北京、天津、山西、内蒙古、辽宁、吉林、黑龙江、江苏、浙江、安徽、江西、山东、湖北、广西、海南、云南、甘肃、青海、宁夏和新疆等 20 个省(区、市)已经组建了省级应急救援队伍。

部分省份高速公路和国省干线应急救援队伍情况如表 8-1 所示。

部分省份应急救援队伍概况

表 8-1

省　份	高速公路应急救援队伍（支）	国省干线应急救援队伍（支）
北京	11	24
天津	17	20
山西	73	11
内蒙古	8	12
辽宁	20	100
吉林	187	12
黑龙江	14	19
江苏	76	100
浙江	142	93
安徽	141	91
江西	12	11
山东	105	251
湖北	47	92
广西	130	93
海南	2	18
云南	12	16
甘肃	14	15
青海	3	40
宁夏	5	5
新疆	186	303

2. 应急装备物资储备

2016 年，继续推进国家区域性公路交通应急物资储备中心建设，具体建设进展情况如表 8-2 所示。全国多数省份公路管理部门已经建立了省、市、县三级应急物资储备体系，各省依据辖区公路突发事件的特点，储备了除雪、防汛、清障、装配式钢桥和公路抢修抢通等机械装备以及融雪剂、防滑料、沙袋等常用应急物资，同时，无人机、应急通信车、模块化桥、大功率航空发动机吹雪车等高端装备的储备大大提升了公路交通突发事件应急处置效率。

国家级区域性公路应急装备物资储备中心建设情况

表 8-2

省　份	选址位置	前　期	在　建	建　成
吉林	长春		▲	
黑龙江	北安市			▲

续上表

省　份	选址位置	前　期	在　建	建　成
浙江	杭州	▲		
山东	临沂	▲		
河南	郑州		▲	
湖南	岳阳			▲
广东	清远	▲		
四川	眉山	▲		
贵州	黔南		▲	
云南	昆明	▲		
西藏	拉萨		▲	
	昌都	▲		
陕西	西安	▲		
甘肃	兰州	▲		
青海	海南自治州	▲		
新疆	昌吉、阿克苏、喀什	规划方案修改完善		

(三)公路应急指挥平台建设

2016年,交通运输部交通运输综合应急指挥中心建成并投入使用,3月25日实现了中国海上搜救中心(应急办)、救捞局和路网中心三家单位的联合进驻。截至2016年底,各省已基本建成信息互通、协同高效的省级路网管理与应急处置平台,实现了对国家高速公路、国省干线公路重要路段、大型桥梁、长大隧道、大型互通式立交桥、收费站、治超站、服务区等重点监控目标的日常监测与监控,并集成公路交通安全信息,为公路突发事件应急处置提供支撑。全国多个省份通过公路交通应急指挥管理平台建设,开发省域交通地理信息系统、公路视频管理平台、应急储备物资数据库、突发事件实时报送系统及应急指挥系统等平台和系统,完善应急通信网络,充分发挥移动交通应急平台功能,加速提高应急处置的信息化水平。

二、2016年度国家公路交通军地联合应急演练情况

(一)总体情况

2016年9月18日至11月22日,交通运输部会同武警交通部队、四川省人民政府

在四川省绵阳市平武县成功举办了“2016年度公路交通军地联合应急演练”。此次演练模拟四川省绵阳市平武县发生6.5级地震，共设置了应急响应、灾情侦察判断、桥梁架设、巨石爆破清障、塌方体清除、滑坡清理、生命搜救与河道疏浚、堰塞湖排险、救灾物资运输等9个科目，使用了单兵图传设备、蟒式全地形两栖运输车、坦克底盘救援突击车、雷达生命探测仪、装甲防护挖掘机、远程遥控挖掘机、“龙吸水”大功率排水车等多种先进设备。通过本次为期两个月的应急演练，达到了完善应急指挥体系、锻炼军地应急救援队伍、磨合协调联动机制、检验应急预案、检验与展示新型装备、建立演练评估机制等各项预期目标。

（二）取得成效

“2016年度公路交通军地联合应急演练”取得的成效具体表现在以下几个方面：

1. 完善应急指挥体系

本次演练针对提前设定的演练目标，综合利用了多种演练形式，有针对性地选择演练地点，科学设计演练场景，通过“演”“练”结合，切实实现了检验应急预案、完善应急准备、锻炼应急队伍、磨合联动机制、加强科普宣教目的，完善了应急指挥体系。尤其是对于地震等涉及多层级、多部门、多主体的重大突发事件的交通运输保障，通过本次大型综合应急演练达到了有效协调指挥的目标。

2. 锻炼军地应急救援队伍

围绕本次演练的场景与科目设置，参演人员进行了为期45天左右的现场作业训练与展示准备工作，主要是在5个作业区开展现场实操与作业训练。以演代训对参演人员熟悉应急预案、掌握操作流程与规则、增强应急技能、提高装备使用技能等发挥了重要作用，充分锻炼了军地应急救援队伍。

3. 磨合协调联动机制

通过单科目应急演练，对不同队伍前期的训练情况做了检验的同时，磨合了部门与部门之间的联动机制；通过合成演练，以演代练，练演结合，发现并修正了在机制、流程、方案上存在的不足与问题，真正实现了军地、政企联合应对突发事件，加强了军地之间、政企之间、不同层级政府之间、政府各职能部门之间在应急响应上的协同与协作。

4. 检验应急预案

本次演练按照各级政府公路交通突发事件应急预案、武警交通部队道路抢通保通操作流程进行操作，通过演练对既有的应急预案进行了全面检查，暴露了现行应急预案中响应流程、应急物资储备等环节存在的不足，为下一步应急预案的修订工作指明了方向。

5. 检验与展示新型装备

本次演练应用了多项先进技术装备和信息化通信指挥手段。调用无人机执行空中勘察任务，采用新型爆破技术排除巨石，使用新型应急动力舟桥、150米机械模块化桥、51米应急机械化桥跨越不同条件地形，应用远程操控挖掘机和字母式大功率排水车排除堰塞体险情，在提升装备与技术应用水平的同时，也充分展现了当前公路应急处置的科技水平。

6. 建立演练评估机制

应急演练评估是演练不可或缺的组成部分，演练成效如何，包括演练存在的问题，有时难以通过参与单位人员反映出来。本次演练引入第三方评估，建立了应急演练评估机制，能够客观地反映演练成效，及时发现问题，对于改进应急处置工作具有一定价值。

三、公路突发事件应急处置情况

（一）大范围低温雨雪冰冻天气灾害

2016年1月21日至25日，受西西伯利亚强冷空气南下影响，我国遭受强寒潮天气袭击，全国气温大幅下降，并带来雨雪冰冻和大风，对生产生活造成较大影响。

部公路局和部路网中心采取四项应对措施：一是强化了组织领导体系，提前准备，与公安、气象等部门建立了多种形式的部门协作机制，积极开展研判，加强了路网运行监测工作，启动并发布Ⅰ级预警。二是加强组织协调，强化部省联动、省际协同。三是迅速行动，全面落实好队伍、人员、装备和物资，通过采取“除雪清障、重车碾压、路警开道、结队通行、限速限载、远端控制、多点疏散”等科学有效的除冰雪、保安全、保畅通的工作方法，有效防范了车辆严重拥堵和滞留现象发生。四是积极通过中央电视台、中央人民广播电台及地方电视、广播、交通服务热线、出行服务网、短信、微博、客户端以及可变情报板、收费广场提示牌等传统方式和新媒体渠道，及时向社会发布路网状况等信息，引导公众合理选择出行方式、时间和路线，安全出行。

（二）江苏境内阜宁龙卷风特别重大灾害

2016年6月23日14时许，江苏盐城市阜宁县、射阳县部分地区突发龙卷风冰雹严重灾害，造成重大人员伤亡和财产损失。此次风雹灾害中，江苏省公路沥青路面受损路段约50公里、桥梁防眩板受损3 375延米、护坡受损380立方米、塌方受损约2 270立方米、挡墙受损320立方米、护栏受损6 650米、路灯受损482盏、标志牌受损591块、行道树受损约7.8万株、养护站房损坏250平方米,直接经济损失约4 950万元。

灾害发生后,党中央、国务院高度重视。习近平总书记对江苏盐城龙卷风冰雹特别重大灾害做出重要指示,要求全力组织抢救受伤人员,最大限度减少人员伤亡。李克强总理就抢险救灾和灾害防范工作做出批示。24日11时,杨传堂部长在搜救中心值班室主持召开“研究部署江苏盐城龙卷风冰雹特大灾害抢险救灾工作”会议,部署了七项工作要求。一是加强领导,认真履行职责。全力配合开展伤员救治、物资运输工作,确保交通运输生命线畅通。二是公路局、路网中心等部门结合职责切实落实好抢险救灾的措施。三是公路局、运输服务司等部门要密切联系地方交通运输部门,及时给予支持指导,做好恢复重建工作。四是公路局、路网中心等部门要根据受灾情况,商财审司及时给予水毁公路资金支持。五是交通运输系统相关单位要在抢险救灾中保证人员自身安全。六是政研室、应急办、路网中心等部门要确保信息畅通,做好舆论引导和信息报送工作。七是要高度重视,加强值守,坚守岗位。

(三)云南境内渝昆高速水麻段多处发生山体滑坡、泥石流、塌方等自然灾害

2016年7月5日20时30分,云南境内渝昆高速公路(G85)水富至麻柳湾段K373+300~K374+400因暴雨发生泥石流,水麻高速全线多处发生不同程度山体滑坡、泥石流、塌方等自然灾害。截至7月7日凌晨2时,水麻高速全线共发生泥石流16处、塌方47处,约72 450立方米,其中超过3 000立方米的塌方、泥石流11处;路基冲毁3处;桥梁桩基受损1处;桥面铺装冲毁2处。

(四)西藏境内G318海通沟路段受灾交通中断

2016年7月24日6时许,西藏境内国道318线K3386(距金沙江大桥27公里)至K3404(距芒康县城26公里)段18公里路段受灾严重,K3399处约200米路基被冲毁,K3403处小桥被洪水淹没,K3404处大半幅路基垮塌、挡墙被冲毁。灾害发生后西藏自治区交通运输厅安排武警交通第二支队协调芒康县和竹巴笼公安检查站实施交通管制,同时就近组织20名保通人员、6台机械设备开展抢险保通作业。

(五)第10号台风“狮子山”造成吉林境内部分公路阻断

2016年8月29日至9月2日10时,受台风“狮子山”带来的集中降雨影响,吉林省延边自治州和龙、龙井、图们市境内沿图们江G331(丹阿线)近216公里范围内路段发生路基被掏空、路面塌陷、部分桥梁涵洞被冲毁、护坡坍塌、山体滑坡及泥石流等多处水毁,严重影响车辆通行。G302(珲阿线)珲春至图们段公路多处积水深达1.5米,G222

（嘉临线）、边防公路龙井段、和龙段，省道绥芬河至东清段等，以及大量农村公路受灾十分严重。灾情发生后，吉林省交通系统迅速行动，调动人力、物力投入抗洪抢险救灾和隐患排查，组织有经验的抢险技术人员，跨区域调动机械设备，全力推进被洪水冲毁路段的重点运输干线公路保通工作，并紧急拨付公路应急抢通资金。

（六）第21号台风“莎莉嘉”登陆，对海南和广东省路网运行造成影响

2016年第21号台风“莎莉嘉”于10月18日上午9点50分在海南省万宁市和乐镇沿海登陆，登陆时中心附近最大风力有14级。受其影响，海南境内S211儋州市丰收桥漫水段、临高县在建涵洞便道段、S306临高县美当加油站段、S317澄迈县大丰立交桥底下段发生路面积水，道路封闭；广东境内G15（沈海高速公路）湛江市麻章站至徐城站发生水淹路面，道路中断。当地公路部门为了行车安全采取双向封闭措施，组织人员、设备进行抢通。

第九章 免费通行情况

2016年是重大节假日免收小型客车通行费政策实施的第五年，春节、清明节、劳动节和国庆节四个重大节假日全国收费公路继续实施免收小型客车通行费政策，节假日首日零时至节假日最后一日24时，7座及以下载客车辆以及允许在普通收费公路行驶的摩托车免费通行。实行免费通行期间，各级交通运输主管部门采取有效措施，确保全国路网能够整体有效运行，提高收费站通行效率，同时确保ETC车道正常有效使用。

交通运输部门采取多项措施，确保全面做好小型客车免费通行工作：一是收费站采取增加免费专用通道及“入口不发卡，出口抬杆放行”的快速通行模式，提高通行效率，确保车辆快速、平稳、有序通过收费站；二是加强与气象、公安等相关部门的进一步合作与工作联动，强化恶劣天气的预测预警，加强对重点路段的交通疏导和秩序维护，提前制订分流和绕行方案，及时发布出行信息，确保路网正常运行；三是充分利用广播、电视及微博、微信、客户端等新媒体平台，多渠道、多形式发布路况信息，做好出行信息服务工作。

一、节假日免费通行情况

(一)2016年重大节假日小型客车免费通行期间路网运行总体特征分析

根据“重大节假日免费通行数据报送系统”统计分析，2016年春节、清明节、劳动节和国庆节四个重大节假日小型客车免费通行期间，全国收费公路交通流量达75 060.43万辆，收费公路交通流量日均达3 753.02万辆。其中，高速公路交通流达68 346.05万辆，日均达3 417.3万辆；高速公路小型客车交通流量达60 323.17万辆，占高速公路交通流量总数的88.3%，日均达3 016.16万辆。

四个重大节假日中，交通流量排名与2015年相同，为国庆节、春节、劳动节、清明节，其中国庆节和春节交通流量最大，高速公路交通流量分别为27 015.71万辆和19 406.25万辆，与2015年同比分别增长10.95%和9.43%。具体如图9-1所示。

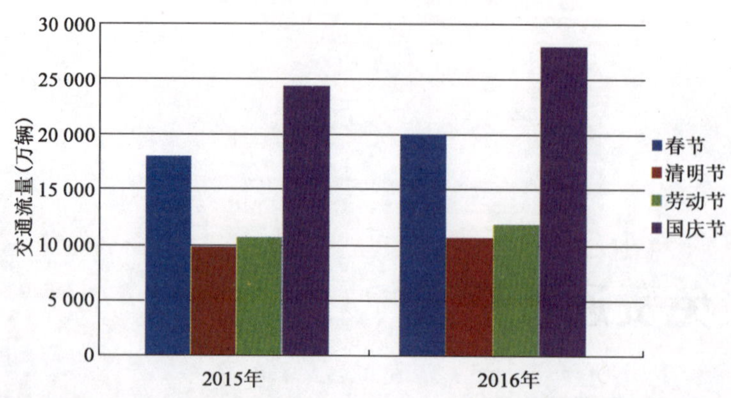

图 9-1　2015～2016 年度重大节假日小型客车免费通行期间交通流量总量对比

四个重大节假日中,日均交通流量排名与 2015 年相同,劳动节达到 4 249.19 万辆位列第一,国庆节为 4 226.52 万辆位列第二;与 2015 年同比分别增长了 9.9% 和 10.95%。具体如图 9-2 所示。

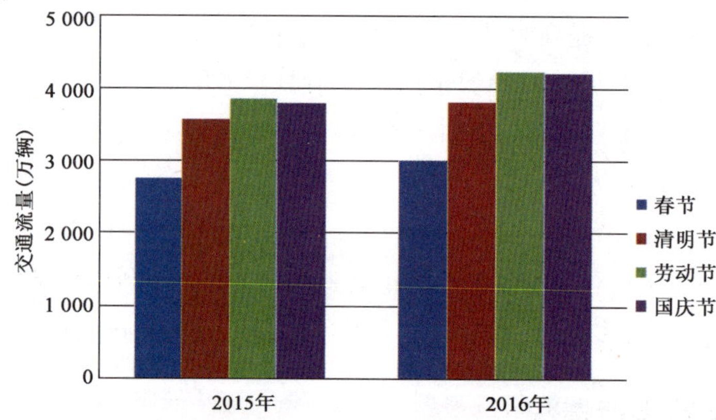

图 9-2　2015～2016 年度重大节假日小型客车免费通行期间日均交通流量对比

此外,四个重大节假日小型客车免费通行期间,高速公路小型客车交通流量占比均在 80% 以上,其中,与 2015 年略有不同,春节高速公路小型客车交通流量占比最高,达到 95.02%。具体情况如表 9-1 所示。

2016 年重大节假日免费通行期间路网交通流量　表 9-1

节假日	春节	清明节	劳动节	国庆节
收费公路交通流量总量(万辆)	21 202.96	11 524.26	12 747.58	29 585.63
收费公路交通流量日均(万辆)	3 028.99	3 841.42	4 249.19	4 226.52
日均同比增长(%)	9.43	7.11	9.90	10.95
高速公路交通流量总量(万辆)	19 406.25	10 371.29	11 552.80	27 015.71
高速公路交通流量日均(万辆)	2 772.32	3 457.10	3 850.93	3 859.39

续上表

节假日	春节	清明节	劳动节	国庆节
日均同比增长(%)	11.31	8.60	11.43	14.62
高速公路小型客车交通流量总量(万辆)	18 440.17	8 833.15	10 003.70	23 046.15
高速公路小型客车交通流量日均(万辆)	2 634.31	2 944.38	3 334.57	3 292.31
日均同比增长(%)	11.92	8.54	10.78	2.19
高速公路小型客车总流量占总量比(%)	95.02	85.17	85.51	85.31

(二)春节长假期间路网运行特征分析

2016年春节期间公众出行目的地更为多元,出行时间和出行路线安排更趋理性。春节是我国的传统节日,为了能及时赶回家中团聚,远在外地的公众有部分提前返乡,致使除夕交通量明显回落。除夕成为整个春节假期的交通量最低点,也是春运以来交通量的最低点,节前分流现象较往年更为明显。在2016年春节期间,除了通常的探亲聚会外,中短途的旅游、休闲度假、民俗体验等出行活动更为普遍。从大年初二开始,就出现短途出行集中的情况,交通流的"潮汐"现象明显。其中大年初三成为假期中段的出行高峰,城市周边热点景区附近公路出入口压力较大。公众错峰出行意识进一步凸显,从大年初四开始出现返程车流增加的情况。

2013~2016年春节期间,高速公路交通流量总量与高速公路小型客车交通流量总量均呈连续上升趋势,但2016年增速有所放缓。高速公路交通流量总量分别为12 506.73万辆、14 441.59万辆、17 433.92万辆和19 406.25万辆,与上一年度同比分别增长15.47%、20.72%和11.31%。高速公路小型客车交通流量总量分别为11 498.59万辆、13 408.4万辆、6 476.71万辆和18 440.17万辆,与上一年度同比分别增长16.61%、22.88%和11.92%。高速公路小型客车交通流量增幅大于高速公路交通流量增幅。具体如图9-3所示。

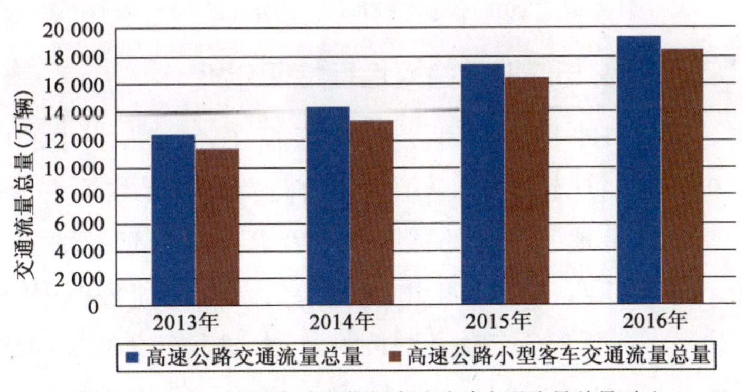

图9-3 2013~2016年春节期间高速公路交通流量总量对比

(三)清明小长假期间路网运行特征分析

2016年清明小长假期间，以祭扫、踏青为主要出行目的的中短途出行特点十分突出。假期首末两日为出行高峰，交通量呈“马鞍形”(M形)分布特征以及日交通量“潮汐式”的分布特征。小长假期间，东北地区出现降雪，南方大部分地区出现降雨天气，吉林、黑龙江、湖北、安徽、湖南、江西等省受雨雪天气影响，部分高速公路局部路段短时封闭，但未对公路出行造成严重影响。

2013～2016年清明节期间，高速公路交通流量总量及高速公路小型客车交通流量总量呈连续上升趋势，但2016年增速下降明显。高速公路交通流量总量分别为6 887.6万辆、8 034.26万辆、9 549.57万辆和10 371.29万辆，与上一年度同比分别增长16.65%、18.86%和8.6%。高速公路小型客车交通流量总量分别为5 579.4万辆、6 643.15万辆、8 137.92万辆和8 833.15万辆，与上一年度同比分别增长19.07%、22.5%和8.54%。高速公路小型客车交通流量增幅大于高速公路交通流量增幅。具体如图9-4所示。

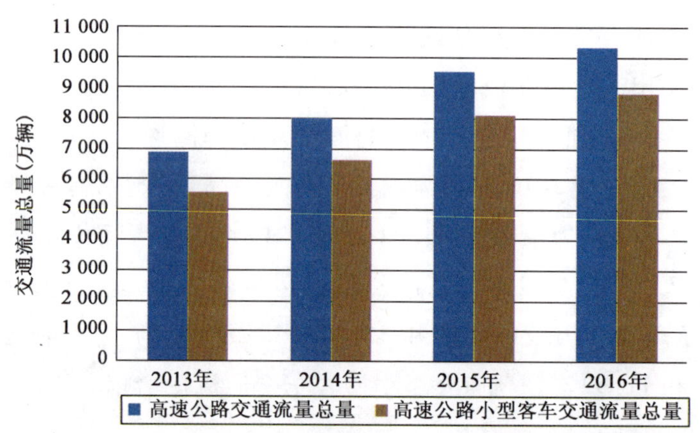

图9-4 2013～2016年清明节期间高速公路交通流量总量对比

(四)“五一”劳动节小长假期间路网运行特征分析

2016年“五一”劳动节小长假期间，以旅游度假、探亲访友为主的中短途交通流量增长幅度较大，且时段相对比较集中，全国高速公路及国省干线车流量呈现不规则“V”字形特征。江南、华南部分地区出现的强降水以及新疆部分地区的沙尘天气对公路出行造成不利影响。福建、江西、湖南、四川、贵州等省部分高速公路因降雨短时封闭，但对路网通行影响不大。小型客车交通量增长明显，大型客车交通量同比下降，由于不同车型之间性能差异较大，在大交通量条件下混行，安全运行的风险较高，对小客车免费通行的保障工作提出了更高的要求。

2013～2016 年劳动节期间，高速公路交通流量总量及高速公路小型客车交通流量总量呈连续上升趋势，但 2016 年高速公路小型客车交通流量总量增速下降明显。高速公路交通流量总量分别为 7 439.06 万辆、8 789.76 万辆、10 367.52 万辆和 11 552.8 万辆，与上一年度同比分别增长 18.16%、17.95% 和 11.43%。高速公路小型客车交通流量总量分别为 6 036.22 万辆、7 491.12 万辆、9 030.43 万辆和 10 003.7 万辆，与上一年度同比分别增长 24.1%、20.55% 和 10.78%。高速公路小型客车交通流量增幅大于高速公路交通流量增幅。具体如图 9-5 所示。

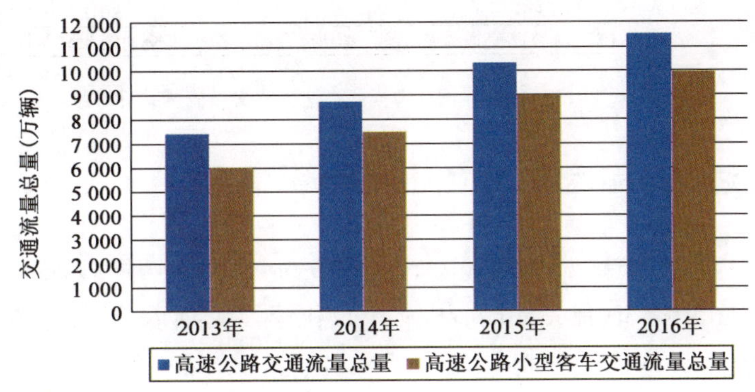

图 9-5　2013～2016 年劳动节期间高速公路交通流量总量对比

(五)"十一"国庆长假期间路网运行特征分析

2016 年国庆假期公众公路出行需求保持旺盛，小型客车长途跨省自驾出行流量较大。路网交通量时空分布不均。车流量与拥堵主要集中在京津冀、长三角、珠三角、成渝等地区。全国路网运行交通流量同比增长，但增幅回落。长假中后期大雾、降雨天气对车辆返程造成一定影响，特别是江苏、安徽、江西等省连续多日出现大雾天气，部分高速公路夜间至次日上午反复采取封闭或限行措施，造成部分路段下午至晚间返程高峰交通流量激增，运行压力较大。货运车辆受货运需求积压量与运价增长多重因素影响出现较大增幅，且增幅高于小型客车增长幅度。

2013～2016 年国庆节期间，高速公路交通流量总量及高速公路小型客车交通流量总量呈连续上升趋势，但 2016 年高速公路小型客车交通流量总量增速下降非常明显，只有 2.19%。高速公路交通流量总量分别为 18 577.36 万辆、21 074.8 万辆、23 570.03 万辆和 27 015.71 万辆，与上一年度同比分别增长 13.44%、11.84% 和 14.62%。高速公路小型客车交通流量总量分别为 15 419.21 万辆、17 820.39 万辆、22 551.18 万辆和

23 046.15万辆，与上一年度同比分别增长15.57%、26.55%和2.19%。高速公路小型客车交通流量增减幅度大于高速公路交通流量增减幅度。具体如图9-6所示。

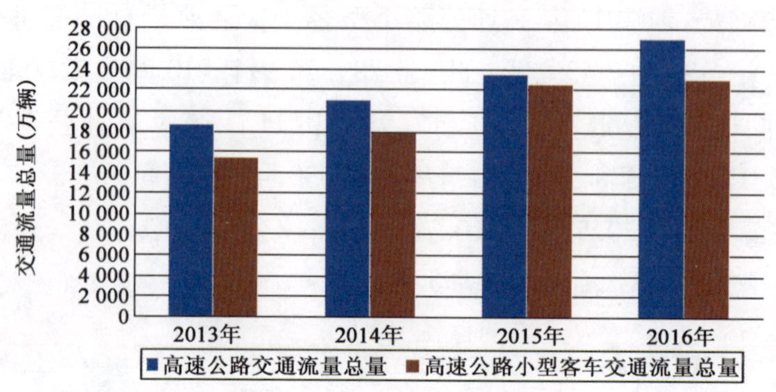

图9-6　2013～2016年国庆节期间高速公路交通流量总量对比

二、全国鲜活农产品运输"绿色通道"服务情况

自2005年起，交通运输部会同农业部、商务部、公安部、国务院纠风办、发展改革委、财政部等部门指导各地有关部门，积极开通和建设鲜活农产品运输"绿色通道"，落实相关优惠政策，服务鲜活农产品运输。从多年来的实际执行情况看，运行情况良好。目前，纳入《鲜活农产品品种目录》，享受免缴车辆通行费政策的鲜活农产品，包括新鲜蔬菜、新鲜水果、鲜活水产品、新鲜的肉蛋奶、活的畜禽等5个大类、24个分类、146个具体品种或类别，基本满足了群众的日常生活需要。

2010～2015年，全国收费公路分别免收鲜活农产品运输车辆通行费130亿元、172亿元、197亿元、226亿元、248亿元和281亿元。2016年，交通运输部继续督促各地严格执行鲜活农产品运输"绿色通道"政策，确保整车合法装载鲜活农产品车辆免缴车辆通行费并优先便捷通行，全年鲜活农产品运输车辆减免通行费329.8亿元，占全年通行费减免总额的47.9%。

第十章 全国收费公路网联网收费与服务情况

一、全国高速公路电子不停车收费(ETC)联网运营概况

2016 年,全国 ETC 联网运营工作在基础设施、用户总量、联网交易、用户服务、社会效益等 5 个方面取得显著的成效。

一是基础设施日渐完善。截至 2016 年底,全国 29 个省(区、市)累计建成收费站 7 898个、ETC 车道 1.64 万条、各类服务网点 3.71 万个、服务终端 3.01 万个,这些基础设施的建成为方便公众出行、提升服务质量提供了有力保障。

二是用户总量显著增加。全网用户由 2015 年底的 2 912.54 万户增至 2016 年底的4 520.62万户,同比增长 55.21%,用户总量月均增长 134 万户。在全网 4 520.62 万用户中,合作代理网点发展用户数量超过了 70%,合作代理网点已成为拓展用户的重要渠道。

三是联网交易快速增长。2016 年 12 月已联网省份总交易量达到 7.73 亿笔,同比增长 21.66%;非现金交易量达到 2.45 亿笔,同比增长 38.17%;跨省清分结算交易量达到 0.33 亿笔,同比增长 83.72%。联网交易快速增长的同时,越来越多的公众选择 ETC 作为收费公路通行费的支付方式。

四是用户服务不断优化。2016 年已联网省份拓展了 ETC 网上营业厅、手机 APP、微信等线上服务渠道,为用户带来更好的使用体验。全网越来越多的省(区、市)进一步完善了呼叫中心建设,截至 2016 年底,已有 13 个省份建立独立呼叫中心,15 个省份与相关单位合用呼叫中心,整体提升了客户服务水平和沟通效率。

五是社会效益逐步显现。ETC 的快速发展有效缓解收费站交通拥堵、节约能耗、减少污染物排放。经初步测算,2016 年全国 ETC 联网运行节约车辆燃油约 8.69 万吨,能源节约效益约 7.39 亿元;减少氮氧化物排放约 206.43 吨,碳氢化合物排放约 688.11

吨,一氧化碳排放约2.58万吨。实施ETC所带来的能耗与排放的减少,是其外部效益在能源环境方面的重要体现。

二、运营数据统计

(一)基础设施情况

2016年全网29个省(区、市)新建收费站490个、ETC车道[1]711条,新增各类服务网点11 965个、服务终端3 183个,基础设施相关指标情况变化见表10-1。

基础设施相关指标情况变化表 表10-1

序号	基础设施指标	计量单位	2016年数据	2015年数据	变化情况
1	收费站	个	7 898	7 408	↑6.61%
2	ETC车道	条	16 372	15 661	↑4.54%
3	主线收费站覆盖率	%	98.78	98.85	↓0.07%
4	匝道收费站覆盖率	%	91.73	90.23	↑1.5%
5	自营服服网点	个	1 108	1 074	↑3.17%
6	合作代理网点	个	36 017	24 086	↑49.53%
7	服务终端	个	30 145	26 962	↑11.81%

(二)用户发展情况

截至2016年底,全网用户总量达到4 520.62万户,其中客车4 202.95万户,占ETC用户总量的92.97%,货车228.93万户,占ETC用户总量的5.06%,其他占1.97%,客车ETC用户总量发展势头迅猛。全网用户总量发展情况见表10-2和图10-1。

全网用户总量发展情况表 表10-2

序号	用户发展投机倒把	计量单位	2016年数据	2015年数据	增长率
1	ETC用户总量	万户	4 520.62	2 912.54	↑55.21%
2	客车用户总量	万户	4 202.95	2 790.84	↑50.60%
3	货车用户总量	万户	228.93	79.46	↑188.11%
4	其他	万户	88.74	42.24	↑110.06%

注:“其他”为联网前发行的不记名卡。

[1] ETC车道数=ETC专用车道数+混合车道数。

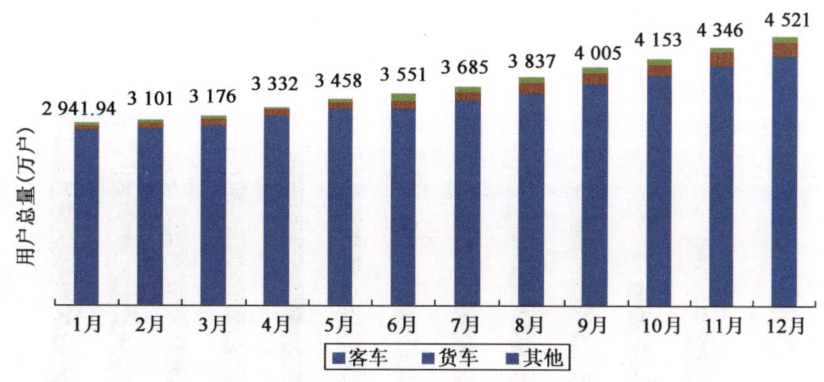

图 10-1　2016 年全网每月用户发展情况

（三）联网区域交易

2016 年，全网总交易量 88.34 亿笔，非现金交易量 25.77 亿笔，跨省清分结算总交易量 3.49 亿笔，联网区域交易指标变化情况详见表 10-3。

联网区域交易指标变化情况表　　表 10-3

序号	联网区域交易指标	计量单位	2016 年月均值	2015 年 10～12 月均值	增长率
1	总交易量	亿笔	7.36	6.11	↑20.48%
2	非现金交易量	亿笔	2.15	1.64	↑30.92%
3	跨省清分结算交易量	亿笔	0.29	0.18	↑63.03%

注：全国 ETC 联网于 2015 年 9 月 28 日成功实现，相关联网数据从 10 月起统计，因此此处采用 2016 年全年月均值与 2015 年 10～12 月月均值进行比较。

1. 总交易情况

2016 年，已联网省份总交易量为 88.34 亿笔；全网每月交易量见图 10-2。

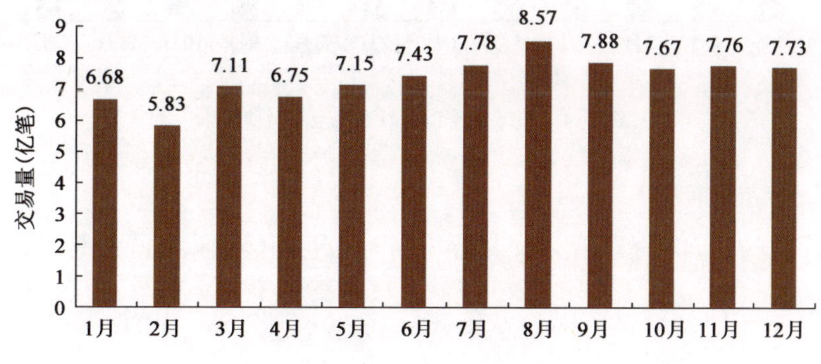

图 10-2　2016 年全网每月交易量

2. 非现金交易情况

2016 年，已联网省份非现金交易总量达到 25.77 亿笔；全网每月非现金交易量见图 10-3。

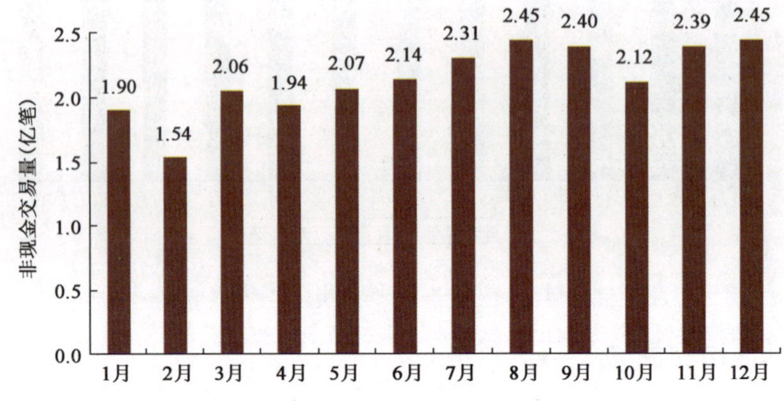

图 10-3　2016 年全网每月非现金交易量

3. 非现金支付使用率

2016 年，月均非现金支付使用率达到 29.17%，远远超过 20% 的目标值[1]。全网每月非现金支付使用率如图 10-4 所示。

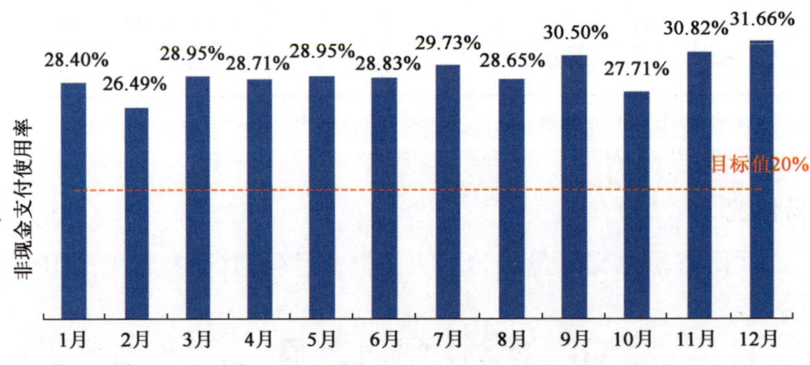

图 10-4　2016 年全网每月非现金支付使用率

4. 跨省清分结算情况

2016 年，已联网省份跨省清分交易量 3.49 亿笔；联网区域每月跨省清分结算交易量见图 10-5。

---

[1] 交公路发〔2014〕64 号文提出，到 2015 年底非现金支付使用率目标值要达到 20%。

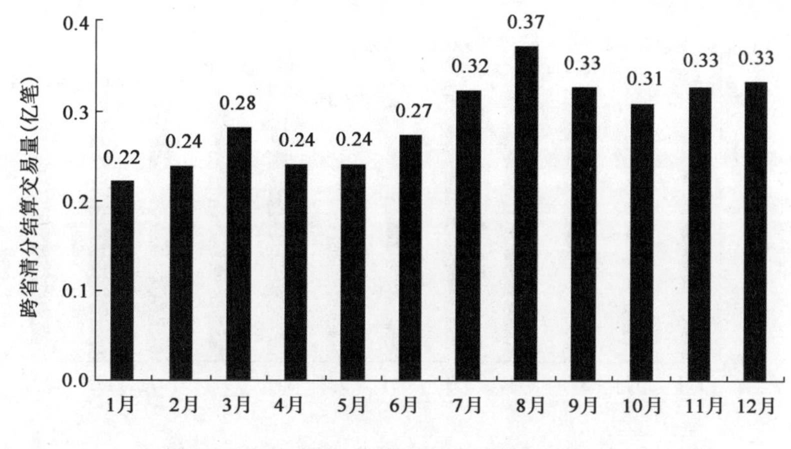

图 10-5 2016 年联网区域每月跨省清分结算交易量

(四)用户服务情况

1. 客服系统建设情况

全国联网以来,随着 ETC 用户数量快速增长,各省(区、市)积极加快客服系统建设,不断提高服务能力。截至 2016 年底,已有 13 个省份建立独立呼叫中心,15 个省份与相关单位合用呼叫中心;除已建成的全国 ETC 门户网站外,已有 25 个省份也分别建成独立的省级 ETC 网站;18 个省份开通手机 APP 功能、19 个省份开通公众微信号、4 个省份开通微博、3 个省份开设网店(包括天猫、淘宝、京东等)。

2. 投诉处理

2016 年,全网共受理跨省用户投诉 3 262 起,结案 3 195 起,结案率为 97.95%。全网月均跨省投诉处理及时率为 96.25%,全网月均跨省投诉服务质量事故率为十万分之 0.71。全网用户服务指标变化情况详见表 10-4。

全网用户服务指标变化情况表 表 10-4

序号	用户服务指标	计量单位	2016 年月均值	2015 年 10 ~ 12 月均值	增长率
1	跨省投诉受理	起	272	158	↑72.15%
2	跨省投诉结案	起	266	158	↑68.35%
3	跨省投诉结案率	%	97.95	100.00	↓2.05%
4	投诉处理及时率	%	96.25	97.08	↓0.83%
5	服务质量事故率	十万分之一	0.71	0.37	↑91.89%

注:全国 ETC 联网于 2015 年 9 月 28 日成功实现,相关联网数据从 10 月起统计,因此此处采用 2016 年全年月均值与 2015 年 10 ~ 12 月月均值进行比较。

2016 年全网每月跨省投诉处理及时率如图 10-6 所示。

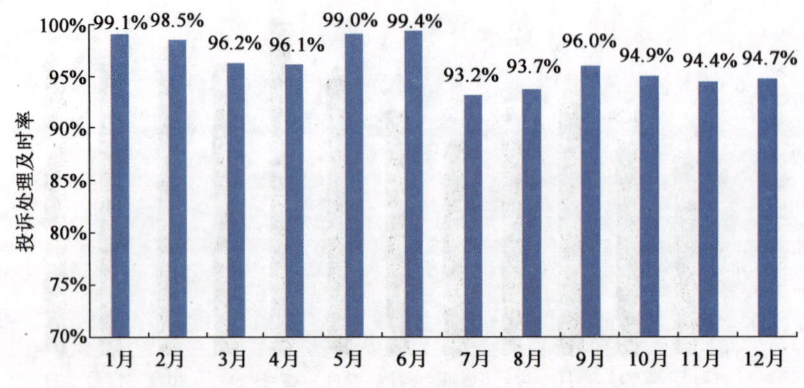

图 10-6　2016 年全网每月跨省投诉处理及时率

2016 年全网每月服务质量事故率(本省责任造成的各类投诉和事故数量/本省总服务次数)如图 10-7 所示。

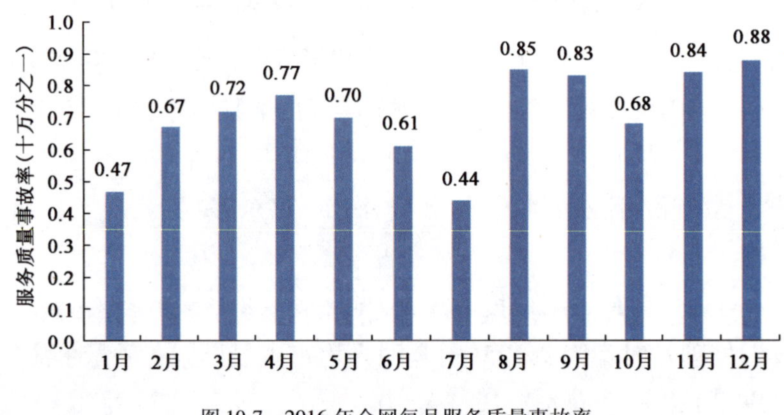

图 10-7　2016 年全网每月服务质量事故率

三、运营数据分析

(一)基础设施分析

截至 2016 年底,全国联网 29 个省(区、市)主线收费站 ETC 车道覆盖率未达到 100% 的省份共计 3 个,分别为黑龙江(92.31%)、青海(88.89%)和内蒙古(76.92%);匝道收费站 ETC 车道覆盖率未达到 90% 的省份共计 7 个,分别为青海(82.4%)、云南(72.7%)、广西(72.1%)、内蒙古(55.6%)、山西(49.6%)、黑龙江(20.5%)和新疆(0%)。各省份 ETC 车道覆盖率情况见图 10-8 和图 10-9。

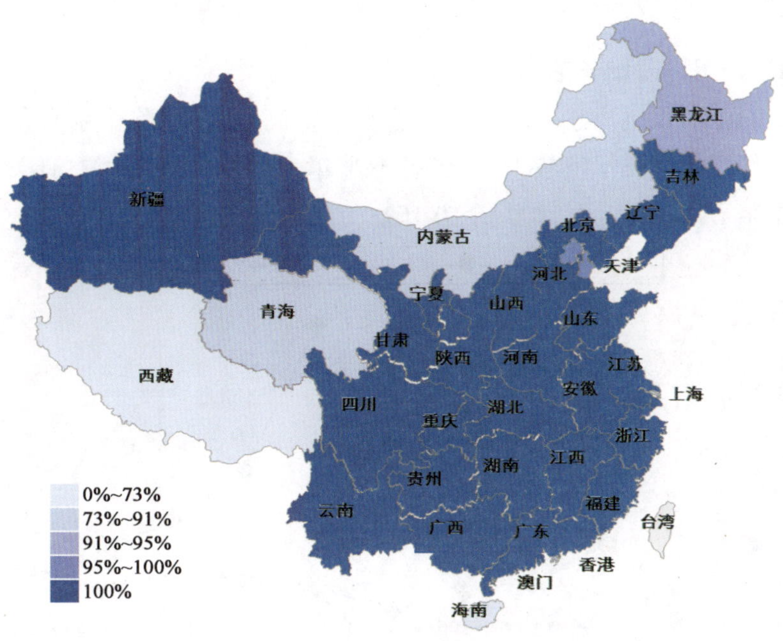

图 10-8 2016 年各省主线收费站 ETC 车道覆盖率

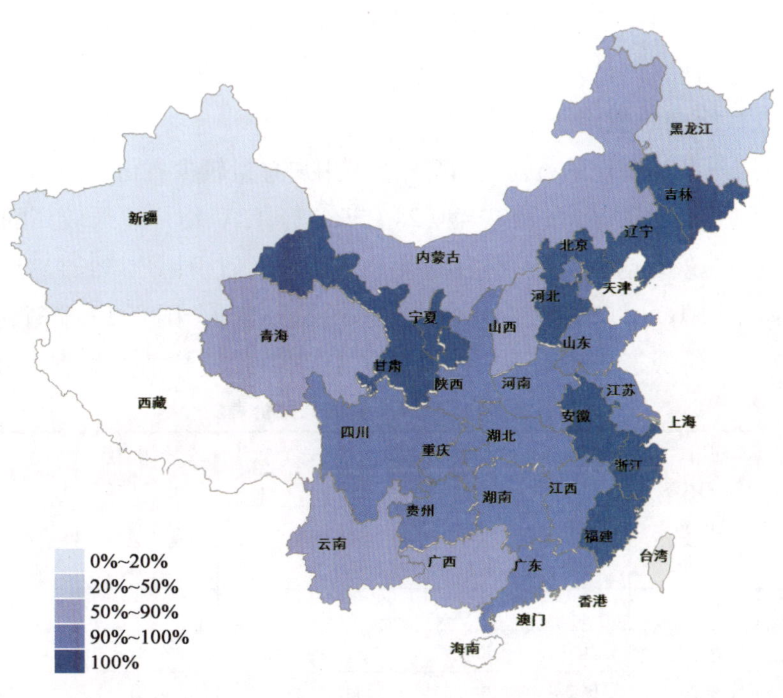

图 10-9 2016 年各省匝道收费站 ETC 车道覆盖率

(二)用户发展分析

1. 全国 ETC 用户月增长趋势分析

2016 年,全国 ETC 用户总量的增幅与客车增幅高度接近,除个别月份外几乎一致;货车用户自 5 月开始增长幅度较大,与各省下半年大力发展货车用户有关,且直至年底一直高于客车用户增长率。具体见图 10-10。

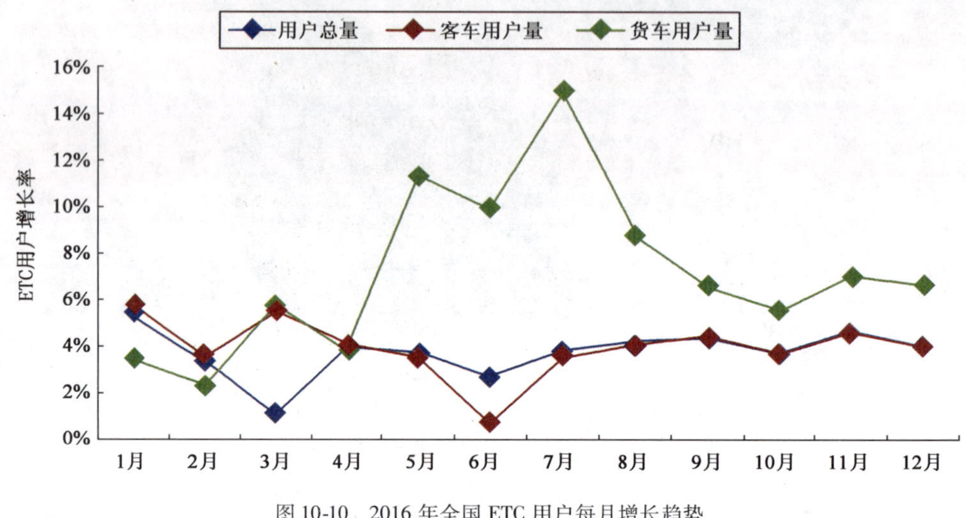

图 10-10　2016 年全国 ETC 用户每月增长趋势

注:由于 3 月份统计口径变更,该月数据变动幅度较大。

2. 各省 ETC 用户总量增长分析

全网 ETC 用户高速增长的省份,全部来源于用户总量较少省份,如新疆(80.56%)、黑龙江(35.64%)、内蒙古(30.61%)和广西(28.25%)等,ETC 用户总量较高的省份中,月均增长率除河北、山东外普遍偏低,说明 ETC 用户总量较大省份用户增长趋势减缓。

2016 年,全国 ETC 用户总量平均增长率达到 3.73%,全国有 19 个省份超过全国平均水平,有 10 个省份低于平均水平。各省 ETC 用户总量增长情况见表 10-5。

各省 ETC 用户总量增长分析表　　表 10-5

序号	省份	全网用户年增长率(%)	省份	用户总量(万户)	序号	省份	全网用户年增长率(%)	省份	用户总量(万户)
1	新疆	80.56	广东	572.65	7	浙江	5.69	浙江	209.92
2	黑龙江	35.64	江苏	428.02	8	吉林	5.34	湖南	195.08
3	内蒙古	30.61	河北	351.54	9	云南	5.21	安徽	185.16
4	广西	28.25	山东	303.92	10	河北	4.87	四川	182.47
5	河南	8.86	北京	289.03	11	江西	4.61	湖北	167.01
6	贵州	7.94	陕西	247.14	12	湖北	4.59	江西	152.07

续上表

序号	省份	全网用户年增长率(%)	省份	用户总量(万户)	序号	省份	全网用户年增长率(%)	省份	用户总量(万户)
13	山东	4.51	云南	142.63	22	陕西	3.15	甘肃	56.02
14	四川	4.41	贵州	133.00	23	上海	3.09	吉林	33.66
15	甘肃	4.40	河南	132.81	24	辽宁	2.95	新疆	33.02
16	天津	4.20	辽宁	131.37	25	北京	2.94	内蒙古	27.58
17	重庆	4.17	山西	117.34	26	江苏	2.28	青海	18.53
18	安徽	4.17	福建	106.41	27	青海	1.85	广西	16.53
19	广东	4.06	重庆	103.02	28	宁夏	1.02	宁夏	14.44
20	山西	3.45	上海	102.90	29	湖南	0.58	黑龙江	11.15
21	福建	3.42	天津	56.21	全国均值		3.73	全国均值	4 520.62

(三)联网区域交易分析

1. 总交易情况分析

2016年全网总交易量为88.34亿笔,其中客车总交易量为68.62亿笔,占总交易量的77.70%,货车总交易量为19.72亿笔,占22.30%;客车总交易金额占全网总交易金额的比重为45.19%,货车总交易额占比达到54.81%,如图10-11所示。

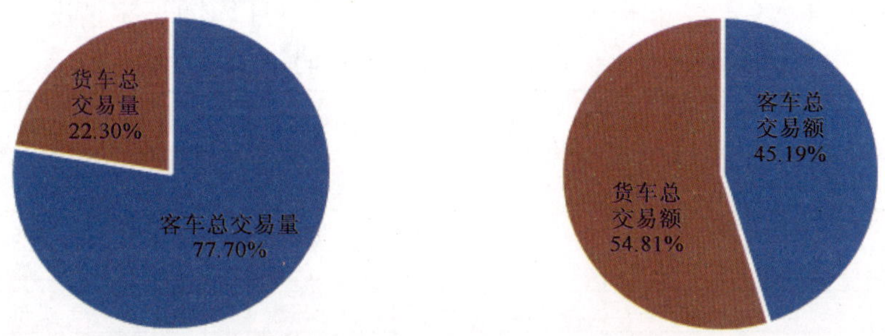

图10-11 2016年全网总交易情况

由图10-11可知,2016年全网总交易量以客车交易量为主,全网总交易额以货车交易额为主,因此全网非现金支付使用率提升的关键在于鼓励更多的客车选择ETC作为通行费支付方式,提升非现金支付金额比重需要大力提升货车使用ETC的比例。

2. 非现金交易情况分析

(1)客货车非现金交易量趋势

客车非现金交易量在节假日免费期政策期间有明显下降,暑运期间交易量明显较大。货车非现金交易量基本呈逐月增长趋势。2016年,全网客货车每月非现金交易量增长趋势见图10-12。

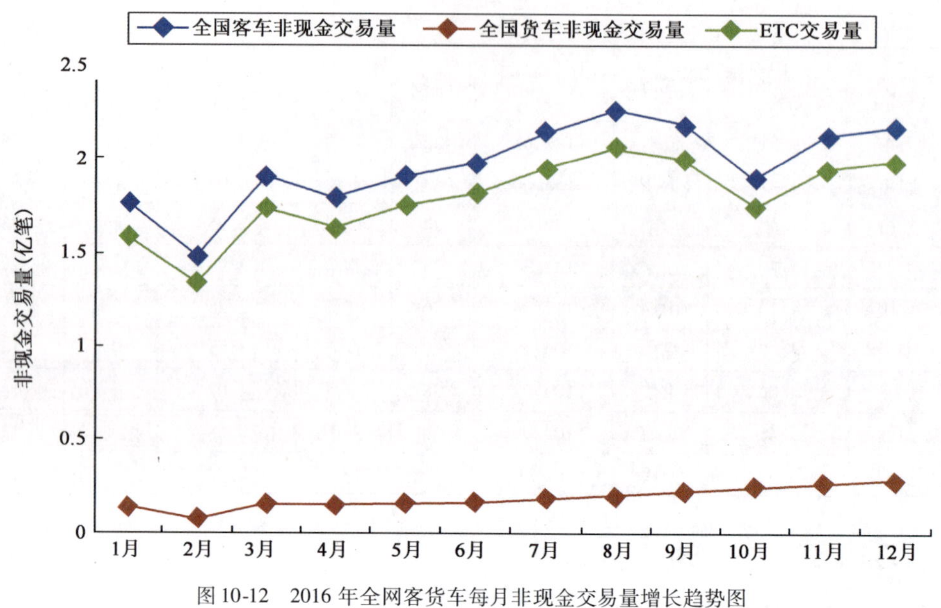

图 10-12　2016 年全网客货车每月非现金交易量增长趋势图

(2)各省客车非现金交易量月均增长率情况

大部分客车用户数月均增长率较高的省份,其路网内非现金交易量月均增长率亦较高,如新疆(39.2%)、内蒙古(11.5%)、黑龙江(18.0%)等,体现了这两个指标增长的一致性。2016 年,各省客车非现金交易量与客车用户月均增长率情况见表 10-6。

2016 年各省客车非现金交易量与客车用户月均增长率情况表　　表 10-6

序号	省份	路网内客车非现金交易量年增长率(%)	省份	本省客车用户量年增长率(%)	序号	省份	路网内客车非现金交易量年增长率(%)	省份	本省客车用户量年增长率(%)
1	新疆	39.2	新疆	85.65	16	湖北	2.7	湖北	4.11
2	黑龙江	18.0	黑龙江	35.64	17	辽宁	2.6	安徽	4.09
3	广西	15.5	内蒙古	30.57	18	安徽	2.5	贵州	4.07
4	内蒙古	11.5	广西	28.25	19	广东	2.4	福建	3.63
5	河南	5.5	河南	9.24	20	北京	2.1	山西	3.33
6	吉林	4.0	浙江	5.67	21	河北	2.1	广东	3.29
7	云南	3.6	山东	5.59	22	上海	1.9	上海	3.11
8	山西	3.5	吉林	5.34	23	福建	1.8	辽宁	2.95
9	贵州	3.4	云南	5.16	24	重庆	1.5	陕西	2.76
10	宁夏	3.2	河北	5.02	25	天津	1.5	江苏	2.26
11	甘肃	2.9	江西	4.92	26	江西	1.3	北京	2.23
12	浙江	2.9	四川	4.41	27	青海	1.2	青海	1.83
13	山东	2.9	甘肃	4.39	28	江苏	1.1	宁夏	1.07
14	四川	2.8	天津	4.23	29	湖南	0.6	湖南	0.57
15	陕西	2.7	重庆	4.16	全国均值		2.4	全国均值	3.95

(3)各省货车非现金交易量月均增长率情况

由于各省货车ETC用户发展情况差异较大且发展不均衡,导致部分省份出现货车用户量增长率较高,但非现金交易量月均增长率不高的情况,如北京(5.0%)、陕西(8.3%)、内蒙古(15.0%)等。同时,也存在路网内货车用户发展年增长率不高,但非现金交易量月均增长率较高的情况,如吉林(50.4%)、青海(42.7%)、新疆(24.3%)、四川(23.5%)等。2016年,各省货车非现金交易量与货车用户月均增长率情况见表10-7。

2016年各省货车非现金交易量与货车用户月均增长率情况表 表10-7

序号	省份	路网内货车非现金交易量年增长率(%)	省份	本省货车用户量年增长率(%)	序号	省份	路网内货车非现金交易量年增长率(%)	省份	本省货车用户量年增长率(%)
1	吉林	50.4	内蒙古	97.06	16	陕西	8.3	江苏	2.70
2	青海	42.7	贵州	64.42	17	浙江	8.1	江西	2.66
3	新疆	24.3	北京	27.33	18	天津	7.0	湖南	1.69
4	四川	23.5	陕西	24.66	19	河北	6.5	福建	1.33
5	山西	18.7	山西	13.12	20	云南	6.3	新疆	1.09
6	宁夏	18.4	湖北	11.17	21	江西	5.2	上海	-0.50
7	广西	17.2	浙江	7.40	22	北京	5.0	天津	-0.74
8	贵州	16.0	广东	7.24	23	江苏	4.6	宁夏	-14.66
9	内蒙古	15.0	河北	6.98	24	福建	3.6	河南	—
10	湖北	13.3	重庆	6.67	25	山东	3.1	吉林	—
11	甘肃	13.1	青海	6.57	26	广东	2.7	四川	—
12	河南	13.1	云南	6.53	27	重庆	1.8	广西	—
13	湖南	11.5	安徽	6.46	28	黑龙江	0.0	辽宁	—
14	安徽	9.5	甘肃	5.55	29	上海	-0.9	黑龙江	—
15	辽宁	8.9	山东	2.82	全国均值		5.7	全国均值	7.12

3. 非现金支付使用率分析

2016年12月全网非现金支付使用率为31.66%,超过目标值11%。重庆、北京、江苏等22个省(区、市)超过目标值❶,各联网省份非现金支付使用率排名情况见图10-13。

❶ 交公路发〔2014〕64号文提出,到2015年底非现金支付使用率目标值要达到20%。

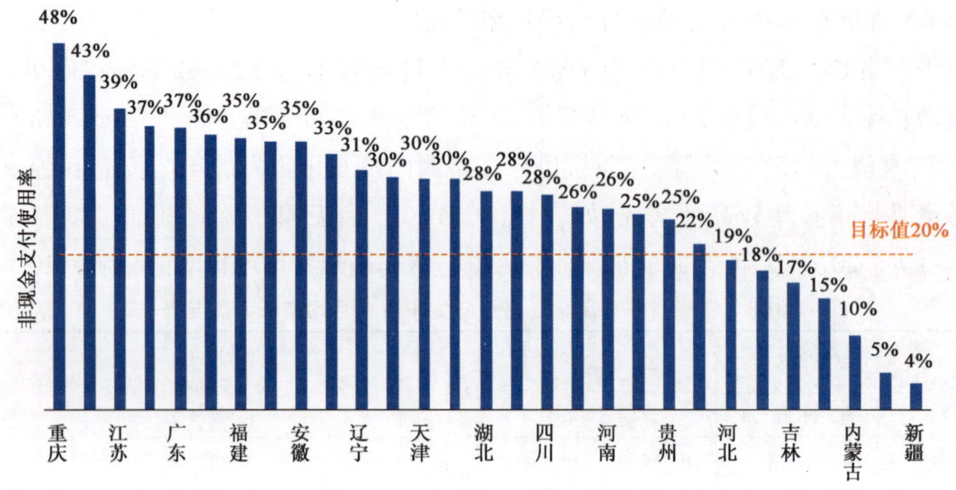

图 10-13　2016 年 12 月各联网省份非现金支付使用率排名情况

4. 跨省清分结算分析

2016 年,全网跨省清分结算交易量为 3.49 亿笔,服务方跨省 ETC 交易量前三名为河北、江苏、上海,发行方跨省 ETC 交易量江苏、山东、北京位列前三名。ETC 交易量具体排名情况见图 10-14 和图 10-15。

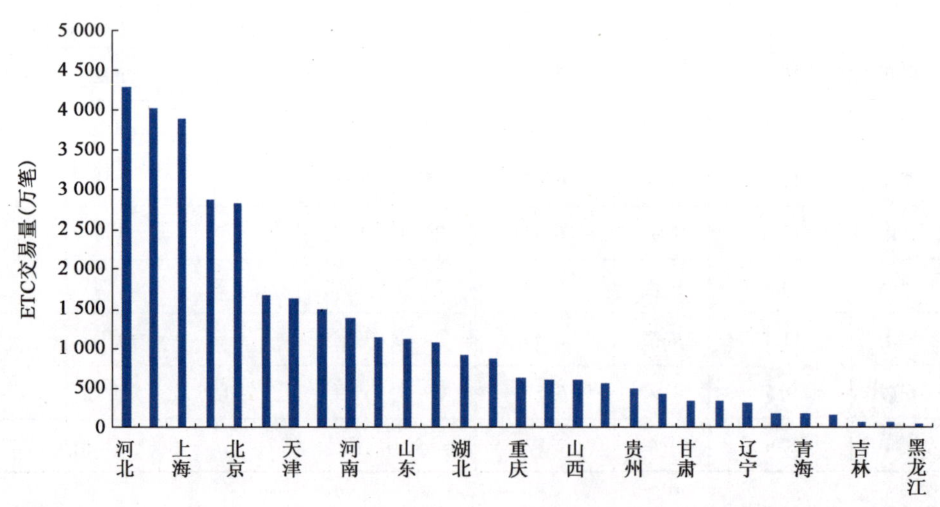

图 10-14　服务方跨省 ETC 交易量排名情况

(四)用户服务水平分析

1. 分省跨省投诉处理及时率

2016 年,全网跨省投诉处理及时率平均值为 94.59%,各省具体情况如图 10-16 所示，其中四川、广西、河北等12个省(区、市)处于跨省投诉处理及时率平均值之上，能够较为及时处理与本省相关的投诉。

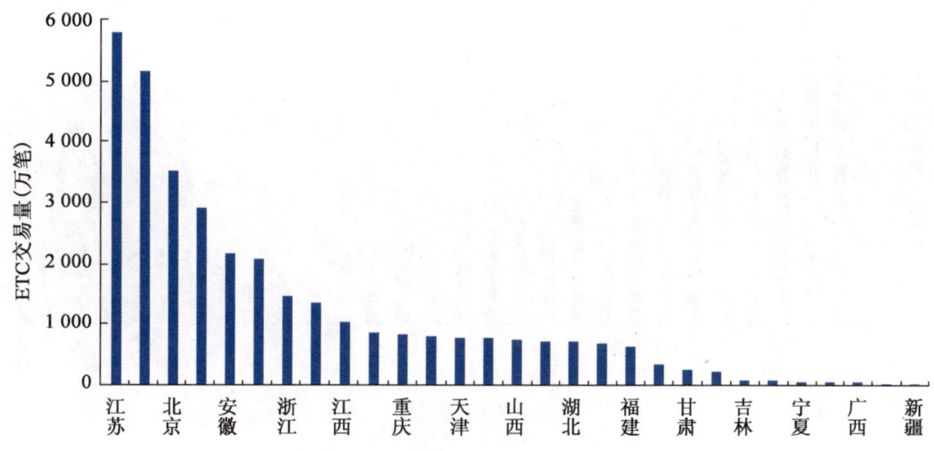

图10-15 发行方跨省ETC交易量排名情况

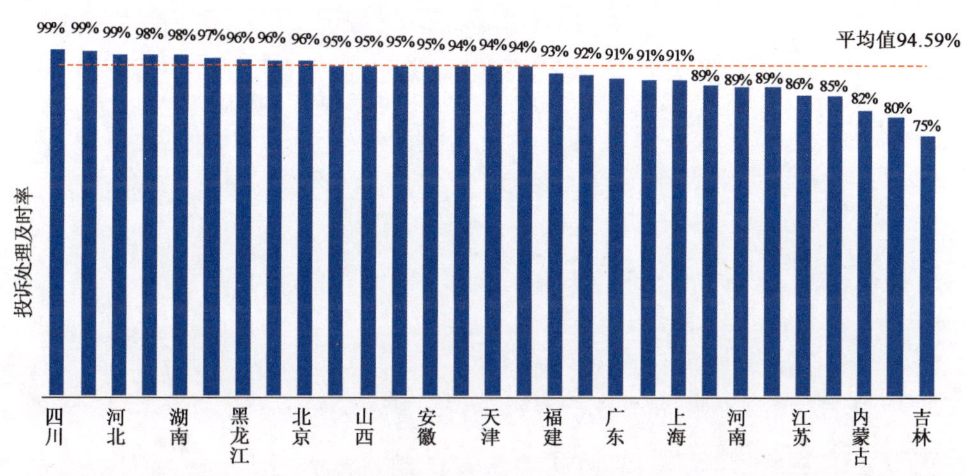

图10-16 分省跨省投诉处理及时率

注:2016年6月路网中心对跨省投诉处理及时率进行了修正,此图显示的为下半年情况。

2. 分省跨省投诉服务质量事故率

2016年，全网跨省投诉服务质量事故率平均值为0.72，各省具体情况如图10-17所示，其中四川、河北、黑龙江等10个省(区、市)超过平均值，服务质量还有进一步提升的空间。

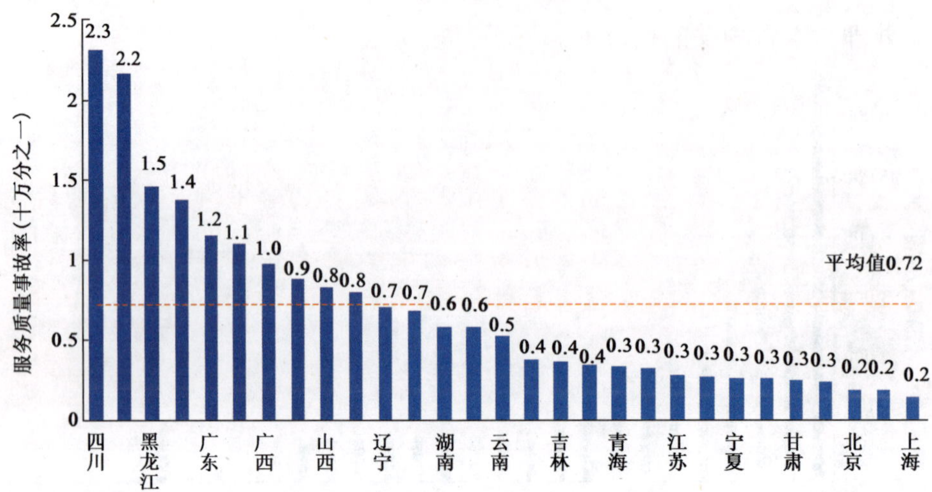

图 10-17　分省跨省投诉服务质量事故率

附录A 全国路网运行监测设施一览表

高速公路网运行监测设施一览表

附表 A-1

序号	区域	省份	车辆检测器	交通量调查设备	路段、桥梁沿线摄像机	隧道摄像机	收费站、服务区摄像机(不含收费车道)	单要素/多要素气象监测站	桥梁健康监测系统	隧道健康监测系统	上下边坡监测系统	地基沉降监测系统
1	华北	北京	651	78	1 275	174	557	49	6	0	0	0
2		天津	69	60	376	73	288	32	10	0	0	
3		河北	540	663	5 780	2 769	789	190	4	0	0	0
4		山西	355	74	1 368	6 943	666	9	5	0	1	
5		内蒙古	56	67	1 417	146	959	32	2	0	0	0
6	东北	辽宁	438	75	1 046	1 529	853	45	6	0	0	0
7		吉林	220	36	550	1 180	268	42	1	0	0	0
8		黑龙江	156	73	1 532	27	360	53	3	0	0	0
9	华东	上海	646	134	858	230	267	40	7	1	1	0
10		江苏	241	109	3 960	84	3 312	302	19	0	1(无)	0
11		浙江	841	115	4 434	4 094	1 370	127	50	5	4	0

续上表

序号	区域	省份	车辆检测器	交通量调查设备	路段、桥梁沿线摄像机	隧道摄像机	收费站、服务区摄像机(不含收费车道)	单要素/多要素气象监测站	桥梁健康监测系统	隧道健康监测系统	上下边坡监测系统	地基沉降监测系统
12	华东	安徽	472	98	1 052	1 390	850	198	4	0	5	0
13		福建	823	79	2 584	10 096	2 375	30	9	0	67	1
14		江西	428	28	1 021	2 044	532	71	2	0	12	3
15		山东	376	277	4 265	366	1 193	54	7	1	1	0
16	华中	河南	640	0	2 350	876	7 377	79	6	0	1	0
17		湖北	559	62	880	4 477	1 453	99	8	0	1	0
18		湖南	4 656	129	1 234	2 685	603	133	6	1	4	1
19	华南	广东	399	141	2 336	2 034	1 629	23	6	0	0	0
20		广西	0	2	280	1 596	1 272	8	3	0	16	1
21		海南	43	23	248	0	12	3	1	0	0	0
22	西南	重庆	442	11	994	7 122	4 501	90	13	3	5	0
23		四川	1 094	79	1 373	6 166	2 573	463	6	1	14	2
24		贵州	1 101	105	623	7 608	518	130	5	0	1	0
25		云南	310	164	1 815	720	470	22	8	0	0	0
26		西藏	0	0	48	13	0	0	0	2	0	0
27	西北	陕西	603	115	2 099	6 536	893	0	5	0	1	0
28		甘肃	663	101	1 244	3 758	433	14	0	0	1	0
29		青海	38	13	475	693	1 291	107	0	0	0	0
30		宁夏	63	34	177	387	133	7	2	0	0	0
31		新疆	311	80	609	124	1 244	47	1	0	0	0

普通国省干线公路网运行监测设施一览表

附表 A-2

序号	区域	省份	车辆检测器	交通量调查设备	路段、桥梁沿线摄像机	隧道摄像机	收费站、服务区摄像机(不含收费车道)	单要素/多要素气象监测站	桥梁健康监测系统	隧道健康监测系统	上下边坡监测系统	地基沉降监测系统
1	华北	北京	282	635	574	104	0	33	6	0	0	0
2		天津	0	192	277	0	0	1	0	0	0	0
3		河北	466	342	5 731	991	793	199	0	0	0	0
4		山西	683	29	971	3 870	603	0	0	0	0	0
5		内蒙古	24	83	120	40	24	0	0	0	0	0
6	东北	辽宁	0	485	231	44	0	4	2	0	0	0
7		吉林	0	269	0	0	52	0	0	0	0	0
8		黑龙江	0	95	0	0	0	0	0	0	0	0
9	华东	上海	79	192	227	0	0	4	0	0	0	0
10		江苏	571	361	742	136	133	2	8	0	0	0
11		浙江	0	379	259	613	48	0	5	0	0	0
12		安徽	237	306	305	12	38	0	6	4	0	0
13		福建	0	185	714	91	13	0	1	0	0	0
14		江西	0	215	249	6	0	0	1	0	0	0
15		山东	694	122	1 698	119	139	1	6	0	0	0

续上表

序号	区域	省份	车辆检测器	交通量调查设备	路段、桥梁沿线摄像机	隧道摄像机	收费站、服务区摄像机(不含收费车道)	单要素/多要素气象监测站	桥梁健康监测系统	隧道健康监测系统	上下边坡监测系统	地基沉降监测系统
16	华中	河南	0	316	92	0	0	1	1	0	0	0
17		湖北	0	275	74	32	106	0	0	0	0	0
18		湖南	13	33	300	13	18	0	2	2	0	0
19	华南	广东	0	213	185	15	60	0	4	0	0	0
20		广西	0	120	19	0	81	0	0	0	0	0
21		海南(没有数据,用2015年数据)	0	12	200	12	0	0	0	0	0	0
22	西南	重庆	0	166	543	116	0	0	0	0	0	0
23		四川	0	246	0	0	0	0	0	0	0	0
24		贵州	0	74	161	1	1	0	0	0	0	0
25		云南	0	115	90	283	162	0	1	0	0	0
26		西藏	0	71	36	0	0	0	0	0	0	0
27	西北	陕西	14	45	32	0	0	6	0	0	0	0
28		甘肃	236	95	41	102	71	4	4	0	0	0
29		青海	132	88	118	50	22	18	0	0	0	0
30		宁夏	0	51	0	0	0	0	0	0	0	0
31		新疆	17	303	15	34	222	17	0	3	0	0

附录B 2016年全国公路出行服务系统一览表

（含ETC，数据截至2016年底）

省份	服务类别	名称	运营管理和维护单位/合作对接单位	年度运行和服务情况/合作形式与频率	备注
北京	出行服务网站或网页	北京市交通委员会网站	北京市交通委员会	年发布信息3 130条	
		北京市公路出行信息服务网站	北京市交通委员会路政局		全市普通公路视频截图发布
		首发高速出行网	北京市首都公路发展集团有限公司		
		北京速通科技有限公司网站	北京速通科技有限公司		
		华北高速公路股份有限公司高速服务网页	华北高速公路股份有限公司		
	新浪认证微博	交通北京	北京市交通委员会	年发布信息12 269条	
		北京路政bjlz	北京市交通委员会路政局	年发布信息932条	重点发布有关公众出行的服务型信息
		北京市路网中心	北京市道路路网管理与应急处置中心	年发布信息1 500条	发布与公众出行相关的服务型信息

续上表

省份	服务类别	名　称	运营管理和维护单位/合作对接单位	年度运行和服务情况/合作形式与频率	备　注
北京	微信公众号	北京交通	北京市交通委员会	年发布信息 1 640 条	
		北京交通订阅号	北京市交通委员会		
		路网快报	北京市道路路网管理与应急处置中心	年发布信息 19 条	
		首都高速	北京市首都公路发展集团有限公司		
		速通卡	北京速通科技有限公司		
		华北京津塘	华北高速公路股份有限公司		高速路况、路况图片、高速服务
	移动客户端	北京路况交通眼	北京市交通委员会		
		北京交通	北京市交通委员会	年发布信息 916 条	
		北京服务您	北京市交通信息中心		
		乐速通	北京速通科技有限公司		
	客服电话	010 – 12328 交通服务监督电话	北京市交通委员会		
		010 – 96108 北京路政服务热线	北京市交通委员会路政局	年话务量 28 089 次	坐席数 13 个
		010 – 96011 首发集团服务热线	北京市首都公路发展集团有限公司		
		010 – 58021111 京津塘高速公路客服热线	华北高速公路股份有限公司		
	广播电视等媒体服务与合作	北京交通广播(FM103.9)	北京市交通委员会		有直播间
		中国交通广播(FM99.6)	北京市道路路网管理与应急处置中心		人员进驻 TOCC 进行整点连线
		腾讯大燕网“交通缓堵我来说两句”大讨论平台	北京市交通委员会		
	社会化合作	高德软件有限公司	北京市交通委员会路政局		

续上表

省份	服务类别	名　称	运营管理和维护单位/合作对接单位	年度运行和服务情况/合作形式与频率	备　注
天津	出行服务网站或网页	天津市交通运输委员会公众出行服务系统	天津市交通运输委员会		路况信息、出行线路查询、基础设施查询、出行费用查询等
		天津公路网站	天津市公路处		支持手机/平板访问
		天津市高速公路出行服务网	天津市高速公路管理处		支持手机/平板访问，有手机WAP网站
		天津 ETC	天津市高速公路联网收费管理中心		
		天津高速	天津市高速公路经营开发有限公司		
	新浪认证微博	天津交通	天津市交通运输委员会	年发布信息 4 907 条	
		天津路政	天津市公路处	年发布信息 637 条	
		天津高速公路	天津市高速公路管理处	年发布信息 4 652 条	
		天津高速 ETC	天津市高速公路联网收费管理中心		
		天津路网	天津市市政公路管理局		
	微信公众号	天津路政	天津市公路处	年发布信息 30 条	
		天津高速公路	天津市高速公路管理处	年发布信息 80 条	
		天津高速 ETC（订阅号）	天津市高速公路联网收费管理中心		
		天津高速联网收费（服务号）	天津市高速公路联网收费管理中心		
		天津高速	天津市高速公路经营开发有限公司		
	移动客户端	天津高速通	天津市高速公路管理处		
		天津高速 ETC	天津市高速公路联网收费管理中心		

续上表

省份	服务类别	名称	运营管理和维护单位/合作对接单位	年度运行和服务情况/合作形式与频率	备注
天津	客服电话	022－88908890	天津市政府		
		022－12328	天津市交通运输委员会		
		022－24139801	天津市公路处		1.路况咨询;2.业务投诉
		022－12122	天津市高速公路管理处		
		4007554007	天津市高速公路联网收费管理中心		ETC业务咨询与投诉受理
	广播电视等媒体服务与合作	中国交通广播	天津市高速公路路网信息服务中心	每天早晨,中午,下午连线/重大节假日连线	
		天津交通广播	天津市高速公路路网信息服务中心	每天不定时即时路况信息/重大节假日连线	
		天津电视台	天津市高速公路路网信息服务中心	重大节假日连线、采访	
	社会化合作	今日头条/一点资讯/天天快报/腾讯新闻	天津市高速公路路网信息服务中心	日常路况信息发布,突发事件发布,节假日、突发事件出行特征、绕行路线等	
		凯立德导航	天津市高速公路路网信息服务中心	日常路况信息发布、绕行路线等	
		一直播	天津市高速公路路网信息服务中心		
河北	出行服务网站或网页	河北省交通运输厅公众服务网页	河北省交通运输厅		
		河北省高速公路出行信息服务网	河北省高速公路管理局指挥调度中心		支持,有手机WAP网站,含ETC服务
		河北高速	河北省高速公路管理局指挥调度中心		ETC信息查询、账户查询等
		河北省高速公路管理局官网	河北省高速公路管理局		
	新浪认证微博	河北高速96122	河北省高速公路管理局指挥调度中心	年发布信息46 714条	为用户发布实时高速公路信息,目前有关注人数24.8万人

续上表

省份	服务类别	名　称	运营管理和维护单位/合作对接单位	年度运行和服务情况/合作形式与频率	备　注
河北	腾讯认证微博	河北高速96122	河北省高速公路管理局指挥调度中心	年发布信息46 714条	为用户发布实时高速公路信息，目前有关注人数13.27万人
	微信公众号	燕赵行	河北省交通运输厅		
		河北高速	河北省高速公路管理局指挥调度中心		
	移动客户端	河北高速通	河北省高速公路管理局指挥调度中心		
		尚高速	河北交投智能交通技术有限责任公司		
	客服电话	0311－12328	河北省高速公路管理局指挥调度中心	年话务量1 546.65万个	坐席数18个
		0311－96122			含ETC服务
		0311－12122	河北省高速公路管理局		
	广播电视等媒体服务与合作	河北广播电台FM99.2	河北省高速公路管理局指挥调度中心	每天8:00～19:00整点播报	监控中心与电台连线播报
		河北广播电台FM104.3	河北省高速公路管理局指挥调度中心	每天8:30和18:30播报	监控中心与电台连线播报
		河北广播电台FM90.7	河北省高速公路管理局指挥调度中心	每天7:15播报	监控中心与电台连线播报
		中国交通广播FM101.2	河北省高速公路管理局指挥调度中心	提供实时路况信息，不定时进行连线视频直播	有
		河北电视台经济频道	河北省高速公路管理局指挥调度中心	不定时	现场连线或录播
		河北卫视	河北省高速公路管理局指挥调度中心	不定时	现场连线或录播
	社会化合作	腾讯大燕网	河北省高速公路管理局指挥调度中心	不定时做连线直播	

续上表

省份	服务类别	名　称	运营管理和维护单位/合作对接单位	年度运行和服务情况/合作形式与频率	备　注
山西	出行服务网站或网页	山西高速网站	山西省高速公路管理局		支持手机/平板访问
		山西省公路局官网	山西省公路局		
		山西省高速公路不停车收费运营服务中心网站	山西省交通信息公司不停车收费运营服务中心		ETC 重要通知、ETC 产品介绍、查询消费明细等
	新浪认证微博	山西省交通运输厅	山西省交通运输厅		
	微信公众号	山西高速公众服务	山西省高速公路管理局	年发布信息 18 500 条	实时路况、路况地图、其他服务
		山西高速 ETC	山西省交通信息公司不停车收费运营服务中心		ETC 相关信息发布与咨询
	客服电话	0351－12328			
		0351－12122	山西省高速公路管理局	年话务量 308 750 次	坐席数 34 个，路警联合
		0351－7337793	山西省交通信息公司不停车收费运营服务中心		ETC 服务
	广播电视等媒体服务与合作	山西交通广播	山西省高速公路管理局	整点、半点、随时播报	
		太原交通广播	山西省高速公路管理局	整点、半点、随时播报	
		山西综合广播	山西省高速公路管理局	随时（每 15 分钟播报一次）	
		山西农村广播	山西省高速公路管理局		
		太原新闻广播	山西省高速公路管理局	整点、半点、刻钟、随时播报	
		太原私家车广播	山西省高速公路管理局	一刻、三刻、随时播报	
内蒙古	出行服务网站或网页	内蒙古自治区交通运输厅网站	内蒙古自治区交通运输信息中心		
		内蒙古高速	内蒙古自治区高等级公路建设开发有限责任公司		公司管辖高速公路最新路况

续上表

省份	服务类别	名　称	运营管理和维护单位/合作对接单位	年度运行和服务情况/合作形式与频率	备　注
内蒙古	出行服务网站或网页	内蒙古自治区 ETC 服务网站	内蒙古高速公路联网收费结算管理服务中心		
		ETC 蒙逭卡客服网站	内蒙古畅捷高速公路联网收费结算有限公司		
	新浪认证微博	内蒙古自治区交通运输厅	中国交通报驻内蒙古记者站、内蒙古自治区交通运输信息中心	年发布信息 50 条	新闻宣传
	微信公众号	内蒙古交通运输厅	中国交通报驻内蒙古记者站、内蒙古自治区交通运输信息中心	年发布信息 150 条	新闻宣传、出行服务
		内蒙古公路局	内蒙古自治区公路局	年发布信息 42 条	政务信息、路况信息
		内蒙高速	内蒙古高等级公路建设开发有限责任公司	年发布信息 1 168 条	最新路况
		内蒙古高速公路电子不停车收费	内蒙古畅捷高速公路联网收费结算有限公司	年发布信息 16 条	
		内蒙古高速公路服务平台	内蒙古畅捷高速公路联网收费结算有限公司		线上客户服务、最新路况
		蒙通卡	内蒙古畅捷高速公路联网收费结算有限公司		
		ETC 内蒙金驰	内蒙古高速金驰科技有限公司		
	移动客户端	畅捷云	内蒙古畅捷高速公路联网收费结算有限公司		
	客服电话	0471－12328	内蒙古自治区交通运输信息中心	年话务量 203 146 次	坐席数 26 个，路况及路径查询
		0471－968858	内蒙古自治区交通运输信息中心		坐席数 3 个
		0471－12122	内蒙古自治区联网结算中心	年话务量 194 547 次	坐席数 14 个，含 ETC 服务

续上表

省份	服务类别	名　称	运营管理和维护单位/合作对接单位	年度运行和服务情况/合作形式与频率	备　注
内蒙古	广播电视等媒体服务与合作	—			
辽宁	出行服务网站或网页	辽宁省交通厅政务网站出行服务网页/频道	辽宁省交通厅/信息中心		支持，有手机WAP网站
		辽宁交通出行网	辽宁省交通厅信息总站		
		辽宁省12328网站	辽宁省交通运输厅信息中心		
		辽宁省公路网路况查询网页	辽宁省交通厅信息总站		
		辽宁省高速公路出行服务网	辽宁省高速公路管理局		
		辽宁省智慧高速出行网	辽宁省交通投资集团		
		辽宁省高速公路网有限责任公司出行服务栏目	辽宁省高速公路有限责任公司		
		辽宁省交通厅门户网站高速公路管理局子站	辽宁省高速公路管理局		
		辽宁省高速公路电子收费运营管理中心网站	辽宁省高速公路管理局		
		辽宁省高速公路电子收费运营管理中心网站	辽宁省高速公路运营管理有限责任公司	试运行	
	新浪认证微博	辽宁交通	辽宁省交通厅	年发布信息2 920条	
		辽宁高速	辽宁省高速公路运营管理有限责任公司	年发布信息315条	实时路况、节假日通行指南
		辽宁公路	辽宁省交通厅公路管理局	年发布信息148条	实时路况
		辽宁高速管理	辽宁省高速公路路政管理局		

续上表

省份	服务类别	名　称	运营管理和维护单位/合作对接单位	年度运行和服务情况/合作形式与频率	备　注
辽宁	新浪认证微博	辽宁运输	辽宁省交通厅运输管理局		
		辽宁高速建设	辽宁省高等级公路建设局		
		辽宁路政	辽宁省公路路政管理局		
	微信公众号	辽宁交通公众出行一站通	辽宁省交通厅		
		辽宁高速	辽宁省高速公路管理局		
		辽宁高速 ETC	辽宁省高速公路管理局		
		辽宁高速通	辽宁省高速公路运营管理有限责任公司		
		辽宁 ETC	辽宁省高速公路运营管理有限责任公司		
	移动客户端	公众出行	辽宁省交通厅		
		辽宁高速通	辽宁省高速公路运营管理有限责任公司		
	客服电话	024－12328	辽宁省交通厅		
		024－96122	辽宁省交通厅运输管理局		车辆救援服务
		024－12122			
		024－96199	辽宁省高速公路运营管理有限责任公司	年话务量236.7万次	坐席数17个
	广播电视等媒体服务与合作	沈阳电视台新闻频道	辽宁省高速公路管理局		监控指挥中心设有直播平台
		辽宁广播电视台交通广播 FM97.5	辽宁省高速公路运营管理有限责任公司、辽宁省交通厅公路管理局	常驻合作，固定时间连线，特殊天气、节假日或突发事件随时连线发布	广播直播间，公用
		辽宁广播电视台交通广播 FM98.6	辽宁省交通厅公路管理局		广播直播间，公用

续上表

省份	服务类别	名称	运营管理和维护单位/合作对接单位	年度运行和服务情况/合作形式与频率	备注
辽宁	社会化合作	高德地图	辽宁省高速公路运营管理有限责任公司		
		百度/高德/腾讯等或相关机构	辽宁省高速公路管理局		
		研究所/辽宁省综合运输平台	辽宁省交通运输厅信息中心	如综合运输信息发布、出行常识、公路知识等	
吉林	出行服务网站或网页	吉林省交通运输厅网站	吉林省交通运输厅	客运网上售票、民意互动栏目、媒体看交通	支持手机/平板访问
		吉林省交通公众出行服务网	吉林省交通运输厅	电子地图	支持手机/平板访问
		吉林省公路客票网	吉林省运输管理局	客运网上售票	支持手机/平板访问
		吉林省公路管理局网站	吉林省公路管理局	出行服务、计重收费、建议投诉	支持手机/平板访问
		吉林省高速公路管理局网站	吉林省高速公路管理局		支持手机/平板访问
		吉林省高速公路出行信息服务网	吉林省高速公路管理局	电子地图、通行费查询	支持手机/平板访问
		吉林省高速公路管理局 ETC 客服网站	吉林省高速公路管理局	ETC 账户及相关业务查询	支持手机/平板访问
		吉林省高速公路集团有限公司网站	吉林省高速公路集团有限公司	企业资讯与文化	支持手机/平板访问
		吉林高速公路股份有限公司网站	吉林高速公路股份有限公司	企业资讯与文化，投资者关系相关数据与报表	支持手机/平板访问
	新浪认证微博	吉林交通	吉林省交通运输厅	年发布信息 2 032 条	全省路网天气和路况信息
		吉林高速路况 121222	吉林省高速公路管理局	年发布信息 2 126 条	
	微信公众号	吉林高速	吉林省高速公路管理局	年发布信息 1 460 条	
		吉林高速通	吉林省高速公路管理局		
		吉林高速 ETC	吉林省吉通电子收费运营服务有限公司	年发布信息 16 条	
	移动客户端	吉林高速通	吉林省吉通信息技术有限公司		

续上表

省份	服务类别	名　　称	运营管理和维护单位/合作对接单位	年度运行和服务情况/合作形式与频率	备　　注
吉林	客服电话	0431－12328	吉林省交通运输厅	年话务量20.248 3万次	坐席数47个
		0431－12122	吉林省高速公路管理局	年话务量109.877 5万次	含ETC服务,坐席数10个,路警联合
	广播电视等媒体服务与合作	0431－85379663(工作日)	吉林省吉通电子收费运营服务有限公司		ETC客服电话
		吉林交通广播FM103.8	吉林省交通运输厅宣传中心		有做客直播间
			吉林省高速公路管理	节假日、计划阻断发生前、突发阻断发生时	
		吉林日报	吉林省交通运输厅宣传中心		
		长春电视台新闻中心直播吉林栏目、吉视公共频道第一播报、吉林电视台新闻中心、守望都市栏目、城市速递栏目、中央电视台驻吉林站、吉林新闻综合广播(电视台)	吉林省高速公路管理局	节假日、计划性阻断发生前、突发性阻断发生时发布出行提示	
		中国联合网络通信有限公司长春市分公司增值业务中心(长春114、吉林114、四平114、通化114)	吉林省高速公路管理局	节假日、计划性阻断发生前、突发性阻断发生时发布出行提示	
		吉林广播电台(FM90.3)、长春市交通之声(FM96.8)、四平市交通台、松原市交通台、通化市交通台、延吉州交通广播电台、延吉交通之声、延边州交通广播、延边广播电视总台交通文艺频道FM105.9频率、长春都市动听广播FM106.4/FM99.6、吉林省广播电台《全省早新闻》栏目、吉林人民广播电台新闻综合广播(吉林广播)、辽宁省交通台	吉林省高速公路管理局	节假日、计划性阻断发生前、突发性阻断发生时发布出行提示	
		新文化报社、长春晚报、吉林交通报、东亚经济报	吉林省高速公路管理局	节假日、计划性阻断发生前、突发性阻断发生时发布出行提示	

续上表

省份	服务类别	名　称	运营管理和维护单位/合作对接单位	年度运行和服务情况/合作形式与频率	备　注
黑龙江	出行服务网站或网页	黑龙江省交通运输厅网站出行服务网页	黑龙江省交通运输厅		
		黑龙江省高速公路出行服务网	黑龙江省高速公路管理局		支持手机/平板访问，有手机WAP网站
	新浪认证微博	—			
	微信公众号	龙江交通12328	黑龙江省交通运输厅		
		黑龙江ETC	黑龙江省ETC运营管理中心		
	移动客户端	龙江高速APP	黑龙江省交通运输厅		
	客服电话	0451－12328	黑龙江省交通运输厅		
		0451－96369	黑龙江省ETC运营管理中心		
	广播电视等媒体服务与合作	—			
上海	出行服务网站或网页	上海市交通委员会网站（上海交通智能地图网页）	上海市交通委员会		支持手机/平板访问
		上海交通出行网	上海市交通信息中心		前身为世博交通网
		上海市路政局网站（上海市路政局公众出行电子地图服务平台）	上海市路政局		支持手机/平板访问，道路交通指数、出行线路规划、实时路况查询
		上海公共交通卡股份有限公司官网	上海公共交通卡股份有限公司		含ETC服务
	新浪认证微博	上海交通	上海市交通委员会		
		路线一途	上海市路政局路网监测中心		实时路况
		乐行上海	上海市路政局		

续上表

省份	服务类别	名　　称	运营管理和维护单位/合作对接单位	年度运行和服务情况/合作形式与频率	备　　注
上海	微信公众号	上海交通	上海市交通委员会		
		上海公共交通卡	上海公共交通卡股份有限公司		含 ETC 服务
	移动客户端	乐行上海	上海市路政局		
		上海交通拥堵指数	上海市交通信息中心		
		智行者	上海市交通信息中心		
		上海交通卡	上海公共交通卡股份有限公司		含 ETC 服务
	客服电话	021 - 12328	上海市交通委员会		
		021 - 12122	上海市路政局路网监测中心	年话务量 23.3 万次,日均话务量为 643 次	坐席数 20 个,公安交通部门共享,含 ETC
		021 - 64592025	上海高速公路电子收费客服中心		ETC 客服电话
	广播电视等媒体服务与合作	上海 SMG 电视新闻中心	上海市路政局		路网监控中心同步监控和信息平台
		上海广播电台交通频率	上海市路政局		路网监控中心设有共用信息平台
		上海发布(上海市府新闻办微信公众号)	上海市路政局	市政大厅服务功能:直接与乐行上海 APP 互联	APP 终端共享
	社会化合作	上海市交通信息中心	上海市路政局路网监测中心		
		高德软件有限公司	上海市路政局道路技术中心		
江苏	出行服务网站或网页	江苏交通网站	江苏省交通运输厅	政策公开、出行服务	支持手机/平板访问,有手机 WAP 网站
		江苏公路网站出行服务网页	江苏省交通运输厅公路局	政策公开、出行服务	支持手机/平板访问,有手机 WAP 网站
		江苏高速公众出行服务网	江苏高速公路联网营运管理有限公司	出行信息、苏通卡信息	支持手机/平板访问,有手机 WAP 网站

续上表

省份	服务类别	名　　称	运营管理和维护单位/合作对接单位	年度运行和服务情况/合作形式与频率	备　　注
江苏	新浪认证微博	江苏省交通运输厅微博	江苏省交通运输厅	年发布信息 530 条	
		江苏高速 96777	江苏高速公路联网营运管理有限公司		
	腾讯认证微博	江苏高速 96777	江苏高速公路联网营运管理有限公司		出行服务、收费咨询等
	微信公众号	江苏交通	江苏省交通运输厅	年发布信息 396 条	提供交通咨询,服务百姓出行
		江苏公路	江苏省交通运输厅公路局	年发布信息 152 条	政策咨询、出行服务
		畅行苏高速	江苏省高速公路管理局(江苏省高速公路交通运输执法总队)		
		江苏高速 96777	江苏高速公路联网营运管理有限公司		出行信息、苏通卡信息、资讯信息
		江苏高速 96777 订阅号	江苏高速公路联网营运管理有限公司		
		江苏 12328	江苏省交通通信信息中心		
		江苏高速	江苏交通控股有限公司		
		通行宝 ETC	江苏通行宝智慧交通科技有限公司		
	移动客户端	苏路通	江苏省交通运输厅公路局		导航服务、公路气象、短信定制、实时路况、前方播报、我报路况等
		e 行高速	江苏高速公路联网营运管理有限公司		
	客服电话	025－12328	江苏省交通运输厅	年话务量 806 479 次	坐席数 85 个
		025－96196			
		025－96777	江苏高速公路联网营运管理有限公司	年话务量 186.97 万次	坐席数 20 个,含 ETC 服务

续上表

省份	服务类别	名　称	运营管理和维护单位/合作对接单位	年度运行和服务情况/合作形式与频率	备　注
江苏	广播电视等媒体服务与合作	江苏省交通广播网 FM101.1	江苏省交通运输厅公路局	实时路况播报，突发事件进行连线播报	
		13 个地级市交通广播电台	各市公路管理处	实时路况播报，突发事件进行连线播报	
		江苏省交通广播网 FM101.1	江苏高速公路联网营运管理有限公司	整点播报，节假日、突发事件进行连线播报	
		江苏省内 13 个地级市、1 个县级市交通广播电台	江苏高速公路联网营运管理有限公司	整点发送播报，节假日、突发事件连线播报	
	社会化合作	江苏省气象科技服务中心	江苏省交通运输厅公路局	提供气象预报预警，每日提供，突发事件预报	
		百度、高德	江苏省交通运输厅公路局、江苏省高速公路管理局	路况信息实时发布	
		江苏百盛咨询有限公司	江苏省交通运输厅公路局、江苏省高速公路管理局	每月路网(经济)运行分析、重大节假日出行提示	
浙江	出行服务网站或网页	浙江交通	浙江省交通运输厅	以地图为基准，展开出行服务	支持手机/平板访问，有手机WAP网站
		浙江省高速公路不停车收费用户服务网	浙江省高速公路不停车收费用户服务中心		
		浙江省高速公路出行服务	浙江省交通投资集团有限公司		
	新浪认证微博	浙江交通出行	浙江省交通运输厅信息中心		
		浙江交通发布	浙江省交通宣传服务中心		
		浙江公路	浙江省公路管理局	年发布信息 400 条	
		智慧高速	浙江智慧高速公路服务有限公司		

续上表

省份	服务类别	名　称	运营管理和维护单位/合作对接单位	年度运行和服务情况/合作形式与频率	备　注
浙江	微信公众号	浙江公路	浙江省公路管理局	年发布信息800条	
		浙江交通出行	浙江省交通信息中心		实时查询高速公路路况
		浙江ETC	浙江省公路管理局		
		浙江交通	浙江省交通宣传服务中心		
		智慧高速	浙江智慧高速公路服务有限公司		
		安行浙江	浙江省道路交通安全协会		
	移动客户端	智慧高速	浙江智慧高速公路服务有限公司		
		浙江ETC	浙江省高速公路不停车收费用户服务中心		
	客服电话	0571－12328	浙江省交通运输厅	年话务量60 120次	坐席数71个
		0571－12122	浙江省交通投资集团		
	广播电视等媒体服务与合作	交通900	浙江省公路管理局	定期访谈，节假日专题信息发布等	
		浙江交通之声	浙江省公路管理局	节假日、突发事件直播发布出行内容等	有直播间
安徽	出行服务网站或网页	安徽交通出行信息服务网	安徽交通运输联网管理中心		支持手机/平板访问，有手机WAP网站
		安徽省公路管理局网站路况栏目（安徽省高速公路路政支队实时路况栏目）	安徽省公路管理局（安徽省高速公路路政支队）	图行安徽、整点路况、交通事故、施工动态	
		安徽省交通控股集团有限公司网站出行服务网页	安徽省交通控股集团有限公司	“实时路况”查询、“96566”客服热线介绍、已建高速介绍	支持手机/平板访问，有手机WAP网站
		安徽交通卡服务网站	安徽省高速公路联网运营有限公司		ETC资讯、办卡、充值等

续上表

省份	服务类别	名　称	运营管理和维护单位/合作对接单位	年度运行和服务情况/合作形式与频率	备　注
安徽	新浪认证微博	安徽交通运输	安徽省交通运输厅		
		安徽公路	安徽省公路局（安徽省公路路政总队）	年发布信息 1 376 条	公路热点、公路资讯、公众服务
		安徽高速	安徽省交通运输联网管理中心	年发布信息 3 842 条	高速公路通行情况、天气状况、预警
		安徽交控 96566	安徽省交通控股集团有限公司	年发布信息 826 条	高速公路事故、施工、管制等路况
		安徽行云天下	安徽行云天下科技有限公司		
	微信公众号	安徽交通运输	安徽省交通运输厅		
		安徽公路	安徽省公路局	年发布信息 992 条	公路热点、公路资讯、公众服务
		安徽交通卡	安徽省高速公路联网运营有限公司		ETC 资讯、办卡、充值、高速路况等
		行云天下	安徽省高速公路联网运营有限公司		
		安徽高速路况	安徽省交通控股集团有限公司	年发布信息 4 条	
	移动客户端	行云天下	安徽省高速公路联网运营有限公司		
		安徽交通卡 ETC 充值	安徽省高速公路联网运营有限公司		ETC 办卡、充值、高速路况、商城等
		安徽高速路况	安徽省交通控股集团有限公司		
	客服电话	12328			
		0551 －12122	安徽省交通运输联网管理中心		坐席数 12 个，路警联合
		0551 －96566	安徽省交通控股集团有限公司		坐席数 21 个
		0551 －96369（ETC 服务）	安徽省高速公路联网运营有限公司		ETC 业务咨询、投诉受理等

续上表

省份	服务类别	名　称	运营管理和维护单位/合作对接单位	年度运行和服务情况/合作形式与频率	备　注
安徽	广播电视等媒体服务与合作	安徽广播电台交通频率	安徽省公路局	整点/半点连线，定期访谈，节假日专题信息	
		安徽交通广播	安徽省交通运输联网管理中心	24 小时全天播报	监控中心直播平台，专用广播直播间
		安徽卫视	安徽省交通运输联网管理中心	节假日、遇突发事件接受现场采访	公用直播间
		合肥电视台	安徽省交通运输联网管理中心	节假日、遇突发事件接受现场采访	公用直播间
		安徽经济生活频道	安徽省交通运输联网管理中心	节假日、遇突发事件接现场采访	公用直播间
		安徽公共频道	安徽省交通运输联网管理中心	节假日、遇突发事件接受现场采访	公用直播间
		安徽科教频道	安徽省交通运输联网管理中心	节假日、遇突发事件接受现场采访	公用直播间
		安徽交通广播	安徽省交通控股集团有限公司		
		安徽新闻综合广播	安徽省交通控股集团有限公司	整点/半点的高速路况资讯发布	
		安徽生活广播城市之声	安徽省交通控股集团有限公司	半点的高速路况资讯发布，节假日直播	
		安徽高速广播	安徽省交通控股集团有限公司		
		安徽公共频道	安徽省交通控股集团有限公司		公用直播间
		滁州广播电视台	安徽滁宁高速公路开发有限公司	节假日专题信息发布、出行信息发布等	
		滁州交通音乐广播 FM105.4	安徽滁宁高速公路开发有限公司	路况信息发布等	
		滁州皖东晨刊	安徽滁宁高速公路开发有限公司	高速工作动态、节假日专题信息发布等	
		安徽交通应急广播	安徽省路警联合指挥中心		设有广播直播间，专用

续上表

省份	服务类别	名　　称	运营管理和维护单位/合作对接单位	年度运行和服务情况/合作形式与频率	备　　注
福建	出行服务网站或网页	福建省交通运输厅政务网站出行服务网页/频道	福建省交通运输厅/信息中心		支持，有手机 WAP 网站
		福建省 12328 网站	福建省交通运输厅信息中心		
		福建省公路网路况查询网页	福建省公路管理局		
		福建省公路管理局门户网站实时路况栏目	福建省公路管理局	实时路况更新	
		闽高速信息网	福建省高速公路有限责任公司		
		福建高速公路公众出行服务	福建省高速公路有限责任公司		
		福建省智慧高速出行网	福建省交通投资集团		
		闽通卡网上营业厅	福建省高速公路有限责任公司电子收费管理中心		
	新浪认证微博	福建交通	福建省交通运输厅		
	微信公众号	福建交通	福建省交通运输厅		
		福建高速公路	福建省高速公路有限责任公司	年发布信息 277 期 1 218 篇	
		福建公路	福建省公路管理局	年发布信息 1 139 条	公路路况、公路服务
		闽通宝	福建省高速公路信息科技有限公司		
		福建交通 12328	福建省交通信息通信与应急处置中心		
		福建交通一卡通有限公司	福建交通一卡通有限公司		
	移动客户端	闽通宝	福建省高速公路有限责任公司		
		E 路通	福建省公路管理局	目前停用待升级	

续上表

省份	服务类别	名称	运营管理和维护单位/合作对接单位	年度运行和服务情况/合作形式与频率	备注
福建	移动客户端	福建出行助手	福建交通一卡通有限公司		
		福建路况			
	客服电话	12328	福建省交通运输厅	年话务量 108 779 次	
		0591－12122	福建省高速公路有限责任公司	年话务量 647 321 次	坐席数 90 个，路警联合
		0591－96330	福建省公路管理局	年话务量 125 650 次	坐席数 6 个，厦门地区路警联合
	广播电视等媒体服务与合作	福建电视台综合频道	福建省高速公路有限责任公司		设有直播平台，公用直播间
		福建电视台新闻频道	福建高速公路有限责任公司		设有直播平台、公用直播间
		福建电视台东南卫视	福建高速公路有限责任公司		设有直播平台、公用直播间
		福建 100.7 交通广播电台	福建高速公路有限责任公司		设有广播直播间，专用
			福建省公路管理局	路况阻断信息、进展情况实时发布、更新	
		福建 103.6 新闻广播	福建省高速公路有限责任公司		监控信息大厅设有直播间，共用
	社会化合作	今日头条/一点资讯/发布端等/网站专栏	福建省交通运输厅	如日常信息发布，突发事件发布，节假日、突发事件出行特征、绕行路线等	
		福建省研究所/福建省综合运输平台	福建省交通运输厅信息中心	综合运输信息发布、出行常识、公路知识等	
		腾讯	福建省高速公路有限责任公司	开通微信城市服务："高速实时路况"服务页面	

续上表

省份	服务类别	名　称	运营管理和维护单位/合作对接单位	年度运行和服务情况/合作形式与频率	备　注
江西	出行服务网站或网页	江西省公众出行服务网	江西省交通运输厅	特殊内容包括：阻断信息、出行信息	支持手机/平板访问，有手机WAP网站
		江西交通信息网站公众出行服务频道	江西省交通运输厅信息中心		支持手机/平板访问，有手机WAP网站
		江西省12328交通运输服务监督电话	江西省交通运输厅信息中心		支持手机/平板访问，有手机WAP网站
		江西省公路管理局网站出行路况栏目	江西省公路管理局		
		赣通卡服务网站（江西省高速公路联网管理中心网站赣通卡网页/出行服务网页）	江西省高速公路联网管理中心		
		江西畅行高速公路服务区开发经营有限公司网站	江西畅行高速公路服务区开发经营有限公司		
	新浪认证微博	江西公路路网中心	江西省高速公路管理局	年发布信息271条	
		江西交通	江西省交通运输厅应急指挥中心	年发布信息19 875条	
		江西高速	江西省高速公路有限责任公司	年发布信息5 321条	
		江西交通12328	江西省高速公路联网管理中心	年发布信息10 048条	
		江西省高速公路联网管理中心	江西省高速公路联网管理中心		
		江西路政总队	江西省公路路政管理总队		
	微信公众号	江西公路	江西省公路管理局		
		江西公路路网中心	江西省公路管理局信息数据中心	年发布信息585条	以信息服务查询、信息推送为主，包括示范路、相关专题报道

续上表

省份	服务类别	名称	运营管理和维护单位/合作对接单位	年度运行和服务情况/合作形式与频率	备注
江西	微信公众号	江西交通12328	江西省公路管理局交通通信总站	年发布信息1 080条	
		江西路政	江西省公路路政管理总队		
		江西高速	江西省高速集团	年发布信息13 541条	多次排名江西政务微信前十
		沿着江西高速去旅游	江西省高速集团		
		江西高速集团收费服务	江西省高速集团		
		江西高速公路	江西省高速集团		
		江西省高速公路联网管理中心	江西省高速公路联网管理中心		
		江西高速服务区	江西畅行高速公路服务区开发经营有限公司		
		路港通	江西路港互联科技服务有限公司		
	移动客户端	赣通宝	江西省高速集团		
		江西公路	江西省公路管理局		
		赣路通	江西省高速公路联网管理中心		
		ETC赣通宝	江西省高速公路联网管理中心		
		江西高速联网	江西省高速公路联网管理中心		
		高速公路视频远程监控	江西省交通运输厅应急指挥中心		
		路港通	江西路港互联科技服务有限公司		
		江西路况			
	客服电话	12328	江西省交通运输厅	年话务量326 500次	坐席数110个,1.路况咨询,2.业务投诉,3.车辆救援,4.出行线路
		0791－96122(含ETC服务)	江西省高速公路联网管理中心		

续上表

省份	服务类别	名　称	运营管理和维护单位/合作对接单位	年度运行和服务情况/合作形式与频率	备　注
江西	广播电视等媒体服务与合作	江西2套	江西省交通运输厅应急指挥中心	如节假日、突发事件直播发布出行内容等	指挥大厅直播
		江西交通广播FM105.4频率	江西省交通运输厅应急指挥中心	如整点/半点连线，定期访谈，节假日专题信息	设有广播直播间，专用
		江西5套	江西省交通运输厅应急指挥中心	如节假日、突发事件直播发布出行内容等	指挥大厅直播
		江西卫视	江西省交通运输厅应急指挥中心	如节假日、突发事件直播发布出行内容等	指挥大厅直播
	社会化合作	今日头条/一点资讯/发布端等/网站专栏	江西省交通运输厅	如日常信息发布，突发事件发布，节假日、突发事件出行特征、绕行路线等	
		百度/高德/腾讯等或相关机构	江西省高速公路管理局		
		江西省研究所/江西省综合运输平台	江西省交通运输厅信息中心	如综合运输信息发布、出行常识、公路知识等	
山东	出行服务网站或网页	山东交通出行网（山东省交通运输厅网站出行信息网页）	山东省交通运输厅	路况信息、出行服务	支持手机/平板访问
		山东省交通运输厅公路局网站出行网页（山东省交通运输厅公路局公路路况信息处理平台）	山东省交通运输厅公路局	GIS信息发布平台	支持手机/平板访问
		山东高速集团公司网站实时路况栏目	山东高速集团	路况信息	支持手机/平板访问
		山东高速股份有限公司网站路况信息栏目	山东高速股份有限公司	路况信息	支持手机/平板访问

续上表

省份	服务类别	名称	运营管理和维护单位/合作对接单位	年度运行和服务情况/合作形式与频率	备注
山东	出行服务网站或网页	齐鲁交通发展集团路况信息处理平台	齐鲁交通发展集团有限公司	路况信息、出行服务	支持手机/平板访问
		山东高速集团有限公司电子收费中心网站	山东高速集团有限公司电子收费中心		含 ETC 服务
		山东省交通运输厅高速公路电子收费网	山东省交通运输厅高速公路收费结算中心		含 ETC 服务
	新浪认证微博	山东交通运输	山东省交通运输厅		
		山东交通出行	山东省交通运输厅		路况信息、出行资讯
		山东高速出行服务	山东高速股份有限公司		
		山东高速集团电子收费中心	山东高速集团有限公司电子收费中心		
		山东高速集团	山东高速集团有限公司		
		山东 ETC 呼叫中心 96669	山东省交通运输厅高速公路收费结算中心 ETC 客服呼叫中心		
		山东高速信联支付有限公司	山东高速信联支付有限公司		
		山东高速服务区管理有限公司	山东高速服务区管理有限公司		
		e 高速	山东高速信息工程有限公司		
	微信公众号	山东交通 ETC	山东省交通运输厅信息中心（山东省交通运输厅高速公路收费结算中心）		
		山东高速出行服务	山东高速股份有限公司		
		山东高速出行信息	山东高速股份有限公司		

续上表

省份	服务类别	名　称	运营管理和维护单位/合作对接单位	年度运行和服务情况/合作形式与频率	备　注
山东	微信公众号	齐鲁交通发展集团	齐鲁交通发展集团有限公司	年发布信息45条	出行服务、集团要闻等
		齐鲁交通电子收费	齐鲁交通发展集团有限公司电子收费分公司		
		齐鲁交通出行服务	山东路科公路信息咨询有限公司		
		e高速	山东高速信息工程有限公司		
		高速ETC	山东高速集团有限公司电子收费中心		
		信联卡助手	山东高速集团有限公司电子收费中心		
		山东信联卡	山东高速信联支付有限公司		
	移动客户端	高速ETC手机客户端	山东高速信联支付有限公司		
		山东交通出行	山东省交通运输厅		
		山东省交通出行信息服务	山东省交通运输厅信息中心		
		e高速	山东高速集团		
		高速ETC	山东高速集团		
		信联易行宝	山东高速信联支付有限公司		
		二型OBU	山东高速信联支付有限公司		
		齐鲁通	齐鲁交通发展集团		
		齐鲁美驿	齐鲁交通发展集团		
	客服电话	12328	山东省交通运输厅		
		0531－96569	山东省交通运输监测与应急处置中心、济南市城乡交通运输委员会		含ETC服务，坐席数50个

续上表

省份	服务类别	名　　称	运营管理和维护单位/合作对接单位	年度运行和服务情况/合作形式与频率	备　　注
山东	客服电话	0531－96660	山东省交通运输厅公路局、青岛市公路管理局		坐席数37个
		0531－68971010	齐鲁交通发展集团有限公司		坐席数8个
		0531－61361669	齐鲁交通发展集团有限公司电子收费分公司		
		0531－96659	山东高速股份有限公司		坐席数57个，路警联合
		0531－96766（山东）	山东高速集团有限公司电子收费中心		ETC服务
		0531－95011（全国）	山东高速集团有限公司电子收费中心		ETC服务
	广播电视等媒体服务与合作	中央电视台、山东卫视、齐鲁电视台、山东电视台生活频道	山东高速股份有限公司	节假日、突发事件直播发布	
		山东交通广播	山东省交通运输监测与应急处置中心	每日高速路况信息对接及微博互动	
		山东交通广播电台	山东高速股份有限公司	整点连线，节假日、突发事件直播发布	有直播席位
		济南交通广播电台	山东高速股份有限公司	整点连线，节假日、突发事件直播发布	
		大众日报、齐鲁晚报、生活日报、济南时报、山东商报	山东高速股份有限公司	节假日、突发事件、重要施工及业务宣传报道	
		青岛市交通广播	山东高速青岛公路有限公司	如节假日、突发事件直播发布出行内容等	
		青岛交通广播FM897	青岛市高速公路管理信息中心	电话连线通知交通事故等突发事件	
		青岛交通广播94.0	青龙高速公路建设有限公司	发布路况	

续上表

省份	服务类别	名　　称	运营管理和维护单位/合作对接单位	年度运行和服务情况/合作形式与频率	备　　注
山东	社会化合作	高德地图	山东高速集团有限公司	实时数据交换，定期联合发布路况预测报告	
		支付宝	山东高速集团有限公司	通过城市服务平台，发布实时路况	
		12345 市民服务热线	山东高速股份有限公司	日常信息发布、合作指数发布、路网运行特征	
		山东省气象局	山东高速股份有限公司	开展专业气象预报	
河南	出行服务网站或网页	河南省交通公众出行服务网	河南省交通通信中心	图行河南	
		河南省交通运输厅网站出行服务网页/频道	河南省交通运输厅/信息中心	路况查询，通行费查询	支持手机/平板访问，有手机WAP网站
		河南省交通公众出行服务网	河南省交通通信中心	图行河南	
		河南省公路信息港	河南省公路局	安全应急平台 、超限运输审批	支持手机访问
		河南省高速公路管理与公众信息服务网	河南省交通运输厅高速公路管理局	政策查询，路况信息，施工信息，行政许可	支持手机/平板访问，有手机WAP网站
		中原通 ETC 网站	河南省高速公路联网监控收费通信服务有限公司		ETC 服务
		河南高速公路联网公司网站（建设中）	河南省高速公路联网监控收费通信服务有限公司	监控视频接入（接入中）	支持手机/平板访问
	新浪认证微博	河南交通	河南省交通运输厅	年发布信息 226 条	交通政务宣传、路况信息和业务咨询
	微信公众号	河南省交通运输厅—畅行中原	河南省交通运输厅		
		河南交通	河南省交通运输厅		高速公路路况通阻信息

续上表

省份	服务类别	名　称	运营管理和维护单位/合作对接单位	年度运行和服务情况/合作形式与频率	备　注
河南	微信公众号	河南高速	河南省高速公路联网监控通信服务有限公司	年发布信息40条	
		中原通ETC	河南省高速公路联网监控收费通信服务有限公司		ETC宣传、办理指南、网点查询等
	移动客户端	河南省交通运输公众出行服务信息系统	河南省交通通信中心		
		河南高速通	河南省高速公路联网监控通信服务有限公司		出行实时路况信息服务
		车e兴APP	河南省高速公路联网监控通信服务有限公司		
		河南交通			
		河南交通12328			
	客服电话	12328	河南省交通通信中心		坐席数68个，路警联合
		0731-12122	河南省交通运输厅高速公路管理局		坐席数10个，路警联合
		0731-9618968	河南省高速公路联网监控收费通信服务有限公司		ETC服务
	广播电视等媒体服务与合作	河南省电视台新闻频道	河南省高速公路管理局	节假日、突发事件直播发布出行内容	
		河南交通广播（FM104.1）	河南省高速公路联网监控收费通信服务有限公司	驻场连线、新媒体平台直播	监控中心驻场
	社会化合作	百度	河南省交通通信中心		
		腾讯	河南省交通通信中心	推送信息，高速公路路况通阻信息，政务信息	

续上表

省份	服务类别	名　　称	运营管理和维护单位/合作对接单位	年度运行和服务情况/合作形式与频率	备　　注
湖北	出行服务网站或网页	湖北省交通公众出行服务网	湖北省交通运输厅		支持手机/平板访问，有手机WAP网站
		湖北省交通运输厅公路管理局网站路况信息栏目	湖北省交通运输厅公路管理局	网站动态更新路况信息	支持手机/平板访问，有手机WAP网站
		湖北高速公路公众出行服务网	湖北省高速公路联网收费中心		支持手机/平板访问，有手机WAP网站
		湖北省高速公路联网收费中心网站最新路况栏目	湖北省高速公路联网收费中心		
		湖北省高速公路联网收费中心ETC会员服务网	湖北省高速公路联网收费中心	ETC会员账单查询、办事指南、服务网点、空中充值	
	新浪认证微博	湖北交通运输厅政务服务大厅	湖北省交通运输厅		
		湖北高速路况	湖北省高速公路联网收费中心		实时发布省内高速公路出行服务信息
	腾讯认证微博	湖北高速路况	湖北省高速公路联网收费中心		实时发布省内高速公路出行服务信息
	微信公众号	湖北公众出行	湖北省交通运输厅通信信息中心		
		湖北公路	湖北省交通运输厅公路管理局	年发布信息30条	
		湖北高速	湖北省交通运输厅高速公路管理局（湖北省交通运输厅高速公路路政执法总队）		
		湖北e出行	湖北省高速公路联网收费中心		
		湖北高速ETC	湖北省高速公路联网收费中心	年发布信息15 169条	
		湖北路网	湖北省高速公路联网收费中心		

续上表

省份	服务类别	名　称	运营管理和维护单位/合作对接单位	年度运行和服务情况/合作形式与频率	备　注
湖北	移动客户端	湖北省交通运输厅	湖北省交通运输厅		
		湖北高速 ETC	湖北省高速公路联网收费中心		
		湖北高速公路服务			
	客服电话	12328	湖北省交通运输厅		坐席数 36 个
		027－12122	湖北省高速公路联网收费中心		坐席数 15 个
		027－96576	湖北省高速公路联网收费中心		坐席数 5 个
	广播电视等媒体服务与合作	楚天交通广播 FM92.7	湖北省高速公路管理局、湖北省高速公路联网收费中心	整点发布、重大、突发事件、节假日实时插播	应急指挥中心设有直播间
		湖北私家车广播 FM89.6、武汉交通广播 FM103.8	湖北省高速公路联网收费中心	半点发布、重大、突发事件、节假日实时插播	
湖南	出行服务网站或网页	湖南省交通运输厅政务网站出行服务网页/频道	湖南省交通运输厅/信息中心		支持手机/平板访问，有手机 WAP 网站
		湖南省 12328 网站	湖南省交通运输厅信息中心		
		湖南公路网	湖南省公路管理局	工作动态，路况信息	
		湖南省高速公路出行服务网	湖南省高速公路管理局	高速路网、路况信息	支持手机/平板访问，有手机 WAP 网站
		湖南省智慧高速出行网	湖南省交通投资集团		
		湖南省高速公路网有限责任公司出行服务栏目	湖南省高速公路有限责任公司		
		湖南省 ETC 公共服务网	湖南省高速公路监控中心		
	新浪认证微博	湖南高速公路	湖南省高速公路管理局		

续上表

省份	服务类别	名称	运营管理和维护单位/合作对接单位	年度运行和服务情况/合作形式与频率	备注
湖南	微信公众号	湖南交通运输	湖南省交通运输厅		
		湖南省公众出行信息服务	湖南省交通运输厅科技信息中心		
		湖南高速公路	湖南省高速公路管理局		
		湖南公路	湖南省公路管理局		路况信息,各地公路工作经验
		湖南高速 ETC	湖南省高速公路管理局监控中心		
	移动客户端	湖南高速通	湖南省高速公路管理局监控中心		
	客服电话	0731 – 12328	湖南省高速公路管理局监控中心		坐席数 20 个,含 ETC 服务
		0731 – 96528	湖南省高速公路管理局监控中心		坐席数 6 个,含 ETC 服务
		0731 – 12122			
	广播电视等媒体服务与合作	中国高速公路交通广播 FM90.5	湖南省高速公路管理局	整点/半点连线,定期访谈,节假日专题信息	设有广播直播间,专用
		湖南交通广播 91.8	湖南省高速公路管理局	节假日、突发事件直播发布出行内容等	监控中心设有广播直播平台
		湖南广播电台都市之声	湖南高速公路集团有限公司		设有广播直播间,公用
		湖南卫视、湖南电视台经济频道	湖南省高速公路管理局	节假日突发事件时到监控中心报道	
	社会化合作	今日头条/一点资讯/湖南发布端等/湖南网站专栏	湖南省交通运输厅	日常信息发布,突发事件发布,节假日、突发事件出行特征、绕行路线等	
		高德等相关机构	湖南省高速公路管理局		
		湖南省综合运输平台	湖南省交通运输厅信息中心	综合运输信息发布、出行常识、公路知识等	

续上表

省份	服务类别	名称	运营管理和维护单位/合作对接单位	年度运行和服务情况/合作形式与频率	备注
广东	出行服务网站或网页	广东省交通运输厅公众网站出行服务频道	广东省交通运输厅、广东省交通运输档案信息管理中心		支持手机/平板访问，有手机WAP网站
		全国交通运输服务监督电话12328广东运行中心	广东省交通运输厅、广东省交通运输档案信息管理中心	提供电话热线，运输监督投诉、查询等	
		广东省公众出行服务网站	广东省交通运输档案信息管理中心		
		广东省交通集团高速公路路况直播与客户服务网	广东省交通集团有限公司高速公路监控（客服）中心		支持手机/平板访问，有手机WAP网站
		广东省公路管理局公众网	广东省公路管理局		支持手机/平板访问，有手机WAP网站
		粤通卡服务网站	广东联合电子服务股份有限公司		
	新浪认证微博	—			
	微信公众号	广东交通	广东省交通运输档案信息管理中心		
		广东交通发布	广东省交通运输档案信息管理中心		
		广东高速通	广东省交通集团有限公司高速公路监控（客服）中心	年发布信息222条	
		广东高速通客服	广东省高速公路有限公司客户服务中心		
		广东省高速公路营运管理协会	广东省高速公路营运管理协会		
		粤通卡	广东联合电子服务股份有限公司		
		粤通卡服务	广东联合电子服务股份有限公司		

续上表

省份	服务类别	名　称	运营管理和维护单位/合作对接单位	年度运行和服务情况/合作形式与频率	备　注
广东	微信公众号	粤通卡测试	广东联合电子服务股份有限公司		
		粤通卡移动支付	广东联合电子服务股份有限公司		
		货车粤通卡	广东联合电服数据科技股份有限公司		
		粤通卡 ETC	广东联合电子服务股份有限公司		
		ETC 车宝	广东联邦车网科技股份有限公司		
		粤通卡 ETC 车宝	广东联邦车网科技股份有限公司		
	移动客户端	广东交通	广东省交通运输档案信息管理中心		
		广东交通发布	广东省交通运输档案信息管理中心		
		广东高速通	广东省交通集团有限公司高速公路监控(客服)中心		
		广东高速行	广东利通信息科技投资有限公司		
		粤通卡	广东联合电子服务股份有限公司		
		粤通卡 ETC 车宝	广东联邦车网科技股份有限公司		
	客服电话	12328	广东省交通运输厅		坐席数 15 个
		020－96998(广东省内直播号)	广东省交通集团有限公司高速公路监控(客服)中心	年话务量 234 149 次	坐席数 29 个
		020－96533	广东联合电子服务股份有限公司		ETC 服务

续上表

省份	服务类别	名　称	运营管理和维护单位/合作对接单位	年度运行和服务情况/合作形式与频率	备　注
广东	广播电视等媒体服务与合作	中央电视台、羊城交通台、广东广播电视台、广州交通电台、广州电视台、广东电台	广东省交通集团有限公司高速公路监控(客服)中心	节假日期间,到集团监控大厅现场采访,或电话连线,全年共194批次	集团监控中心搭建了演播室
		广东广播电台交通频率	广东省高速公路管理局		设有广播直播间,专用
		广东广播电台都市之声	广东高速公路集团有限公司		设有广播直播间,公用
	社会化合作	腾讯	广东省交通运输厅		
		高德地图	广东省交通集团有限公司高速公路监控(客服)中心		
		网易传媒	广东省交通集团有限公司高速公路监控(客服)中心	节假日期间,制作高速公路出返程文字、图片和视频直播节目	
广西	出行服务网站或网页	广西壮族自治区公众出行信息服务网	广西壮族自治区交通运输厅		
		广西壮族自治区公路管理局网站路况信息栏目(广西普通干线公路出行信息服务网)	广西壮族自治区公路管理局信息中心	开设“出行信息”版块;开设“实时视频”模块,可实时查看重要路段的公路实况;开设“留言资讯”版块,及时答复网友留言	支持手机/平板访问
		广西高速公路出行信息服务网	广西壮族自治区高速公路管理局		全区路况信息即时发布
		广西交通投资集团有限公司网站路况信息栏目	广西交通投资集团有限公司		
		八桂行卡服务网站	广西捷通高速科技股份有限公司		
	新浪认证微博	广西公路管理局	广西壮族自治区公路管理局	年发布信息64条	路况信息,路网开竣工信息
	微信公众号	广西公路管理局	广西壮族自治区公路管理局	年发布信息28条	路况信息,路网开竣工信息
		广西捷通	广西捷通高速科技股份有限公司		ETC 服务

续上表

省份	服务类别	名　称	运营管理和维护单位/合作对接单位	年度运行和服务情况/合作形式与频率	备　注
广西	移动客户端	八桂行	广西捷通高速科技股份有限公司		
	客服电话	12328	广西壮族自治区公路管理局		坐席数1个
		12122	广西壮族自治区交通运输厅		
		0771-2115870	广西壮族自治区公路管理局		
		0771-95333	广西壮族自治区高速公路管理局		含ETC服务
	广播电视等媒体服务与合作	广西广播电视台	广西公路管理局		
		广西电视台	广西公路管理局		
		南国早报	广西公路管理局	突发事件发布、路网信息发布，每年35篇左右	
		南宁晚报	广西公路管理局	突发事件发布、路网信息发布，每年45篇左右	
		广西新闻频道《风云快车》	广西壮族自治区高速公路管理局	全区高速公路因灾害天气、施工需要或交通事故等造成的阻断、改道、绕行等重要路况信息预告或通告	有直播间
		中国气象频道《广西本地气象》			
		广西卫视《天气预报》			
		南宁新闻综合广播FM101.4、广西交通广播FM100.3、广西私家车广播FM930、南宁交通音乐广播FM107.4、玉林交通音乐广播FM99.2	广西壮族自治区高速公路管理局	节假日、突发事件直播发布出行内容	
海南	出行服务网站或网页	海南省公众出行信息服务网	海南省交通运输厅/信息中心		
		海南省公路管理局网站路况信息栏目	海南省公路管理局		

续上表

省份	服务类别	名　　称	运营管理和维护单位/合作对接单位	年度运行和服务情况/合作形式与频率	备　　注
海南	新浪认证微博	—			
	微信公众号	海南省交通运输厅	海南省交通运输厅		
		海南省公路管理局	海南省公路管理局		
		海南公路 96000	海南省公路管理局		
	移动客户端	海南省交通运输厅	海南省交通运输厅		
	客服电话	0898 - 12328	海南省交通运输厅		
	广播电视等媒体服务与合作	海南交通广播	海南省公路管理局	突发事件、交通阻断直播发布出行内容	有直播平台
		海南广播电台	海南省公路管理局	突发事件、交通阻断直播发布出行内容	有直播平台
		人民网海南视窗	海南省公路管理局	突发事件、交通阻断直播发布出行内容	
重庆	出行服务网站或网页	重庆交通出行服务网	重庆市交通运行监测与应急调度中心		支持手机/平板访问
		重庆高速公路集团有限公司网站	重庆高速公路集团有限公司	企业文化、行业动态	支持手机/平板访问
		重庆高速公众出行服务网	重庆高速公路集团有限公司路网管理中心	ETC、综合出行服务	支持手机/平板访问
		重庆市公路局公众信息网	重庆市公路局	以 GIS 形式展示全市普通国省道阻断信息	支持手机/平板访问
	新浪认证微博	重庆交通	重庆市交通委员会	年发布信息 2.1 万条	
		重庆高速 12122	重庆高速公路集团有限公司路网管理中心公众服务部	年发布信息 4 万条	粉丝数位居全国行业第一

续上表

省份	服务类别	名　　称	运营管理和维护单位/合作对接单位	年度运行和服务情况/合作形式与频率	备　　注
重庆	新浪认证微博	重庆公路	重庆市公路局	年发布信息 1 000 条	普通国省道阻断信息
		重庆市公路局	重庆市公路局		
	腾讯认证微博	重庆公路	重庆市公路局	年发布信息 1 000 条	普通国省道阻断信息
	微信公众号	重庆交通	重庆市交通委员会	年发布信息 192 条	
		重庆公路	重庆市公路局、重庆市高速公路管理局	年发布信息 1 000 条	普通国省道阻断信息
		重庆高速	重庆高速集团有限公司路网管理中心	年发布信息 240 条	行业动态、服务咨询
		高速带你去旅游	重庆高速公路集团有限公司		
		高速心路	重庆高速公路股份有限公司		
		重庆高速收费通	重庆高速公路集团有限公司联网收费结算中心		
		重庆高速 ETC	重庆通渝科技有限公司	年发布信息 36 条	ETC 用户服务
	移动客户端	重庆交通	重庆市交通运行监测与应急调度中心		
		重庆高速通 APP	重庆通渝科技有限公司		公众出行服务、出行增值服务
		重庆高速通	重庆高速公路集团有限公司		
	客服电话	023－12328	重庆市交通委员会	年话务量 9 234 次	坐席数 91 个，路警联合
		023－96096	重庆市交通委员会	年话务量 225 万次	坐席数 91 个，路警联合
		023－12122	重庆高速集团路网管理中心	年话务量 422 328 次	坐席数 9 个，路警联合
		023－89077770	重庆交通执法总队指挥中心		

续上表

省份	服务类别	名　称	运营管理和维护单位/合作对接单位	年度运行和服务情况/合作形式与频率	备　注
重庆	广播电视等媒体服务与合作	重庆交通广播电台 FM95.5	重庆市交通运行监测与应急调度中心		设有广播直播间，专用
		重庆交通广播《交广乐逍遥》	重庆高速公路集团有限公司路网中心公众服务部	每日早晚高峰固定连线/突发事件连线	
		重庆交通广播《驾驶员俱乐部》	重庆高速公路集团有限公司路网中心公众服务部	每月一次直播	
	社会化合作	重庆元征科技	重庆市交通运行监测与应急调度中心	出行信息发布、互联网大数据研究	
		重庆时报	重庆市交通委员会	每季度进行一次第三方满意度调查	
		华龙网	重庆市交通运行监测与应急调度中心	在节假日或高考等重要时段开展联合网络直播	
四川	出行服务网站或网页	四川省交通运输厅政务网站出行服务网页	四川省交通运输厅信息中心		支持手机/平板访问，有手机WAP网站
		四川省 12328 网站	四川省交通运输厅信息中心		支持手机/平板访问，有手机WAP网站
		四川交通公众出行网站服务系统	四川省交通运输厅		
		四川省交通运输厅公路局网站出行服务栏目和交通流量分析展现系统	四川省交通运输厅高速公路管理局		
		四川省交通运输厅高速公路管理局网页出行服务栏目（高速公路交通执法总队）	四川省交通运输厅高速公路管理局（高速公路交通执法总队）	公众出行、办事指南、线路规划、通阻信息、施工信息等	
		四川交通在线	四川省交通运输厅高速公路监控结算中心		

续上表

省份	服务类别	名　　称	运营管理和维护单位/合作对接单位	年度运行和服务情况/合作形式与频率	备　　注
四川	新浪认证微博	四川交通	四川省交通运输厅		
		四川高速	四川省交通运输厅高速公路管理局		
	微信公众号	四川省交通运输厅	四川省交通运输厅		
		四川 12328	四川省交通运输厅		
		四川省交通运输厅高速公路管理局	四川省交通运输厅高速公路管理局(四川省交通运输厅高速公路交通执法总队)		
		四川交通新闻	四川省交通宣传中心		
		四川高速公路 ETC	四川省交通运输厅高速公路监控结算中心		交通图文、交通动态、交通路况等
	移动客户端	四川交通公众出行	四川省交通运输厅		
		四川交通出行	四川省交通运输厅		
	客服电话	12328	四川省交通运输厅信息中心		坐席数 45 个
		028 - 12122	四川省交通运输厅高速公路监控结算中心		坐席数 160 个，含 ETC 服务
	广播电视等媒体服务与合作	四川交通广播电台(FM101.7)	四川省交通运输厅公路局、四川交通运输厅省高速公路管理局	节假日、突发事件直播发布出行内容	
	社会化合作	一点资讯/封面新闻/四川发布客户端	四川省交通运输厅		
		百度/高德	四川省交通运输厅		
		交通运输部公路院 ITS 中心	四川省交通运输厅		
		今日头条/网易头条	四川省交通宣传中心		

续上表

省份	服务类别	名　称	运营管理和维护单位/合作对接单位	年度运行和服务情况/合作形式与频率	备　注
贵州	出行服务网站或网页	贵州省交通运输厅网站出行服务网页	贵州省交通运输厅/信息中心		支持手机/平板访问，有手机WAP网站
		贵州省高速公路管理局网站出行服务网页	贵州省高速公路管理局		
		贵州高速公路集团有限公司网站	贵州高速公路集团有限公司		
		ETC黔通卡	贵州黔通智联科技产业发展有限公司		
	新浪认证微博	贵州高速12328	贵州高速公路开发总公司	年发布信息425条	路况信息
	微信公众号	贵州交通	贵州省交通运输厅		
		贵州公路	贵州省公路局		
		贵州路网12328	贵州高速公路集团有限公司	年发布信息4 055条	
		贵州高速	贵州高速公路集团有限公司		
		贵州高速营运	贵州高速公路集团有限公司		
		贵州省公路开发有限责任公司	贵州省公路开发有限责任公司		
	移动客户端	黔通途	贵州高速公路集团有限公司黔通智联		一键救援、路况查询等
	客服电话	0851－12328	贵州高速公路集团	年话务量46.04万次	坐席数21个，节假日路警联合值班
		0851－12122	贵州高速公路集团路网中心		
	广播电视等媒体服务与合作	贵州电视台	贵州高速公路集团路网中心	节假日、突发事件直播发布出行内容等	
		102.7广播电台	贵州高速公路集团有限公司	整点半点播报连线、节假日信息发布、采访	设有专用广播直播间
		95.2广播电台	贵州高速公路集团有限公司	整点半点播报连线、节假日信息发布、采访	

续上表

省份	服务类别	名　称	运营管理和维护单位/合作对接单位	年度运行和服务情况/合作形式与频率	备　注
贵州	社会化合作	今日头条	贵州高速公路集团路网中心	目前已申请账号但暂未通过验证	
		高德地图	贵州高速公路集团路网中心		
云南	出行服务网站或网页	云南省交通运输厅公众信息服务网	云南省交通运输厅		
		云南省公路路政管理总网站公众服务网页	云南省公路路政管理总队		“云南路政为您服务”手机网站
		云南省公路局网站路况信息栏目	云南省公路局		
		云南省公路开发投资有限责任公司网站出行服务网页	云南省公路开发投资有限责任公司		
	新浪认证微博	云南交通微博	云南省交通运输厅		
	微信公众号	云南省交通运输厅	云南省交通运输厅		
		云南高速通	云南省公路开发投资有限责任公司		
	移动客户端	智慧出行通	云南省交通运输厅		
		云南高速通	云南省公路开发投资有限责任公司		
	客服电话	0871－12328	云南省交通运输厅		
		0871－96123	云南省公路开发投资有限责任公司		含 ETC 服务
	广播电视等媒体服务与合作	云南交通之声 FM9.8			

续上表

省份	服务类别	名　　称	运营管理和维护单位/合作对接单位	年度运行和服务情况/合作形式与频率	备　　注
西藏	出行服务网站或网页	西藏自治区交通运输厅网站出行服务网页	西藏自治区交通运输厅通信信息中心	能够为公众提供出行路线、公交线路、公共自行车、加油站、停车场等信息查询服务	支持手机/平板访问，有手机WAP网站
		西藏自治区公路局网站路网信息和出行服务网页	西藏自治区公路局	提供天气信息、路况信息等查询服务	
	新浪认证微博	—			
	微信公众号	—			
	移动客户端	—			
	客服电话	0891－12328	西藏自治区交通运输厅通信信息中心	年话务量700余次	
		0891－96230	西藏自治区交通运输厅通信信息中心		
	广播电视等媒体服务与合作	—			
陕西	出行服务网站或网页	陕西省交通运输厅出行服务网站	陕西省交通运输厅网站		
		陕西省公路局公众服务网页	陕西省公路局	通行信息、施工信息	支持手机/平板访问
		三秦气象信息网陕西省公路气象信息网页	陕西省专业气象台、陕西省公路局		
		陕西省高速公路收费管理中心公众服务网站	陕西省高速公路收费管理中心	高速路况、通行费、ETC、通行政策、高速服务点信息，在线问询	支持手机/平板访问
		三秦通服务网	陕西高速公路电子收费有限公司		支持手机/平板访问
	新浪认证微博	陕西交通	陕西省交通运输厅	年发布信息64条	
		陕西交通12122	陕西省高速公路收费管理中心	年发布信息7 217条	

续上表

省份	服务类别	名　称	运营管理和维护单位/合作对接单位	年度运行和服务情况/合作形式与频率	备　注
陕西	腾讯认证微博	陕西交通	陕西省交通运输厅	年发布信息 49 条	
		陕西交通 12122	陕西省高速公路收费管理中心	年发布信息 7 217 条	2015 年陕西政务微博年度运营奖
		陕西公路路况	陕西省公路局	年发布信息 389 条	
	微信公众号	陕西交通	陕西省交通运输厅		
		公路气象	陕西省公路局	年发布信息 17 条	
		陕西交通 12122	陕西省高速公路收费管理中心	年发布信息 15 条	
		三秦通	陕西高速公路电子收费有限公司	年发布信息 14 条	
		陕西交通集团	陕西省交通建设集团公司		
		陕西高速服务	陕西高速公路服务有限责任公司		
		陕西高速路政	陕西省公路局路政执法总队		
		陕西高速通	陕西蓝德智慧交通科技有限公司		
		陕西智慧高速	陕西蓝德智慧交通科技有限公司		
		陕西省高速集团服务区管理分公司	陕西高速集团服务区管理分公司		
	移动客户端	陕西交通	陕西省交通运输厅		
		陕西高速通	陕西省高速公路收费管理中心		
		高速公路信息采集	陕西省高速公路收费管理中心		
		陕西高管通	陕西省高速公路收费管理中心		
		三秦通卡	陕西高速公路电子收费有限公司		
	客服电话	029－88408840	陕西省公路局	年话务量 113 600 次	坐席数 4 个
		029－12328	陕西省高速公路收费管理中心	12328 与 12122 并线，年话务量 31.21 万次	坐席数 16 个
		029－12122			
		029－86531120（工作日：周一至周五）	陕西高速公路电子收费有限公司		

续上表

省份	服务类别	名　称	运营管理和维护单位/合作对接单位	年度运行和服务情况/合作形式与频率	备　注
陕西	广播电视等媒体服务与合作	陕西交通广播 FM91.6	陕西省高速公路收费管理中心		设有广播直播间，专用
		都市快报广播 FM99.0	陕西省高速公路收费管理中心	整点/半点定时连线；节假日“12122 之声”	
		汽车调频 FM89.6	陕西省高速公路收费管理中心	日常定时连线；节假日“12122 之声”节目	
		西安交通旅游广播 FM104.3、陕西新闻广播 FM101.8、渭南交通广播 FM90.9、宝鸡交通旅游广播 FM99.7、铜川交通音乐台 FM101.5、汉中交通旅游广播 FM94.3、安康交通广播 FM95.9、延安交通音乐广播 FM98.7、榆林交通文艺广播 FM95.9	陕西省高速公路收费管理中心	整点/半点定时连线	
	社会化合作	陕西省气象局	陕西省公路局	向社会公众发布干线公路气象天气信息	
		高德软件有限公司	陕西省高速公路收费管理中心		
		支付宝	陕西省高速公路收费管理中心		
甘肃	出行服务网站或网页	甘肃省交通运输厅网站公众出行网页	甘肃省交通运输厅		支持手机/平板访问
		甘肃省公路局网站路况信息网页	甘肃省公路局		支持手机/平板访问
		甘肃省高速公路出行服务网	甘肃省高速公路管理局		支持手机/平板访问
		甘肃省交通运行（路网）检测与应急处置中心网站（甘肃省路网中心 12328 出行服务）	甘肃省交通运行（路网）监测与应急处置中心		支持手机/平板访问

续上表

省份	服务类别	名　称	运营管理和维护单位/合作对接单位	年度运行和服务情况/合作形式与频率	备　注
甘肃	出行服务网站或网页	甘肃省高速公路 ETC 管理服务中心网站	甘肃省高速公路 ETC 管理服务中心		
	新浪认证微博	甘肃交通	甘肃省交通运输厅		
		甘肃高速	甘肃省高速公路管理局		
	微信公众号	甘肃交通运输	甘肃省交通运输厅		
		甘肃高速 96969	甘肃省高速公路管理局	年发布信息 5 125 条	
		甘肃交通 12328	甘肃省交通运行(路网)监测与应急处置中心	年发布信息 1 328 条	路况信息、客运班线、节假日温馨提示等信息服务
		甘肃公路	甘肃省公路管理局		
		甘肃爱城市	甘肃万维信息技术有限责任公司		
	移动客户端	甘肃爱城市	甘肃省高速公路管理局		高速路况
		甘肃交通公众出行服务信息报送系统	甘肃省交通运行(路网)监测与应急处置中心		
		甘肃 ETC	甘肃省高速公路管理局		
		高速公路机电养护	甘肃省高速公路管理局		
	客服电话	0931－12328	甘肃省运输管理局	年话务量 202 291 次	
		0931－12122	甘肃省高速公路路警联合指挥中心	年话务量 30 189 次	坐席数 2 个,路警联合
		0931－96969	甘肃省高速公路管理局	年话务量 261 686 次	坐席数 6 个,路警联合,含 ETC 服务
	广播电视等媒体服务与合作	甘肃新闻综合广播 FM96.0	甘肃省高速公路管理局	每天定点和不定点连线,及时播报高速公路实时路况、重大交通事故和重大突发公共事件信息	
		甘肃交通广播 FM103.5	甘肃省高速公路管理局		
		兰州交通音乐广播 FM99.5	甘肃省高速公路管理局		

续上表

省份	服务类别	名　称	运营管理和维护单位/合作对接单位	年度运行和服务情况/合作形式与频率	备　注
甘肃	社会化合作	今日头条	甘肃省交通运行（路网）监测与应急处置中心		
		百度	甘肃省交通运行（路网）监测与应急处置中心、甘肃省交通运输厅		
		高德	甘肃省交通运行（路网）监测与应急处置中心		
青海	出行服务网站或网页	青海交通网站出行服务网页	青海省交通运输厅	全省交通新闻、路况信息等	支持手机/平板访问
		青海省交通公众出行信息服务网	青海省公路网运行监测与应急处置中心		支持手机/平板访问
		青海交通专业气象服务网	青海省公路网运行监测与应急处置中心	全省道路气象信息	支持手机/平板访问
		青海省公路网运行监测与应急处置中心门户网	青海省公路网运行监测与应急处置中心	路网服务、应急管理、交通新闻等	支持手机/平板访问
		青海高速公路网站路网服务网页	青海省高等级公路建设管理局	高速公路日常信息发布，突发事件发布	支持手机/平板访问
		青海省公路局网站出行栏目	青海省公路局		支持手机/平板访问
		青海省高等级公路建设管理局电子收费管理中心服务网站	青海省高等级公路建设管理局电子收费管理中心		
	新浪认证微博	青海省交通运输厅	青海省交通通信信息中心	年发布信息 637 条	政务及路况信息
		青海路网	青海省公路网运行监测与应急处置中心		
	腾讯认证微博	青海交通	青海省交通通信信息中心	年发布信息 637 条	政务及路况信息

续上表

省份	服务类别	名　称	运营管理和维护单位/合作对接单位	年度运行和服务情况/合作形式与频率	备　注
青海	微信公众号	青海交通	青海省交通运输厅	年发布信息 206 条	政务信息
		青海交通 12328	青海省公路网运行监测与应急处置中心	年发布信息 401 条	微出行、微服务、微互动等功能
		青海路网	青海省公路网运行监测与应急处置中心		
		青海省公路运输管理局	青海省公路运输管理局		
		青海省公路路政执法总队	青海省公路路政执法总队		
		ETC 青海智捷	青海智捷交通一卡通电子收费有限公司		
	移动客户端	青海交通移动信息服务平台	青海省公路网运行监测与应急处置中心		
	客服电话	0971－12328	青海省公路网运行监测与应急处置中心	年话务量 44 455 次	坐席数 3 个，路警联合
		0971－12122			
		0971－6231000	青海省高等级公路建设管理局电子收费管理中心		
		0971－6232000	青海省高等级公路建设管理局电子收费管理中心		
	广播电视等媒体服务与合作	青海交通音乐广播 FM97.2、青海省经济生活频道花儿调频 FM90.3	青海省公路网运行监测与应急处置中心	每日 9:30 发送路况提醒信息	遇突发事件直播连线路况信息插播
		青海广播电台新闻综合频道 FM98.9	青海省公路网运行监测与应急处置中心	10:10、12:00、17:30 连线直播实时路况	遇突发事件直播连线路况信息插播
		青海广播电台经济频道 FM107.5	青海省公路网运行监测与应急处置中心		遇突发事件直播连线路况信息插播

续上表

省份	服务类别	名　称	运营管理和维护单位/合作对接单位	年度运行和服务情况/合作形式与频率	备　注
青海	社会化合作	高德软件有限公司	青海省公路网运行监测与应急处置中心		
宁夏	出行服务网站或网页	宁夏交通出行服务网	宁夏交通运输厅		支持手机/平板访问
		宁夏交通气象网	宁夏交通运输厅	全区各路段天气情况	支持手机/平板访问
		宁夏 ETC 客户服务网站	宁夏公路管理局		
	新浪认证微博	宁夏交通运输厅	宁夏交通运输厅		
		宁夏路网	宁夏路网监测与应急处置中心	年发布信息 1 690 条	
	微信公众号	宁夏交通运输厅官微	宁夏交通运输厅		
		宁夏交通运输厅	宁夏交通运输厅		
		宁夏路网	宁夏路网监测与应急处置中心	年发布信息 520 条	
	移动客户端	宁夏出行易	宁夏路网监测与应急处置中心		
	客服电话	0951 - 12328	宁夏交通运输厅运输处	年话务量 99 309 次	坐席数 12 个，路警联合
		0951 - 96958	宁夏公路管理局		
	广播电视等媒体服务与合作	宁夏交通广播 FM98.4	宁夏路网监测与应急处置中心	重大节假日播报公众出行服务提示	监控中心设有连线直播平台
		银川市广播电台交通 FM100.6	宁夏路网监测与应急处置中心	节假日专题信息发布等	
		新消息报	宁夏路网监测与应急处置中心	节假日路网运行专报发布	
新疆	出行服务网站或网页	新疆维吾尔自治区交通公众出行信信息服务网	新疆维吾尔自治区交通运输厅路网监测与应急处置中心	公路阻断信息、公路气象信息、出行策划、公路铁路民航班线、通行费查询	支持手机/平板访问
	新浪认证微博	新疆交通	新疆维吾尔自治区交通运输厅新闻办		年内未发

续上表

省份	服务类别	名　　称	运营管理和维护单位/合作对接单位	年度运行和服务情况/合作形式与频率	备　　注
新疆	微信公众号	—			
	移动客户端	新疆路况			
		新疆高速通			
	客服电话	0991－12328	新疆维吾尔自治区交通运输厅通信信息中心	年话务量121 903次	坐席数10个
	广播电视等媒体服务与合作	新疆人民广播电台949交通广播	新疆维吾尔自治区交通运输厅路网监测与应急处置中心	每日连线播报	设有广播直播间
		新疆人民广播电台哈萨克语《交通热线》	新疆维吾尔自治区交通运输厅路网监测与应急处置中心	每日定点推送	

附录C 重要通道运行状况评价结果汇总表

<table>
<tr><th rowspan="2">序号</th><th rowspan="2" colspan="2">通道名称</th><th colspan="2">技术状况</th><th colspan="2">阻断情况</th><th colspan="3">拥挤情况</th><th rowspan="2">通道运行指数</th></tr>
<tr><th>PQI</th><th>技术状况空间分布</th><th>阻断程度</th><th>阻断事件特征</th><th>拥挤度❶</th><th>交通量空间分布特征</th><th>拥挤度空间分布特征</th></tr>
<tr><td rowspan="2">1</td><td rowspan="2">京哈通道</td><td>高速公路</td><td>91.64
优等</td><td>辽黑段处于良等水平，京津冀吉段处于优等水平</td><td>累计阻断时间
1 082.39d
累计阻断里程
18 778.40km
阻断严重程度
14 312.71
km·d</td><td rowspan="2">京哈通道全年共上报阻断事件480起，其中突发性阻断事件420起，计划性阻断事件60起。突发性事件主要是恶劣天气，占43.5%，比2015年的63%有大幅下降。由雾霾天气导致的阻断事件比例下降至27.2%。河北省境内路段阻断事件频度最高。
京哈通道河北省境内路段受车辆交通事故和车流量大的影响较大，阻断程度持续增加，达到很高水平</td><td>0.68
轻度拥堵</td><td rowspan="2">京哈通道中的高速公路(G1)北京、天津、河北和辽宁段交通量较大，其中河北段达到69 212pcu/日，比去年有所增长。黑龙江段最小，为23 029pcu/日。北京段50 488pcu/日，连续5年保持增长态势。
平行的G102北京、天津和河北段交通量较大，超过30 000pcu/日；东北地区交通量较小，其中黑龙江段交通量最小，为12 876pcu/日；辽宁段和吉林段交通量均较去年有所增长，分别增长18.5%、16.8%</td><td rowspan="2">京哈通道高速公路(G1)中，河北段中度拥堵，辽宁段轻微拥堵，其余路段均基本畅通。与上年相比，河北段拥堵情况略有加剧，北京段略有好转，其余路段基本持平。
平行的普通公路(G102)中，天津段、河北段达到严重拥堵，北京段、辽宁段中度拥堵，其余路段轻度拥堵，其余路段基本畅通。与上年相比，北京段、天津段、辽宁段、黑龙江段拥堵情况略有加剧；其余路段基本持平</td><td>3.40</td></tr>
<tr><td>普通公路</td><td>86.00
良等</td><td>吉林段处于中等水平，其余路段均处于良等水平</td><td>累计阻断时间
415.00d
累计阻断里程
321.88km
阻断严重程度
12 015.44
km·d</td><td>1.00
中度拥堵</td><td>2.97</td></tr>
</table>

❶ 拥挤度：指通道年平均日交通量占通道适应交通量的比值。

续上表

序号	通道名称		技术状况		阻断情况		拥挤情况			通道运行指数
			PQI	技术状况空间分布	阻断程度	阻断事件特征	拥挤度	交通量空间分布特征	拥挤度空间分布特征	
2	京沪通道	高速公路	93.84 优等	全路段均处于优等水平	累计阻断时间 920.59d 累计阻断里程 20 319.67km 阻断严重程度 20 255.00 km·d	京沪通道普通公路阻断严重程度比去年大幅增加。全年共上报阻断事件1 210起，阻断事件近两年持续增加，其中突发性阻断事件1 099起，计划性阻断事件111起，突发性阻断事件主要为车流量大，占63.9%，比去年有大幅增长。尤其是京沪高速北京段和上海段因车流量大引发的阻断事件占两路段突发事件比达到90.5%和88%。 京沪通道高速公路天津段、山东段阻断程度较去年大幅下降，普通公路山东段阻断程度较去年激增	0.85 中度拥堵	京沪通道中的高速公路（G2）全线交通量都较大，上海段交通量最大，为110 241 pcu/日，天津交通量最小，为25 189pcu/日；全线交通量与去年相比基本持平。 平行的普通公路中，G312上海段交通量最大，为46 007pcu/日，与上年基本持平；其次是G205江苏段、G104北京段和G205山东段，均超过30 000 pcu/日，其中江苏段、山东段交通量分别较去年增长44%和7%；天津段、上海段交通量与去年相比略有降低 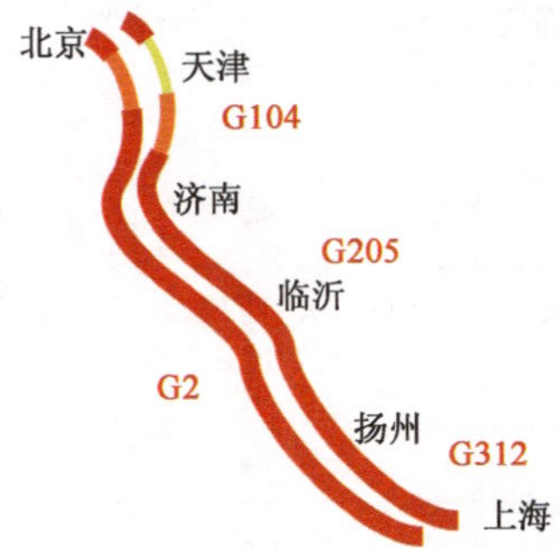	京沪通道中的高速公路（G2）中，上海段和江苏段严重拥堵，河北段中度拥堵，山东段轻微拥堵，北京段基本畅通，天津段畅通。通道各路段拥堵程度与上年基本持平。 平行的普通公路中，G104天津段基本畅通，其余路段中度拥堵或严重拥堵。与上年相比，G104河北段、G205江苏段拥堵情况略有加剧，天津段拥堵情况略有好转，其余路段基本持平 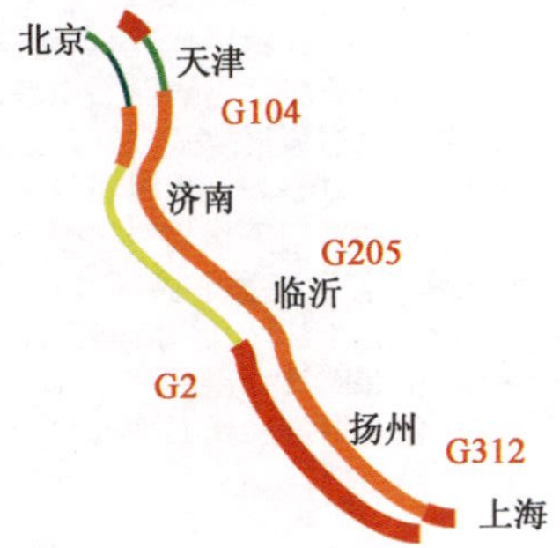	3.02
		普通公路	91.20 优等	山东段处于良等水平，其余路段均处于优等水平	累计阻断时间 879.62d 累计阻断里程 681.50km 阻断严重程度 66 940.53 km·d		1.00 中度拥堵			3.02

续上表

<table>
<tr><th rowspan="2">序号</th><th rowspan="2" colspan="2">通道名称</th><th colspan="2">技术状况</th><th colspan="2">阻断情况</th><th colspan="3">拥挤情况</th><th rowspan="2">通道运行指数</th></tr>
<tr><th>PQI</th><th>技术状况空间分布</th><th>阻断程度</th><th>阻断事件特征</th><th>拥挤度</th><th>交通量空间分布特征</th><th>拥挤度空间分布特征</th></tr>
<tr><td rowspan="6">3</td><td rowspan="6">京港澳通道</td><td rowspan="3">高速公路</td><td rowspan="3">93.87
优等</td><td rowspan="3">各路段均处于优等水平</td><td>累计阻断时间
2 087.45d</td><td rowspan="6">京港澳普通公路阻断严重程度比去年进一步增加，高速公路较去年有所下降。全年阻断事件1 740起，其中突发性阻断事件1 299起，较去年进一步上升，计划性阻断事件441起，比去年下降22.5%。车辆交通事故、车流量大和恶劣天气导致的突发性阻断事件最多，分别占阻断事件总数的23%、17.6%和26.6%，雾霾是恶劣天气中导致阻断的主要原因。河南和湖南境内路段阻断事件的频度最高，湖北境内阻断事件较去年有大幅减少。
河南境内路段车辆恶劣天气导致的阻断事件占到阻断事件总数的16.6%，湖南段车流量大和交通事故导致的阻断事件占突发事件总数的32.4%，均比去年进一步上升。河南段受恶劣天气影响很大，雾霾事件最为严重。湖南段全年共上报计划性阻断事件410起，较去年进一步上升，占阻断事件总数的23.6%</td><td rowspan="3">0.81
中度拥堵</td><td rowspan="6">京港澳通道中的高速公路(G4)交通量较大，全线均超过40 000pcu/日，其中北京段交通量最大，为114 047pcu/日，比上年增长9%；河南段、湖南段分别较去年增长12%和14%；其余路段与上年基本持平。
平行的普通公路广东段交通量最大，达到102 148pcu/日；湖南段交通量最小，为15 708pcu/日；其余路段交通量均在20 000pcu/日以上。与去年相比，湖北段和河南段分别增长28%和17%；其余路段基本持平</td><td rowspan="6">京港澳通道中的高速公路(G4)北京段、湖南段严重拥堵，湖北段、广东段中度拥堵，河北段、河南段基本畅通。与上年相比，湖北段拥堵情况略有加剧，其余路段拥堵程度基本持平。
平行的普通公路G107全线拥堵情况较明显，河北段、河南段轻度拥堵，其余路段中度拥堵或严重拥堵。与上年相比，北京段、河南段、广东段拥堵情况变化较大，河南段拥挤度下降了44%，其余路段基本持平</td><td rowspan="3">3.15</td></tr>
<tr><td>累计阻断里程
36 812.65km</td></tr>
<tr><td>阻断严重程度
36 633.89
km·d</td></tr>
<tr><td rowspan="3">普通公路</td><td rowspan="3">87.41
良等</td><td rowspan="3">北京、广东段处于优等水平，其余路段均处于良等水平</td><td>累计阻断时间
502.83d</td><td rowspan="3">1.25
中度拥堵</td><td rowspan="3">3.03</td></tr>
<tr><td>累计阻断里程
128.07km</td></tr>
<tr><td>阻断严重程度
5 023.91
km·d</td></tr>
</table>

续上表

<table>
<tr><th rowspan="2">序号</th><th rowspan="2" colspan="2">通道名称</th><th colspan="2">技术状况</th><th colspan="2">阻断情况</th><th colspan="3">拥挤情况</th><th rowspan="2">通道运行指数</th></tr>
<tr><th>PQI</th><th>技术状况空间分布</th><th>阻断程度</th><th>阻断事件特征</th><th>拥挤度</th><th>交通量空间分布特征</th><th>拥挤度空间分布特征</th></tr>
<tr><td rowspan="2">4</td><td rowspan="2">长深通道</td><td>高速公路</td><td>93.89
优等</td><td>各路段均处于优等水平</td><td>累计阻断时间
505.88d
累计阻断里程
17 111.73km
阻断严重程度
7 189.63
km·d</td><td rowspan="2">长深通道高速公路阻断严重程度比去年大幅下降。全年共上报阻断事件387起，其中突发性阻断事件303起，计划性阻断事件84起，阻断事件总数比去年下降96%。车辆交通事故和恶劣天气导致的突发性阻断事件最多，分别占阻断事件总数的20%和47.5%。其中雾霾天气对交通影响最大，占阻断事件总数的35.4%</td><td>0.48
基本畅通</td><td rowspan="2">长深通道中的高速公路(G25)吉林段、辽宁段、福建段交通量较小，其余路段交通量均较大。最大的天津段为46 971pcu/日，广东段、浙江段分别为42 398 pcu/日和41 690pcu/日。与上年相比，河北段、辽宁段、山东段分别增长19%、15%、14%，浙江段下降9%，其余路段基本持平。
平行的普通公路中，G205江苏段交通量最大，达到33 424pcu/日；吉林省交通量最少，为6 762pcu/日。与上年相比，G104浙江段、G112河北段分别增长14%、10%；广东省交通量较去年下降22%；其余路段与去年基本持平 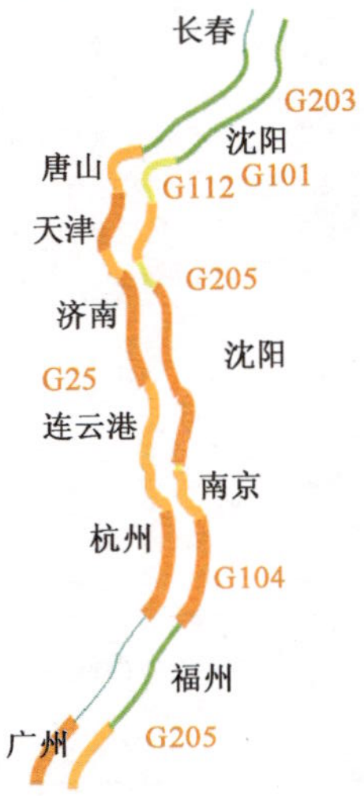</td><td rowspan="2">长深通道中的高速公路(G25)全线较为通畅，仅浙江段、广东段达到轻度拥堵，其余路段基本畅通或畅通。与上年相比，通道各路段拥堵情况基本持平。
平行的普通公路中，G101辽宁段、G203吉林段、G205安徽段、G205福建段基本畅通，其余路段轻度拥堵或中度拥堵。与上年相比，G205江苏段拥堵情况略有加剧，G205天津段、安徽段、广东段拥堵情况略有好转，其余路段拥堵基本持平 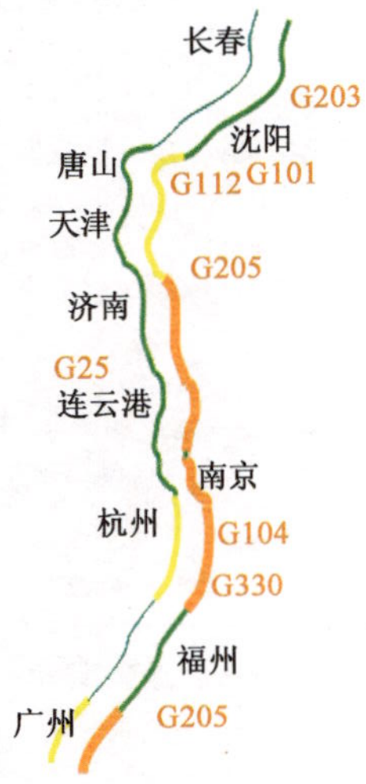</td><td>3.98</td></tr>
<tr><td>普通公路</td><td>89.30
优等</td><td>辽宁、河北、天津、山东段处于良等水平，其余路段均处于优等水平</td><td>累计阻断时间
830.80d
累计阻断里程
751.59km
阻断严重程度
48 979.56
km·d</td><td>0.93
中度拥堵</td><td>3.16</td></tr>
</table>

续上表

<table>
<tr><th rowspan="2">序号</th><th rowspan="2" colspan="2">通道名称</th><th colspan="2">技术状况</th><th colspan="2">阻断情况</th><th colspan="3">拥挤情况</th><th rowspan="2">通道运行指数</th></tr>
<tr><th>PQI</th><th>技术状况空间分布</th><th>阻断程度</th><th>阻断事件特征</th><th>拥挤度</th><th>交通量空间分布特征</th><th>拥挤度空间分布特征</th></tr>
<tr><td rowspan="6">5</td><td rowspan="6">连霍通道</td><td rowspan="3">高速公路</td><td rowspan="3">91.82
优等</td><td rowspan="3">新疆段处于良等水平，其余各路段均处于优等水平</td><td>累计阻断时间
1 119.99d</td><td rowspan="6">连霍通道阻断严重程度比去年大幅下降。全年共上报阻断事件587起,其中突发性阻断事件512起,计划性阻断事件75起。
河南和江苏境内路段主要受雾霾天气影响,新疆境内主要受冰雪天气影响</td><td rowspan="3">0.34
基本畅通</td><td rowspan="6">连霍通道中的高速公路(G30)安徽段到陕西段交通量均超过30 000pcu/日,其余路段交通量在13 000pcu/日上下。与上年相比,高速公路路段交通量与上年基本持平。
平行的普通公路中,G310 河南段和江苏段交通量较大,分别为22 211pcu/日和15 103pcu/日,G312 甘肃段交通量最小,为5 183pcu/日。与上年相比,江苏段交通量略有增长,其余路段基本持平
乌鲁木齐 G312 G30 兰州 西安 徐州 G310 郑州 连云港</td><td rowspan="6">连霍通道中的高速公路(G30)全线较为畅通,安徽段中度拥堵,其余路段基本畅通或畅通。与上年相比,安徽段拥堵情况略有加剧,其余各路段拥挤度基本持平。
平行的普通公路中,G310 河南段达到中度拥堵,G312 新疆段、陕西段轻度拥堵,其余路段基本畅通或畅通。与上年相比,拥堵基本持平
乌鲁木齐 G312 G30 兰州 西安 徐州 G310 郑州 连云港</td><td rowspan="3">4.03</td></tr>
<tr><td>累计阻断里程
28 443.03
km</td></tr>
<tr><td>阻断严重程度
20 659.74
km·d</td></tr>
<tr><td rowspan="3">普通公路</td><td rowspan="3">86.75
良等</td><td rowspan="3">江苏、河南段处于优等水平，安徽段处于中等水平，其余各路段均处于良等水平</td><td>累计阻断时间
1 384.95d</td><td rowspan="3">0.54
基本畅通</td><td rowspan="3">3.54</td></tr>
<tr><td>累计阻断里程
578.62km</td></tr>
<tr><td>阻断严重程度
22 610.18
km·d</td></tr>
</table>

续上表

序号	通道名称		技术状况		阻断情况		拥挤情况			通道运行指数
			PQI	技术状况空间分布	阻断程度	阻断事件特征	拥挤度	交通量空间分布特征	拥挤度空间分布特征	
6	沪蓉通道	高速公路	93.91 优等	各路段均处于优等水平	累计阻断时间 2 917.62d 累计阻断里程 19 258.98km 阻断严重程度 39 961.46 km·d	沪蓉通道普通公路阻断严重程度比去年大幅上升。全年共上报阻断事件1 563起。其中计划性阻断事件1 078起,较去年大幅增加,突发性阻断事件485起。重庆段施工养护事件占阻断事件总量的58.9%,且主要为公路施工养护。湖北、四川和重庆段的突发性阻断事件几乎全部由恶劣天气导致,且主要受降雨、雾霾天气影响	0.57 基本畅通	沪蓉通道中的高速公路(G42)江苏段交通量达到89 193pcu/日,交通量最小的重庆段为14 193pcu/日。与上年相比,高速公路江苏段和重庆段略有上升,其余基本持平。 平行的普通公路中,G312上海段交通量最大,达到46 007pcu/日,重庆段、四川段交通量较小,分别为7 179 pcu/日和7 850pcu/日。与上年相比,安徽段增长30%,江苏段、四川段略有上升,上海段略有下降,其余路段基本持平 成都 重庆 G318 宜昌 G42 武汉 南京 G312 上海	沪蓉通道中的高速公路(G42)江苏段达到严重拥堵,湖北到重庆段基本畅通或畅通。与上年相比,江苏段拥堵情况略有加剧,其余各路段基本持平。 平行的普通公路中,G312上海段达到严重拥堵,G312江苏段轻度拥堵,其余路段基本畅通或畅通。与上年相比,江苏段拥堵情况略有加剧,其余路段拥堵情况基本持平 成都 重庆 G318 宜昌 G42 武汉 南京 G312 上海	3.61
		普通公路	90.88 优等	重庆段处于良等水平,其余路段均处于优等水平	累计阻断时间 3 059.04d 累计阻断里程 399.23km 阻断严重程度 34 579.51 km·d		0.64 基本畅通			3.59

注:表中技术状况数据来源于2016年公路技术状况统计年报。

附录D "绿色通道"应用案例

一、项目应用背景

按照国家发改委、财政部、交通运输部于2010年11月联合印发的《关于进一步完善鲜活农产品运输绿色通道政策的紧急通知》(国发〔2010〕40号)(以下简称《通知》)有关要求,自2010年12月1日起,全国所有收费公路(含收费的独立桥梁、隧道)全部纳入鲜活农产品运输"绿色通道"网络范围,对整车合法装载运输鲜活农产品车辆免收车辆通行费。新纳入鲜活农产品运输"绿色通道"网络的公路收费站点,要按规定开辟"绿色通道"专用道口,设置"绿色通道"专用标识标志,引导鲜活农产品运输车辆优先快速通过。按照要求,只有装载的货物在《鲜活农产品品种目录中》,才属于免费的鲜活农产品车辆。

2010~2016年,我国绿色通道车辆数量逐年上涨,全国收费公路免收鲜活农产品运输车辆通行费逐年上升。在实际工作中,尽管管理单位采取多项措施打击假冒"绿通车辆"的违法行为,积极维护道路运输公平竞争和市场秩序,但是目前大部分采用的感官法、吨位法依赖个人经验、能力,准确程度较低,同时受酷寒等恶劣天气等因素的影响,绿通车辆人工检验压力越来越大,科技检测手段的需求日益增高。先进的射线透视成像技术可以杜绝假冒绿色通道车辆行为,减少通行费流失,促进高速公路运营持续健康发展,落实绿色通道政策需求,保障国家惠农政策实施。

二、应用情况简介

基于拥有中国自主知识产权的"大型集装箱/车辆数字透视成像检查技术",北京华力兴科技发展有限责任公司研发推出了国内首套绿色通道检查系统——TC-SCAN绿色通道检查系统。该系统于2010年3月底在河北省唐津高速公路投入试运行,运行初期便查获大量假冒绿色通道车辆。2011 年,交通运输部公路局对项目进行了考查,随后在山东、山西、河北、辽宁、天津、河南、江西、广东、广西、贵州、陕西、新疆等 12 个省(区、市)共计安装 60 余套 TC-SCAN 绿色通道检查系统,并在福建、新疆、内蒙古、黑龙江、辽宁、河北、山东、广西、江西、广东等 10 个省(区、市)设立售后服务机构,形成辐射全国的网络。

三、系统方案

TC-SCAN 绿色通道检查系统采用钴-60 数字辐射透视成像检测技术,通过射线源发出的 γ 射线穿透车辆内被检物品,由对面探测器采集并接收信号,经过控制箱计算机处理后,转化为二维图像显示在收费亭及监控室的绿通检验计算机屏幕上,工作人员可以清楚地看到被检物的图形轮廓,从而进行判断。根据设备原有技术条件与查验实际需要,制定了以下工作流程:

(1)绿色通道检验人员一键打开挡车杆,车辆进入绿色通道进行检查。

(2)车辆到达感应线圈后,系统开始工作,自动识别并避开驾驶室位置,当驾驶室通过后,避开驾驶员发出射线。

(3)射线穿过车辆后,自动关闭射源装置,同时探测器将对被检物品产生的实时图像通过控制箱传输到收费亭内,检查人员对图像进行实时分析判断处理。

(4)工作人员对检测图像有疑问的车辆进行开箱检查,检测结果如无疑问直接通知放行。每一辆绿通车的检测和判断结果将被系统记录,并同步传输至监控室管理后台稽核终端备查。

四、安装和应用情况

绿色通道检查所用的大型集装箱/车辆数字透视成像检查技术在国内外早有应用,是国家“八五”和“九五”重大攻关成果,围绕该技术研发、制造的各类检查产品在海关和港口已广泛使用多年,并于 1997 年以国家“九五”攻关成果钴 - 60 型集装箱检测技术,成立北京华力兴科技发展有限责任公司,进行该技术产业化。该技术已在以下方面得到了广泛应用。

(一)海关领域

1998 年 6 月,为提高海关在货运监管工作中的技术查验能力,保持打击走私的高压态势,中国海关总署启动“H986 工程”。自 1999 年第一套 H986 系统投入使用以来,全国部分海关已陆续有40多套设备投入使用。至2003年3月,全国海关利用H986系统共查获走私违规案件2 900起,总案值4.78亿元,大规模走私被有效遏制,进出境秩序有了明显改善,海关税收连年大幅度增长。

(二)国内交通水运

2004年9月,TC-SCAN集装箱检查技术在交通部组织召开的渤海湾客滚运输车辆安全检测系统专家论证会获得通过,确认能够满足滚装运输车辆安全查验的要求。2005年4月,全国第一套TC-SCAN钴-60滚装运输车辆安检系统在山东省烟台港投入运行,试点项目运行期间共检查车辆60 938辆,查处可疑车辆11 714辆,拒载250辆,有效提高了渤海湾地区客滚运输安全管理能力和水平,是减少和消除渤海湾客滚运输安全隐患的重要举措之一。至今,这一系统已在渤海湾、琼州海峡、长江三峡成功运行,有效保障了船舶和航运的安全。

(三)安保领域

2008年,TC-SCAN大型车辆透视安检系统和TC-SCAN小型车辆安检系统成功应用于北京奥运会物流园和比赛场馆安全检查,对进入封闭区域的车辆和货物进行严密自动安全检查,起到了杜绝危险、违禁及爆炸物品进入的作用,有效地防止了恐怖破坏活动,保障了奥运园区的安全,确保奥运会顺利举行。

五、取得成效

(一)经济效益

以技术手段对绿色通道车辆进行快速、准确的检查,形成车辆内部货物透视图像,可有效抑制假冒绿色通道车辆限行,规范货运市场经济秩序,促进交通运输事业健康发展的需要,有助于建立和完善社会主义市场经济体制。例如,河北省唐津高速应用绿色通道检查系统以来,绿色通道车流量减低30%,收费额增加,由此说明,假冒绿色通道现象曾造成通行费大量流失,运营收入降低,给高速公路运营带来巨大的损失。此外,强大的后台管理系统,能够对查验员的验货行为实现全方位的监督,起到了预防职务腐败的作用。

(二)社会效益

1. 保障高速公路畅通

近年来,交通运输部先后出台了相关文件,对保障公众畅通出行服务提出了更高的要求。依靠人工方法对通过绿色通道车辆进行检查,不仅需要较长的时间,而且驾驶员易对检查结果产生纠纷,进一步拖延检查时间,从而导致收费站通行能力下降,堵车现象时有发生,影响顾客的满意度。而依靠射线透视成像检测技术,可瞬间对车辆内部货物进行成像,不仅提高了准确性,还减少了工作量,从根本上避免了舞弊、逃费等问题,提高了高速公路收费的运营效率;同时还起到打击假冒绿色通道车辆,为合法装载运输户提供更快速、更便捷、更安全、更畅通的通行服务的作用。

2. 杜绝侥幸逃费念头

在高科技技术手段面前,驾驶员不敢再有弄虚作假的念头,开始选择普通车道缴费通行,假冒绿通车辆情况明显减少。

3. 落实了三部委绿色通道政策

《通知》中明确指出,各地交通运输主管部门和相关单位要积极争取地方政府及有关部门支持,根据实际工作需要,可在重要路段的“绿色通道”收费道口配备数字辐射透视成像等检测设备,逐步建立以自动检测为主、人工查验为辅的鲜活农产品运输“绿色通道”检测体系,利用科技手段,尽可能缩短鲜活农产品运输车辆的查验时间,提高合法运输车辆的通行效率。对于交通量大、经常发生交通拥堵的收费站,应增设收费车道或加强人工疏导,维护正常通行秩序,确保“绿色通道”畅通。与此同时,各地要加大检查力度,重点打击假冒鲜活农产品运输车辆骗逃车辆通行费等违法行为,确保道路运输行业公平竞争和运输市场秩序稳定。TC-SCAN 绿色通道检查系统在多个省(区、市)的成功使用,落实了《通知》中的有关要求,极大地提高了合法鲜活农产品运输车辆的通行效率。

4. 保障国家惠农、促进农业发展政策的落实

绿色通道政策的实施,促进了农产品的流通,对稳定物价、提高人民生活水平起到了积极的作用,只有有力打击、杜绝假冒绿色通道现象,才可保障该政策长期、有效地实施。

《2016 年度中国公路网运行蓝皮书》

各省(区、市)主要编写人员

北京

王众毅　刘卫清　张兴国　朱　晖　翟雅峤　沈兴华　张予博

天津

田　哲　杨永前　杨　亮　汪东升　薛　文　马洪福　丁志安

河北

雷电军　王杜娟　陈　光

山西

高新文　祝天晴　倪　津　金育蘅　赵　京

内蒙古

卢东升　邢占文　李　伟　郝振兴　李志新　白秋俊　侯树军

辽宁

石　健　祝　龙　伏　天　王　刚　佟　潇　马　尚　倪恩铭

吉林

马永辉　沈瑞峰　张学志　姜艳霞　李冬丽　王洪明　纪晓杰

黑龙江

吕　克　杨大永　刁克民　田晓明　何玉钦　李　军　赵　滨
马向东　陈晓军　王学松　李　铁　王大勇

上海

李哲梁　孙为珊　李若灵　尤　佳　马维维　董　晖

江苏

戈权民　王建刚　马梦豪

浙江

张文林　余　泉　金秀丽　范伟刚　方　辉　陈鲁达　楼虎啸
张静波　支冬美

安徽

胡文友　汪　波　占　炜　杨彦峰

福建

胡文友　汪　波　占　炜　杨彦峰　黄延华　姚凌云　邱廷铨
林宪杰　郭志行　王　宇　陈　盛　叶岩邦　王东航　杨木森
方　敏　张继林　王　烨

江西

徐华兴　阳伟明　陈　峥　林茂森　王遐莽　邓娟娟　唐嘉立

山东

陈　博　徐　宁　孙玉柱　王传超　张　皎

河南

靳　明　宋元华　刘　芳　刘怀相　张　鸣　李　平　孙传夏
郭　晶　王之军　郭　宇　傅　磊　田　科

湖北

郭　刚　黄守强　王远辉　李振兴　苏　杭　朱　磊

湖南

单新周　欧剑波　肖和平　丑高雄

广东

周德强　刘院红　曾波波　黎春武　张建栋　陈　村　马根峰
陈伟明

广西

周书林　梁　燕　梁又文　李昆霖

海南

刘　文　欧阳平　郑健平　王　勇　陈宇哲　符芳琪　蔡泽鸿
薛良才

重庆

张大启　刘　幸　刘亚丹　徐　波　张　弛　许天洪　周　正

庹永丽　陈俊杰　舒劲秋

四川

胡　旭　蒋　军　谢　峰　何小涛　童国强　费　彧　孙　奎

贵州

周　旺　吴云廷　吴海华　朱文博　朱禹锟　张　旭　成　倩

云南

马天宇　郑鹏飞　朱晓芳　马世辉　周　恒　薛　超　曹邵飞

唐娅楠　杨　静　王华艳　毕天祥　刘　杨

西藏

张玉刚

陕西

李庆达　南争伟　王　军　杜宜霖　王　磊

甘肃

李全武　陈晓鹏　沈菊梅　许奇生　边旺龙　陈译莹　姚　焜

青海

史国良　罗延辉　杨培红　毛翰青　马小琴　周春梅　薛永康

杨雯婧　荣统瑞　张彩红　肖海强　赵长军　祝可文　毕海晨

张乃月　张琳琳　王晓航　何振邦　李炳林

宁夏

吴永祥　马立峰　江海琦　王　胜　张　晶　姬海军　彭　波

新疆

汪宝良　艾来提·司马义　贾光智　孙泽强　王新联　张永华

李　亮